廣瀬和貞
Hirose Kazusada

一般社団法人金融財政事情研究会

はじめに

本書が議論の対象とする「格付け」とは、企業などが資金調達のために発行する債券などの債務の信用力に関する評価としての格付け、つまり、ファイナンスの世界の用語としての格付けである。そして、信用力とは、借りた資金を当初の約束どおり返済する能力のことである。なお、格付けは「信用格付け」とも呼ばれ、英語の呼称はCredit Ratingである。

筆者は、社会人としての最初に十数年間勤務した日本の金融機関において、信用力分析業務（企業審査業務、行内格付け業務とも呼ばれる）を長く経験した後、外資系の格付け会社に移り、リード・アナリスト（主担当アナリスト）業務を十数年間にわたり経験した。格付け会社退職後、格付け会社各社や投資家、債券発行体企業、格付けアドバイザー、大学等の研究機関における格付けの研究者、規制当局者等々の資本市場関係者と、さまざまな場面で議論をする機会に恵まれている。

格付け、あるいは格付け会社に関して、いままでにも何冊もの書籍が世に問われている。それらに加えて本書を上梓するのは、以下に説明する問題意識に基づくものである。

格付けは多様な人々によって利用されている。直接の利用方法としては、投資家のなかでも債券に投資する人が、その投資判断に際して格付けを参考にしている。また、資金調達手段として債券を発行する企業は、自身に付与されている格付けを手がかりにして債券の発行条件を決めていく。これらは格付けの本来の利用方法と言える。また、このような本来の利用方法以外にも、格付けがビジネスにおいて利用されている場面がある。債券発行体企業が、自社の経営診断やIR（投資家対応）活動のツールとして利用することがある。銀行が与信判断や資産管理に援用することもある。また、金融当局も、金融機関の与信リスクに関する規制に格付けを使用している。

しかし、筆者は格付け会社を離れてさまざまな市場関係者の方々と議論をするなかで、以上のような使用のされ方にとどまらず、格付けにはさらなる可能性があると考えるようになっている。それは、格付けを入口ないしは道具として、良い企業とは何か、企業の良し悪しとは何をもって判断すべきか、社会において企業は何を目指して経営されるべきか、より良い経済社会のあり方とは何か、等々の問いに対して、私たちが思考を広げることができるのではないか、という考えである。これらの問いに対する回答を考えることは、究極的には、私たちがどのような社会のあり方を良いものだと考え、どのようにその実現を目指すのかという意識にもつながっていくはずである。

しかし、現実には格付けは、社会において広く知られた存在ではない。目にする機会は多い用語であるが、その定義や意味内容を知る人は少ないと言ってよいだろう。さらに言えば、もともと「格付け」という日本語は広い意味を持っており、別の文脈で使用される例も多いことから、ファイナンスの用語としての格付けの意味が誤解されてしまうことすらある。

このような問題意識から、本書の内容は、まったく格付けについて知らない人が、格付けについて一通りの知識を得られることを目指して書かれている。格付けの分析方法に関しても、予備知識がなくても読み進められるように工夫した。本書を読んで理解すれば、格付け会社各社が規制に従って無料で公開している「格付け手法」のレポートを読みこなすことが可能になる。つまり、本書を読むことで、実在の会社の格付け水準を自分で検討してみることが可能になる。

以上が本書を執筆しようと考えた動機と本書のねらいである。このような考えから、本書の読者として、筆者は主に次のような二つの層の人々を想定している。

一つの層は、金融機関に勤務する人などで、クレジット分析（信用力分析）に関連する業務に、これから携わることになる人である。将来、格付け会社でアナリストとして活躍してみたいと考える人もこのなかに含まれる。この層の人々のなかでも、特に、学生生活において会計／財務、経済／金融等を専門的に学ばなかった人でも読み進めやすいように、本書は書かれている。格付け分析の最初の入口を狭く感じることのないように、ごく基礎的な部分から、わかりやすく書いたつもりである。

もう一つの層は、企業分析とは、あるいは格付けとは、どういうものなのかを知りたいと考えるすべての人々である。将来の職業選択について具体的に考え始めるようになった高校生・大学生の皆さんや、すでにさまざまな職場で活躍している社会人の人々に、幅広く読んでもらいたい。そのような人々に興味を持ってもらえるように、格付け会社のアナリストの実際の業務に伴う苦労や面白さについて、できるだけ具体的に紹介してある。

本書で説明するように、現状では格付けには多くの問題が付随している。しかし、他方で、問題が生じても格付けを代替するものはなかなか現れず、むしろ問題発生のたびに格付けが利用される場面が拡大する傾向にある。ここ日本においても、新聞や経済雑誌に「格付け」という用語が登場しない日はないほどである。勤務している業種を問わず、格付けの考え方、あるいは信用力分析に関する考え方の概要を知っておくことは、必ず業務の役に立つと筆者は考えている。

本書は次のような内容を含んでいる。全体は2部に分かれており、それぞれ8章ずつで構成されている。

第1部「格付け分析の基礎」においては、格付けの定義の紹介から始まり、格付けが表現する信用力分析（クレジット分析）とは何かを説明する。そして、信用力分析の基礎となる財務分析について、初歩から解説する。ここでの特徴は、財務分析の方法を網羅的に説明するのではなく、格付け分析に直接役立つ部分に絞って解説していることである。また、もう一つの特徴は、クレジット分析と比較対照する意味で、エクイティ分析（株式分析）についても、その基礎の部分を紹介していることである。エクイティ分析の観点を知ることは、格付けアナリストとして企業の経営者と議論する際に役立つからである。

第2部「格付けアナリストの業務」においては、格付け会社において実際に格付け分析を手がけるアナリストの業務内容を説明し、格付け業務のどの点に困難があり、面白さがあるのかを紹介する。また、その前提として、海外および日本の格付け会社の歴史、そのビジネスモデルの変遷、格付け会社に対する規制環境の変化を説明する。最後に格付けアナリストとして求められる資質を整理し、さらに格付けが持つ可能性について、筆者の見解を述べている。

現在の格付け会社は各社とも、金融当局の規制に従い、格付け分析のプロセスを説明した「格付け手法」と呼ばれるレポートを作成し、公開している。格付け対象企業の業種別に、また業種横断的に共通な格付け上の留意事項別に書かれており、格付け会社によっては数十もの格付け手法のレポートが発表されている。しかし、筆者の見るところでは、格付け会社のなかにいるアナリストたちは、自社の格付け手法を必ずしも使いこなせていない。あるいは格付け手法の背後にある格付け分析の基本的な考え方を、実際の分析過程に充分に反映することができていないように見える。

筆者は格付け会社に在籍していた頃、いくつかの格付け手法のレポートの最初の作成プロセスに関与した。作成作業においては、米・欧・アジアの他の拠点のアナリストたちと議論を繰り返し、格付けとは何か、格付け分析とは何かといった思考を広げ、深めることができた。日本の金融機関出身の筆者にとっては、世界の他の金融市場における信用力の考え方につき、視野を広げて学ぶ良い機会となったと同時に、日本の金融業界の特徴に対する理解を、世界の他の地域にいる同僚たちに広げることができた経験となった。

しかし、大部分の格付け手法は2010年代の前半頃までには一通り完成してしまったため、その後は米国の本部主導で初版の「格付け手法」の改訂・更新作業がなされるだけとなり、世界各地の格付けアナリストが直接その作成作業に関与することはなくなってしまった。そのため、現在においては、実際に「格付け手法」に従って格付け分析を行うアナリストは、そもそもの格付け分析の基本的な考え方を自ら省察し思考を深めることをしなくとも、作業マニュアルとなった「格付け手法」をその記述に沿って適用していくことで、とりあえず格付けの結論を得られるようになってしまった。

そして、あまりに整備された「格付け手法」を適用できるようになったことで、現在活動中の各社の格付けアナリストは、格付け分析に対する理解がかえって不充分になっているのではないかという心配も、債券市場関係者から聞くことがある。

しかし、先述のとおり、格付けとは本来、それを用いてさまざまな思考を広げ、深めることのできる有用な道具であると筆者は考えている。本書において、筆者なりに、格付け分析の基本にかかわるさまざまなことをあらためて考え直してみた。本書を読まれた後に、格付け会社各社の公表している「格付け手法」のレポートを読めば、各社の考え方がよりよく理解できるはずである。換言すれば、本書は格付け会社各社の分析プロセスを理解するための基礎の部分を提供しようとするものである。さらに、格付けをヒントとして、幅広く思考を深めるガイドとして使用してもらおうとするものである。

本書を読んで、格付けに興味を持ち、「良い企業とは何か」を考えてみるきっかけとする人が一人でも現れてくれれば、筆者にとってそれに勝る喜びはない。

目　次

第1部　格付け分析の基礎

第２部　格付けアナリストの業務

第1部

格付け分析の基礎

第1章

ファイナンスの用語としての「格付け」

「格付け」という日本語は本来広い意味を持つため、ファイナンス用語として使用される場合に混乱を招くことがある。その企業や団体の持つ歴史や沿革の重み、業界内における相対的な「格式」の高さ、などが格付け評価の対象に含まれると誤解されることもある。

本章では、本書での議論を始めるにあたり、格付けが何を意味し、何を意味しないのかを第１節で説明し、この用語の定義を明らかにする。次いで第２節で格付け分析に含まれる要素と含まれない要素を整理し、第３節で格付けできるものに必要な要件を考察する。最後の第４節で格付けが利用されるさまざまな場面を紹介する。

第１節　格付けの定義

本節では、本書で扱うファイナンス用語としての格付けを定義する方法をいくつか紹介する。最初に最も一般的な定義を紹介すると、**「格付けとは、債務の発行体が、その債務を当初の契約どおりに返済する意思と能力についての、格付け会社の意見」**というものである。

「債務の発行体」には、民間企業や、国や地方自治体などの政府やその関連の団体、特定の事業を行うために設立された特別目的会社

（SPV：Special Purpose Vehicle）も含まれる。ここでは一般企業（事業会社）を発行体の代表と見て説明する。

「債務」とは、その企業の借金のことである。上の定義をやや平たく言い換えれば、「ある企業が借金を約束どおりに返す気がどれだけあるのか、返す能力がどれくらいあるのか」に関して、民間会社である格付け会社[1]が自社なりの見立てを発表する、それが格付けだということである。格付け会社は、その意見を「AA」（ダブルエイ）や「BBB」（トリプルビー）といった符号で表現している。債務の返済の可能性の高い企業は、「信用力が高い」と表現される。格付け符号（長期格付けの符号）は、信用力の最も高いAAA（トリプルエイ）から、最も低いC（シングルシー）まで、21段階ある[2]（図表１－１）。

債務を返済しない企業は、そのことで経営破綻に至ることが多い。したがって、企業の経営者に**「債務を返済する意思」**があるのは当然だと思う読者が多いだろう。ただし、企業の利害関係者（ステークホルダー[3]）は、債権者（企業などに債務を提供する者）以外にも多数あり、資金提供者（投資家）に限っても、大別して二者、債権者（クレジット投資家）と株主（エクイティ投資家）がいる。企業がステークホルダーに提供できる価値の総量には限りがある以上、ステークホルダー相互の間には、潜在的な利害の対立がある。資金提供者のうち、

1　格付け会社（rating agency）は、大蔵省（現在の財務省）によって日本に当初紹介された際に、「格付機関」と邦訳されたためもあり、公的な性格を持つ組織であると見られることがあるが、実際には日本を含む世界の主要な格付け会社は、いずれも民間企業である。

2　20世紀初頭に格付けが登場した当初は、格付け符号の種類はもっと少なかったが、格付けを利用する債券投資家がより細かい信用力の差異を明らかにするように求めるのに応じて、格付け符号も細分化されてきた。この経緯については、第９章を参照。

3　ステークホルダーに関しては、第２章であらためて議論する。

図表1－1　格付け符号一覧

	格付け符号（長期格付け）		代表的な読み方	
高い	AAA（Aaa）		トリプルエイ（トリプルエイ）	投資適格等級（Investment Grade）
	AA（Aa）	AA＋　(Aa1)	ダブルエイプラス（ダブルエイワン）	
		AA　(Aa2)	ダブルエイフラット（ダブルエイトゥー）	
		AA－　(Aa3)	ダブルエイマイナス（ダブルエイスリー）	
	A（A）	A＋　(A1)	シングルエイプラス（シングルエイワン）	
		A　(A2)	シングルエイフラット（シングルエイトゥー）	
		A－　(A3)	シングルエイマイナス（シングルエイスリー）	
	BBB（Baa）	BBB＋（Baa1）	トリプルビープラス（ビーダブルエイワン）	
		BBB　(Baa2)	トリプルビーフラット（ビーダブルエイトゥー）	
		BBB－（Baa3）	トリプルビーマイナス（ビーダブルエイスリー）	
	BB（Ba）	BB＋　(Ba1)	ダブルビープラス（ビーエイワン）	投機的等級（Speculative Grade）
		BB　(Ba2)	ダブルビーフラット（ビーエイトゥー）	
		BB－　(Ba3)	ダブルビーマイナス（ビーエイスリー）	
	B（B）	B＋　(B1)	シングルビープラス（シングルビーワン）	
		B　(B2)	シングルビーフラット（シングルビートゥー）	
		B－　(B3)	シングルビーマイナス（シングルビースリー）	
	CCC（Caa）	CCC＋（Caa1）	トリプルシープラス（シーダブルエイワン）	
		CCC　(Caa2)	トリプルシーフラット（シーダブルエイトゥー）	
		CCC－（Caa3）	トリプルシーマイナス（シーダブルエイスリー）	
	CC（Ca）		ダブルシー（シーエイ）	
低い	C（C）		シングルシー（シングルシー）	

（注）　カッコ内はムーディーズによる表記と読み方
（出所）　格付け各社の公表資料により作成

株主を重視するか債権者を重視するかについて、経営者の考え方はさまざまである[4]。つまり、ここで言う「債務を返済する意思」とは、経営者が財務方針として、株主と債権者のどちらをどれだけ重視しているのかということであり、それを格付け会社が判断して格付け評価に反映させる。格付けの観点からは、債務の返済を重視した経営をし

4　返済順位としては、債務が優先され株式が劣後する。さらに言えば、株式にはそもそも返済期限がない。この論点について、第2章を参照。

ている企業のほうが、評価が高くなる。反対に、株主への利益還元を重視している企業の評価は、相対的に低くなる。

次に、**「債務を返済する能力」**について説明する。この能力は、その企業が事業によってどれだけ資金（キャッシュ）を生み出せるか[5]にかかっている。事業がうまく遂行されることで資金が得られ、費用を差し引いた後に税金等の必要な支払がなされ、その余剰から債務が返済される。余剰がない場合は新たに債務を借りてもともとの債務を返済しなければならないが、そのような資金繰りの苦しい企業に対しては、貸した資金が本当に返済されるかが心配になり、資金の貸し手が減っていくだろう。反対に、事業が好調で資金が安定して生み出されている企業には、債権者は安心して資金を貸し出す。そのような企業であれば、事業拡張のための設備投資に充てる資金を新たに借りたいと考えた場合でも、それに応じて喜んで資金を貸す債権者が現れるだろう。

格付けの観点からは、前者、つまり生み出す資金が少なく、債務返済に苦慮する企業の評価は低く、後者、すなわち安定して資金を生み出せる企業の評価が高くなる。

ここまで、最初に提示した定義（「債務発行体の返済への意思と能力に対する格付け会社の意見」）について、簡単に説明した。加えて強調したいのは、格付けは、常に未来を見ている[6]ということである。債権者の代表例は二つあり、企業に資金を貸し出す銀行等の金融機関と、企業が発行する債券を購入することで企業に資金を提供する債券

5　会計上の「利益」を出すこととは同義ではない。この点については、第３章で説明する。

6　筆者の勤務した格付け会社では、「格付けは“forward-looking”であるべきだ」という言い方が頻繁になされていた。

投資家[7]（社債投資家）である。つまり、格付け会社は、債券投資家や銀行と同様の観点から、あるいはクレジット投資家の代理として、発行体企業を分析して評価する。クレジット投資家の観点とは、「自分が投資した資金（あるいはこれから投資する資金）は、約束された期日に無事に返ってくるだろうか」という観点である。したがって、格付け会社は発行体企業のこれまでの実績、つまり過去の業績を詳しく分析するが、それはあくまで発行体企業の将来の姿を見定めるためである。

ここから敷衍して、主に「債務を返済する能力」のほうに着目した格付けの定義として、以下のように言われることがある。すなわち、**「格付けとは、発行体企業が、事業リスクと財務体力とをどのようにバランスさせているかについての、格付け会社の意見である」**という定義であり、これが格付けの二つめの定義である。

リスクは危険と訳されることもあるが、ファイナンスの世界で用いられる場合には、投資家が得られるリターンの変動の大きさのことである。つまり、安定した事業はリスクが小さく、業況が大きく変動する事業はリスクが大きい。将来において債務を確実に返せるかどうかを見る格付けの観点からは、事業リスクが小さいほうが望ましい。

一方、財務体力とは、ここでは主に「財務レバレッジ」の大きさのことを指している。梃子（レバー）の原理のように、少ない株主資本（自己資本）の企業でも、多額の債務（他人資本）を借りてくれば、大きな事業ができる。これが「財務レバレッジの大きい」状態である。株主にとっては自分にとってのリターンが大きくなる可能性が高まり好ましい[8]が、他方で債権者にとっては、債務不履行が起こる可能性

7　格付けは債務の発行体企業に対して付与される（発行体格付け）こともあり、個別の債券に付与される（債券格付け）こともある。

が高まり、また破産した場合の返済額が小さくなるおそれが高まるため、好ましくない。つまり、将来の債務返済の可能性を見る格付けの観点からは、財務レバレッジの低いほうが望ましい。

企業の経営とは、単純化して言えば、上の二つの要素の組み合わせとして捉えられる。どれだけのリスクのある事業を手がけるのか、また、その事業リスクに対する備えとして、どれだけの財務体力を維持しようとするのか、その二者の組み合わせである。事業が安定していて、かつ財務レバレッジが低く財務体力が強いという組み合わせであれば、高い格付けが期待できることになる。事業の変動性が大きくリスクが大きいのに、財務レバレッジも高いなら、低い格付けとなろう。残るは二つの異なる組み合わせであるが、図表１－２のように図示できる。

事業リスクが小さければ、財務体力が弱くても、ある程度の高さの格付け（ここでは便宜上、「中位の格付け」と呼ぶ）が期待できる。図表１－２の上に示した天秤の図がこの例である。これに対して、リス

図表１－２　事業リスクと財務体力のバランスのとり方の二つの例

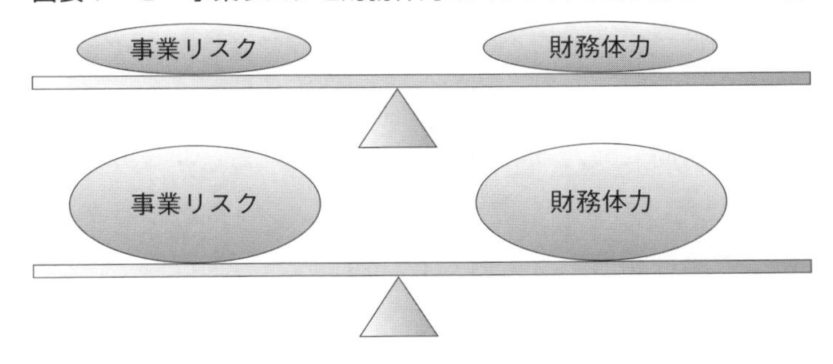

8　債権者へ支払うリターンは定額であるため、業容が拡大して利益の総額が増大した場合、株主が受け取れるリターンはそれに応じて増加する。債権者と株主のリターンの関係については、第２章で詳しく解説する。

クが大きい事業を手がけていても、そのために強い財務体力を備えていれば、これも同じく中位の格付けに値することになろう。図表１－２の下の天秤の図がこれを示している。

図表１－２の上の図のように、事業リスクが小さい例としては、独占または寡占状態にあることで競争が激しくなく、かつ参入障壁が高いため将来にわたって新規参入者のおそれが小さい事業がある。実例をあげると、料金規制と地域独占に守られていた時期の電力事業や、大都市圏を営業基盤とする大手鉄道事業等はこれに当たる[9]。また、製造業のなかでは、市場地位の高い大手食品事業等は、景気の変動への耐性が比較的強く、業績が安定している。

反対に事業リスクの大きいのは、製品やサービスの技術革新が速い、顧客との取引が短期的である、競合他社が多い、新規参入が容易である、等の特徴を持つ事業である。日本の代表的な産業のなかでは、自動車（乗用車）製造業があげられる。新製品（新型車）開発に多額のコストと長い時間がかかるが、顧客の嗜好は移りやすく、また電動化・自動運転化などの大規模な技術革新の必要性も頻繁に迫ってくる。新車販売は景気の動向にも大きく左右される。2008年からの世界金融危機時に米国の複数の大手事業者が経営破綻した実例に見られるように、事業リスクはきわめて大きい。そのなかで、日本のトヨタ自動車は、長期間にわたり高い格付けを得ている。事業リスクの大きさに見合っただけの強い財務体力を維持しているからである。図表１－２の下の図に相当する実例である[10]。

9　一般に、これらのような「社会インフラストラクチャー事業」は、自然独占性が強く料金規制があるために、収益が安定している。

10　実際には、トヨタ自動車は事業リスクの大きさを凌駕する財務体力の強さが維持されているため、中位ではなく高位の格付けを得ている（第14章を参照）。

なお、この二つの図のように、異なる業界に属する企業が、たとえ同じ水準の格付けであっても、それは財務レバレッジの数値が同程度の水準であることを意味しない。たとえば「自己資本比率」といった財務数値がＸ％程度であれば、格付けＹが期待できる、といった、どの業界の企業にも共通するような数値の目安は存在しない。格付けとは、あくまで、その企業の持つ固有の事業リスクと財務体力の相対的な兼ね合いで定まるものであるということに留意してほしい。業界や業態が異なれば、事業リスクはまったく異なる。

さて、一方で格付けは、AAAから始まる信用力の「序列」であり、相対評価である。それでは、格付けとは、具体的に何を基準とした順番に並んでいるのか、それを解説する。

債務とは、当初の契約のとおりに債務者が債権者に返済すれば、債権者にとって損失はゼロである（100％回収できたことになる）。しかし、時には債務者の事業がうまくいかず、債務を返済できなくなり経営が破綻することもある。支払不能の状況を「デフォルト」した状況という。またその場合、支払の優先度や担保物件の有無により、債務は全額返済できることもあればまったく返済できないこともあり、その中間で部分的に返済できることもある。この返済の程度を債権の「回収率」という。「１－回収率」が「損失率」である。

そして**「期待損失率」**とは、デフォルトする確率と、その場合の「損失率」の積（掛け合わせたもの）である。

期待損失率（EL：Expected Loss）
＝倒産確率（PD：Probability of Default）
×倒産時損失率（LGD：Loss Given Default）

格付けの序列は、この期待損失率の小さいものから並んでいる。これが格付けの三つめの定義である。

ただし、上の式のなかで、倒産時損失率（LGD）は、実際にデフォルトが起きて債権回収がなされてみないことにはわからない部分が大きく、格付け会社がすべての格付け対象企業についてあらかじめ見通すことは困難である。そのため、実務上は、LGDの数値の議論はなされないことが多い[11]。この場合は、格付けは期待損失率ではなく、倒産確率に従って序列づけられていることになる。つまり、倒産する可能性の高い企業は格付けが低く、可能性が低い企業の格付けは高くなる。これが格付けの四つめの定義である。

第2節　格付けが考慮する要素

さて、以上の説明から、格付けとは決して企業の「格式」、つまり歴史の長さや売上高の規模、顧客層の広さ、あるいは技術力水準の高さや社会的イメージの良し悪しそれ自体などとは、直接の関係はない[12]ことがわかると思う。

では次に、もう少し具体的に、格付けが検討される際にどのような要素が考慮されているのか[13]を説明する。

11　何かしらの数値の前提を置く必要がある場合には、たとえば一律に50％等のロス率を想定することが多い。

12　間接的あるいは長期的には、高い技術力が高収益製品の開発に、高い社会的評価が優秀な人材の獲得につながり、その企業の債務返済能力の向上に資する可能性はある。そういう意味で、これらの要因と格付けの水準との間に、相関はある。ここでは、あくまで直接の評価の対象にはならないという意味である。

13　考慮される要素について、「格付けのスコープに含まれる要素」という言い方をすることがある。

前述のとおり、格付けは事業リスクを測り、そのための備えとして財務がどの程度強靱なのかを測る。そのことで、たとえ事業が苦しい局面に陥っても、当初契約された条件に従って債務を返済することができそうかどうかを検討する。このような分析を、信用力分析（クレジット分析）と呼ぶ。

そして、格付けに際して行われる分析とは、この信用力分析であり、それ以外は含まれない。格付けが考慮するのは、信用リスク（クレジット・リスク）だけである、と言い換えることもできる。

格付けは債権者、つまり銀行や債券投資家の見方を代弁するものであると説明したが、彼らの考慮すべきすべてのリスクが格付けに反映されるものではない。債券投資家が考慮するリスクには、信用リスク以外にも、実際にはさまざまなものがある[14]。そのなかで、ここではイベント・リスクに関する考え方を説明する。

ここでのイベントとは、企業の活動に関する通常の好不調の変動とは別に、業績に大きな変化を及ぼす事象のことである。企業の本支店・工場・配送センター等の重要な営業拠点に物理的な影響を与える大規模な自然災害や事故、世界的な不況等のマクロ経済上の大きな変化に加えて、M&A（企業の合併や買収）もイベントに含まれる。

このようなイベントは、事前に予測することがむずかしい。したがって、格付けに際して行われる分析には、これらが生じることによる業績や財務の変化は、当初は織り込まれていない。イベント・リスクに関しては、そのような事象が発生してから、格付け分析に反映されることになる。

ただし、イベントが発生した場合に業績への悪影響が大きくなりが

14　債券の価格変動リスク、流動リスク、期限前償還リスク、外貨建ての場合の為替変動リスク、イベント・リスク等である。

ちな業種に属する企業については、その事業リスクが比較的大きいと評価することで、平常時から厳しく見ることになる。一般的には、固定費[15]の割合が大きい事業は、売上高の減少に対する耐性が弱い。典型的には航空旅客輸送業（エアライン）である。21世紀に入ってからも、地域戦争、感染症の蔓延、世界金融不況などのイベントの際には、世界各国の航空会社が経営破綻する例が多く見られた。このような業種は、事業リスクが大きいと評価されている。そのため、信用力評価としての格付けも、平時から低い水準に抑えられている[16]。

第3節　格付けの対象となり得るもの

これまで、格付けが付与される対象については、企業あるいは会社（など）という呼び方をしてきた。実際には、企業や会社以外のものにも格付けは付与されている。ではここで、格付けの対象となり得るもの、反対に、格付けできないものについて考えてみよう。

格付けは、債権者の立場から見て、債務が契約どおりに返済される可能性を考えるものだと説明した。銀行等の金融機関や債券の投資家といった債権者は、債務者が将来にわたって債務を返済できると信じるからこそ資金を提供する（貸し出す、あるいは債券を購入する）。では、債務者が債権者に対して資金を返済していく原資は何だろうか。

それは、債務者が継続的に生み出していく現金（キャッシュ）であ

15　変動費・固定費分析については第３章で説明する。

16　エアライン企業で比較的高い格付けを得ている事例は、その国の政府の出資を得ている会社であって、大幅な減収につながるイベントの際にも株主である政府の支援が見込まれることが定性評価として織り込まれている場合が多い。

る。全額返済に至るまで、継続してキャッシュを生み出すことができるか、どれだけ高い可能性で生み出し続けられるかを評価することが、先述した事業リスクの分析である。

したがって、格付けが付与できるもの、実際に付与されている対象としては、まず事業会社があげられる。実際に、格付けの歴史において最初に格付けされたのは、米国大陸に鉄道網を敷設するための資金が必要だった鉄道会社の発行する債券であった。事業会社は、自社の事業を継続することで、将来にわたってキャッシュを生み出し続ける存在である。

事業会社に資金を供給する金融機関（銀行、生損保会社など）も、同じく格付けの対象となる。融資先からの元利払いが、金融機関が負債を返済するためのキャッシュとなるからである。

また、中央政府（国）や地方政府（日本であれば都道府県、市町村）も、税収というキャッシュを獲得し続ける存在であり、また債券の発行等による資金調達も必要なため、実際に格付けされている[17]。

さらに、特定の資産を企業等のバランスシート（貸借対照表）から外して別会社（特別目的会社）に移し、その特別目的会社の発行する債券に格付けが付与されることもある。ストラクチャード・ファイナンス（仕組み債）と呼ばれる手法である。特定の資産には、不動産（商業ビルや居住用不動産）のような有形資産も、オートローン（自動車の販売ローン）のような無形資産も含まれる[18]。これらの仕組み債は、不動産が賃貸されることで生み出される賃料収入というキャッシュ、債権回収により生み出されるキャッシュの安定性を評価して格付けされている。

---

17 中央や地方の政府が発行する国債や地方債に格付けが付与されている。
18 仕組み債をさらに組み合わせた複雑な構成の仕組み債もある。

仕組み債の裏付けとなる資産に関しては、それが有形資産でも無形資産でも格付け可能であり、実際にさまざまな資産を裏付けとして仕組み債が開発され、格付けされてきた。変わったところでは、世界的な人気ミュージシャンが、過去に発表した自作の楽曲使用の権利を裏付けに債券を発行し、格付けを得ている例[19]まである。

それならば、たとえば一個の美術品や骨董品であっても、それに格付けすることは可能であろうか。

答えは、ここでも「将来にわたってキャッシュを生み出し続けられるか」と考えてみることで得られる。上のミュージシャンの例では、過去の楽曲が今後も映画やTVCM等に使用されることで使用料収入が見込めることが格付けの根拠となっている。それに対して、美術品や骨董品の場合は、存在するだけでは、将来にわたってキャッシュを稼得し続けることはできない。

ただし、その品物が、一般に公開されることで観覧料収入が見込め、かつその収入が、そのための美術館の運営費用を差し引いても黒字となる可能性が高い金額なのであれば、格付けを得られる可能性があろう。

第4節　格付けはどのように使用されるか

格付けの取得が可能であっても、資金の調達が不要であれば、一義的には格付けを取得する必要がない。格付けは債権者が資金を提供する際に、その投資判断の参考に使用するのが代表的な使用方法であ

19　David BowieやJames Brownの例がある。ちなみに、債券発行により得られた資金は、新作の作成費用に充てられたとされている。

る。格付けを取得すれば格付け会社に手数料を支払うことになる[20]ため、債権者のニーズがなければ、格付けを取得しないことが債務者にとって経済合理的な判断となる。

ただし、格付けには、発行体が資金調達の際の道具とする以外にも利用方法があり、それらを求めて格付けが取得されることもある。

格付けを取得し、それが発行体自身にとって満足できる水準の格付けであれば、それをPR活動に利用して、人材採用などの際に活用することがある。

また、海外で現地の政府系の業務に入札する際に、グローバルに展開している格付け会社から取得した格付けがあれば、その提示を求められることがある。さらに、海運会社等が海外の港湾を利用する際に同様の格付けを求められる例もあり、まさに海外業務展開のための「パスポート」、あるいは「名刺」のような利用のされ方もある。

もう一つ重要な利用方法は、発行体企業が自社の経営に対して、外部の眼を入れる、つまり第三者の意見を聴くことができる、という意義である。第12章で後述するように、格付け会社のアナリストは、定期的に発行体の企業の経営者と議論する機会がある。そのような場を、単なるコストと考えるのではなく、自社の経営に対する外からの意見を聴く機会として利用しようと考える発行体もある。

20　格付け会社のビジネスモデル（収益の構造）については、第９章で説明する。

第2章

クレジット分析とは何か

企業などへの資金提供者として、大別すれば、クレジット投資家（債券投資家、銀行）とエクイティ投資家（株式投資家）の二つの立場があり、格付けは前者の観点に立つ考え方である。本章では、この二つの考え方の基本を再確認し、両者の違いを明確にすることで、クレジット分析（信用力分析）への理解を深めていく。

第1節　クレジット分析とエクイティ分析の共通点

クレジット分析とエクイティ分析の違いを理解するために、まずは両者に共通する見方を確認する。

企業に関する利害関係者のことを、ステークホルダー（stakeholder）と呼ぶ。企業の意思決定にかかわっている人々や、その影響を受ける個人や団体のことを指し、一般的には株主、債権者、従業員、取引先、顧客、地域社会、監督官庁などがその例である[1]とされる（図表

1　株式資本主義のもとでは会社は株主のものであるため、一義的には株主が最も重要なステークホルダーだということになるが、この論点に関しては時代や地域によりさまざまな考え方があり、現在に至るまで論争が絶えない。この論点については第16章で再び考察する。

図表2－1　企業の主要なステークホルダーの例

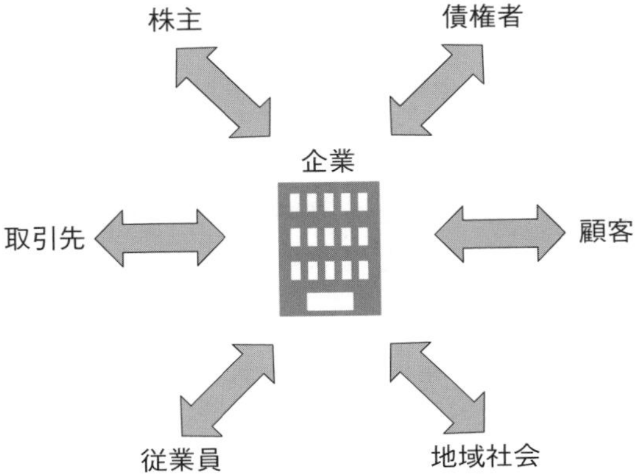

2－1)。

ステークホルダーはいずれも、企業に対して「良い会社」であることを要求する。しかし、何をもって良い会社であるとするかの価値基準は、ステークホルダー各者に共通している部分もあり、それぞれのステークホルダーによって異なる部分もある。たとえば、「質の高い製品やサービスを生み出す」ことは、顧客だけでなく、その会社の従業員にとっても喜ばしいことであろう。しかし、会社の利益を度外視してまで製品やサービスを低い価格で提供してしまうと、顧客にとっては良いことかもしれないが、従業員には歓迎されない。このように、複数のステークホルダーを同時に満足させるのは簡単ではない[2]。

ステークホルダーのなかで、株主と債権者は、どちらも企業に対して事業資金を供給する資金提供者であり、それぞれが投資家として

2　また、時間軸を考慮に入れると議論がさらにむずかしくなる。この例で、利益を度外視して低価格路線を採れば短期的には従業員に不評でも、そのことで他社との競争に勝ち抜き市場地位を堅固にすれば、長期的には高い利益を享受して従業員にそれを還元できる可能性がある。

負っているリスクに応じたリターン（投資に対する利益）を要求する。したがって、両者に共通しているのは、その企業が事業を継続し、リターンを返すために収益を生み出し続けることを求めることである。

企業が事業を継続し、存続することで、株主・債権者にリターンをもたらすためには、企業の経営が破綻せずに存続していること、つまり安全性が高いことが前提として求められる。

敷衍して言えば、その企業が手がける事業に対して、需要があり続けると予想できること（「事業素質」があること）、また、組織として存続するためのガバナンスがしっかりしていることが、株主と債権者に共通する要求としてあげられる。

また、株主と債権者が提供した資金にリターンをもたらすためには、その企業が存続しているだけではなく、その企業の営む事業が高い収益を生む必要がある。

具体的には、上記の事業素質に加えて、投資対象企業の市場地位が高く、競争力が強いこと（「企業素質」があること）が要求される。

以上のような側面（事業素質と企業素質）に関しては、株主と債権者の見方は共通している。

第2節　クレジット分析固有の観点

それでは次に、株主と債権者とで見方が異なる部分を確認するため、債権者の視点に立つクレジット分析固有の見方をまず紹介する。企業にとって、資本（自己資本）は株主に返済する必要がない資金であるのに対して、負債（他人資本）は期日どおりに債権者へ返済する義務がある点が大きく異なっている。仮に株価が下落しても会社の存続には直接には影響しないが、債務不履行は企業の倒産の直接の原因となるため、経営の最優先事項として、あらかじめ定められた期日どおりに負債の利払いと元本の返済がなされる必要がある。

クレジット分析の主眼は３点ある。

クレジット（信用力）とは負債を約束どおりに返済できる能力のことであり、クレジット分析では負債返済の可能性の高さを評価する。対象企業の事業規模が成長するかどうかという観点ではなく、負債の返済原資をどれだけ安定して生み出せるかが重要になる。

負債返済のための原資となるのは、企業が営む事業が生み出すキャッシュ（資金）である。事業が生み出したキャッシュ（営業キャッシュ・フロー）から、事業の存続のための投資（投資キャッシュ・フロー）を差し引いたもの（フリー・キャッシュ・フロー、以下「FCF」という）が、負債の返済に充てることのできる資金になる。

(営業キャッシュ・フロー) − (投資キャッシュ・フロー) ＝FCF

したがって、負債が滞りなく全額返済される可能性が高くなるためには、

・返済に充てられるFCFが相対的に大きいこと

・返済すべき負債の総額が相対的に小さいこと

が重要となる。つまり、クレジット分析では、上の二者（FCFと負債総額）の相対的な大きさを検討することが第一の主眼となる。

二つめの重要な論点は、事業が生み出すキャッシュ・フローの安定性である。債権者にとっては、債務者である企業の事業が安定してキャッシュを生むことが最も望ましい。

債務者が、資金に余裕のあるタイミングでまとめて債務を返済して

しまう、あるいは反対に、返済期日に資金不足を理由に返済を待ってもらうということは、債権者が新しい契約に合意してくれない限り許されない。前者（期限前弁済）は、債権者の資金運用の予定を変更させることにつながり、債権者が新しい運用先（投資先）を探すことを強いるため、一般的には債権者に歓迎されない。後者（支払猶予）は、その企業の経営状態が悪い、少なくとも資金繰りの状況が苦しいことを意味するため、債権者にとっては投資元本を失う危険の大きい深刻な事態である。債権者は、契約に規定された期日よりも前に企業に返済を求めることはできない。これを、借り手の企業に「期限の利益を与える」というが、債務者の求めに応じて新たな融資契約を締結することは、資金繰りの苦しくなったその企業にあらためて期限の利益を与えることになる。債権者にとってはむずかしい判断を迫られる局面であり、簡単には応じられない。

このように、債務者が生む事業キャッシュ・フローが不安定であると、債務者が期限前弁済や支払猶予を言い出すことにつながりかねない。つまり、債務の返済を求める債権者の立場からは、返済原資となる事業キャッシュ・フローは、時期によって変動する程度が小さく、安定的に生み出され続けることが望ましい。

事業が生むキャッシュは、リスク（変動性）が大きい事業であれば不安定に生み出され、リスクの小さい事業からは安定的に生み出される。負債の確実な返済を求める債権者の観点からは、事業の安定性が最も求められる。つまり、クレジット分析においては、**事業がどれだけ安定したキャッシュを生み出すか**を分析することが二つめの主眼になる。

三つめの論点は、企業の経営方針、なかでも**財務に関する方針**の検討である。

安定した事業キャッシュ・フローを求める債権者（銀行や社債投資家といったクレジット投資家）の観点を敷衍すれば、財務方針を含めた経営方針全般に関しても、債権者はリスク（変動性）を求めずに安定性を優先することになる。

事業展開に関して言えば、その企業の既存の事業が順調にキャッシュを生み出し続けているならば、投資の回収に失敗する危険を冒してまで新規事業に進出することはあえて求めない。綿密な事業計画に基づく場合であっても、新しい事業には実際に手がけてみないとわからない困難が往々にして生じ得るからである。もちろん、既存事業が成熟化し衰退に向かう可能性が高くなっていれば、既存事業だけを継続する場合のリスクと、新規事業を手がける場合のリスクとを比較検討した上で、債権者が新規事業進出に賛成することもあり得る[3]。債権者は、その企業の現実の選択肢のなかで、事業全体の生み出すキャッシュが最も安定的だと考えられるような事業展開を求めるということである。

財務方針については、債権者は債務者が財務レバレッジを小さく維持することを求める。つまり、資本に対して相対的に負債の額の小さいことを良しとする。

まず、企業の経営が順調で安定的にキャッシュを生み出し続けている「平常時」を想定してみよう。株主への配当よりも優先して債権者への利払いはなされるため、株主資本が相対的に大きいことは債権者にとって問題にならない。事業の規模が同じで利払いの原資となるキャッシュが同額なのであれば、それを分け合う債権者の数は少ない

3　企業が新規事業に乗り出す場合、その企業が生み出すキャッシュ・フローの安定性が従来とは変化することになる。したがって、債権者がその企業へ提供する資金の条件（貸出条件、あるいは社債の発行条件）が、従来とは異なることがあり得る。

ほうが（つまり、資本が多く負債が少ないほうが）利払いの確実性が高まるので、債権者にとっては望ましいということになる。

次に、不幸にして企業の経営が破綻した「非常時」を想定してみる。債権者としてはできるだけ多くの元本を回収したいが、その際も財務レバレッジが小さいほうが債権者にとって有利となる。破綻した企業は資産を現金化して債権者と株主に投資資金を返却しようとするが、その現金は投資元本全額（資本と負債の合計）に満たないことが多い。その場合、元本の回収においても、債権者が株主よりも優先される。つまり、債権者（負債）から見て資本は、自分の損失を吸収してくれる「クッション」の役割を持つ[4]。負債が小さく資本が大きい（クッションが厚い）ほうが、債権者にとって投資元本の回収可能性が高くなるので、望ましいということになる。

株主への還元政策に関しても、なるべく現金配当を抑えることで資本を大きく保つことが債権者にとっては望ましい方策である。自社株買いも、資本を減らすことになり財務レバレッジを高めてしまうので、債権者の立場からは歓迎されない。反対に、増資は、負債にとっての「クッション」を厚くすることになるため、債権者にとっては望ましい。

4　破綻した企業の資産を現金化して、その総額が資本と負債の合計額に満たなくても、債務の額以上に現金があれば、債務だけは全額返済できることになる。つまり、損失はすべて株主が負担するので、債権者にとってショックを吸収してくれていることになる。

第3節　エクイティ分析固有の観点

それでは、今度は反対に株主（エクイティ投資家）の視点に立ってみて、投資対象である企業がどのような考え方と行動を選択することが望ましいのかを整理する。前節で論じた債権者（クレジット投資家）の考え方をより深く理解するために、両者を比較してみてほしい。

債権者（クレジット投資家）があらかじめ定められたリターンしか得られないのに対して、株主（エクイティ投資家）は、投資先の企業の価値が増大すれば、その増大した分をすべて得ることができる。もちろん、そのために株主は、投資家として債権者以上のリスクを負っている。大きなリスクを負っている以上は、それに応じて、成長することに伴う大きなリターンを要求するということである。

エクイティ分析においては、分析対象の企業の利益がどれだけ成長する可能性があるのかを見ることが分析の主眼となる。企業の利益が成長した分は、すべて株主に帰属するからである。まず、この点を説明する。

前節で見たように、債権者（クレジット投資家）は元本および利息の受け取りに関して、株主に優先する。その代わり、債権者は当初の契約（借入契約、あるいは社債契約）によってあらかじめ定められた利息を受け取り元本を回収するだけであり、投資した企業がいかに業績を上げても、当初の契約にある以上の追加のリターンを得ることはない。社債等への債券投資のことをfixed incomeと呼ぶことがあるのは、このような意味である。

これに対して、株主（エクイティ投資家）は、債権者への利払いや税金等々、すべてを支払い終えた後にしか配当を受け取ることはできない[5]。また、もし残余の利益がなければ、配当は払われない。さらに、業績不振により株価が下落すれば、株式を現金化しようとした場合に当初の投資元本を割り込む（元本が満額回収できない）こともある。株主はこのようなリスクを負って投資している。

その代わりに、投資した企業が業績を上げて多額の利益を生み出した場合には、その最終利益はすべて株主のものである。その利益は、株主総会における決定によって、配当として株主が受け取ることも、配当せずにその企業の投資資金に充てることもできる[6]。また、その企業が株式市場から高い評価を得れば、株価が上がり、株式を売却した場合に当初投資した元本を超える現金を得ることができる。ちなみに、配当のように、株式を保有したままで株主が受け取る収入をインカム・ゲイン（income gain）、株式を売却することで得られる利益をキャピタル・ゲイン（capital gain）と呼ぶ[7]。

株主と債権者の得る利益が異なることを図によって説明する。まず、図表２－２は負債を持たず全額を資本で賄っている企業を示している。企業価値はすべて株主のものであり、成長することによって企業価値（図中の網掛けの部分）が大きくなれば、それはすべて株主に帰属する。

企業価値が大きくなると株式価値はそれに比例して高まるが、株式の元本は当初払い込まれた額のままである。つまり、企業が成長する

5　支払順位として、債権者（負債）が優先し、株主（株式）が劣後する、と表現される。

6　その新たな投資によってその企業の業績がさらに上がれば、その増益分はやはり株主のものとなる。現時点で配当を受け取るか、配当として受け取らずに将来への投資資金に回すかは、株主が成果を受け取るタイミングだけの違いであると見ることもできる。

7　売却額が当初の購入額よりも大きい場合にキャピタル・ゲインが得られる。

図表２－２　事業資金の全額を資本で調達している企業

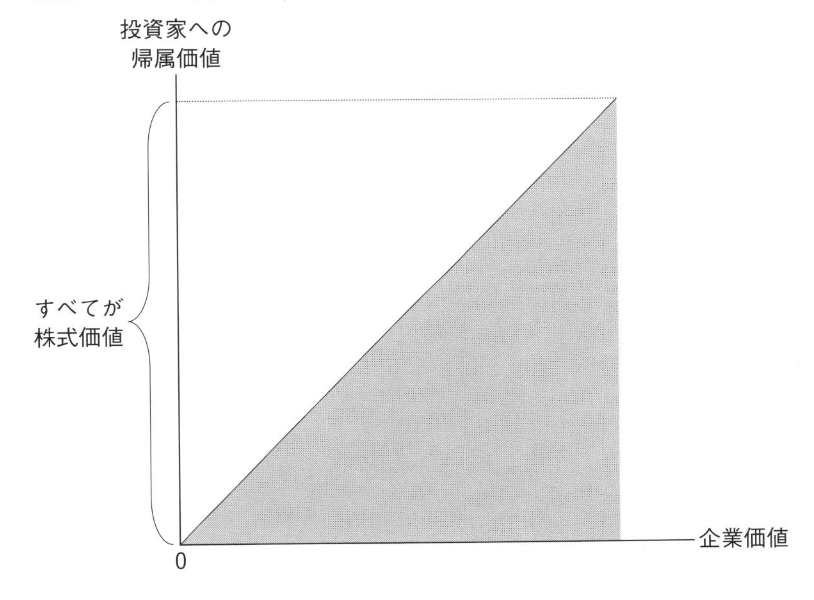

ことでより大きな利益を生むようになり、これからも成長するであろうと見られて企業価値が高まれば、株主１人当たり（より正確には株式１株当たり）の価値が大きくなる（１株当たりの価格が上昇する）。

このことからわかるように、株主にとって最も望ましいことは、投資した企業が堅実に安定的な利益を生み出し続けることではなく、事業を拡大して利益が増加していくことで、企業が成長することである。さらに言えば、投資対象企業が成長を続けていくであろうと多くの投資家から見られることで、株式価値が増大する（株価が上昇する）ことである。株価は、将来の利益額の予想によって形成される[8]から

8　株式投資家がキャピタル・ゲインを得るためには、現時点で購入した株式の価格が、未来の時点で上昇している必要がある。しかし、多くの株式投資家がそのように考えるため、現時点の株価は将来の予想株価に近づいていくことになる。

図表2－3　事業資金を資本および負債によって調達している企業

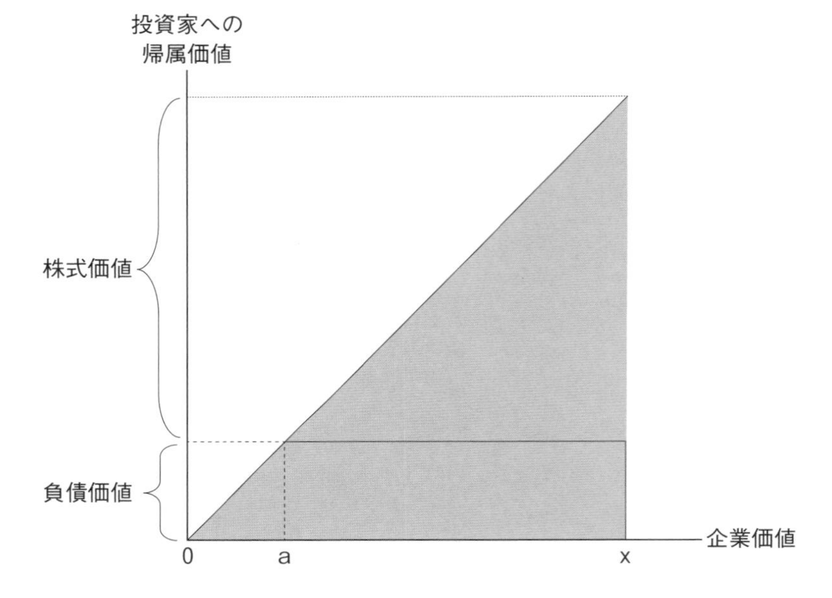

である。

これに対して、図表2－3は負債による資金調達も行っている企業の例を示している。企業価値xがaに達するまでは、企業価値は債権者に帰属する（負債が株式に優先するため）が、aを超えて企業価値が大きくなれば、その分はすべて株主のものとなる。つまり、企業価値がaを超えた部分に関しては、図表2－2と同様となる。

株主から見て、自分の持つ株式よりも優先して返済される負債を導入する理由は、株式だけの場合（図表2－2）と比較して、株式と負債を足し合わせたほうが事業規模を大きくすることが可能になり、企業の成長のスピードを速める効果が期待できるからである。事業規模が拡大することで企業が生む利益が増大しても、その拡大に比例して負債の投資家（債権者）の取り分が拡大することはない。債権者が得るのはあくまで定額の利息と、当初投資した元本の返済だけである。

なお、株主の責任が有限であることも、負債を利用する重要な理由である。ここで言う株主の有限責任とは、株主が被る最大の損失は、投資した元本がゼロになることであるという意味である。つまり、図表2－3において企業価値xがaを下回った場合、負債は全額が返済されることがなくなるが、その損失は債権者が負うものであり、株主が債権者の損失を埋めるために追加で資金を負担することはない、ということを意味している。

当然のことを言っているようであるが、ここであえてこれを強調するのは、世界史上、最初に登場した株式会社においては、株主は無限責任を求められていた歴史があるからである。そのため、当初の出資額以上に追加負担を求められるリスクを負ってまで株主となる投資家が、なかなか増えなかった。株主の有限責任が確立したことにより、株式投資も増加し、負債調達による事業の拡大も促進され、資本主義経済が急速に発展した。

なお、債権者のほうから見て、企業価値がaを下回る場合に投資元本を失うというリスクを負ってまで、債権者が負債に投資する理由は、ほとんどリスクのない銀行預金等に資金を置いておくよりも、リスクに応じて高いリターンが期待できる[9]からである。

企業の経営方針に関しても、エクイティ投資家（株主）とクレジット投資家（債権者）とでは、求めるものに違いがある。

投資した企業の価値が下落した場合の損失に限度があり（上述の「株主の有限責任」のとおり、出資額を超える負担は負わないという意味である）、反対に企業価値が上昇した場合のリターンには上限がない

9　企業への資金提供の利息は、銀行預金による運用よりもリスクが高いことを反映して、預金利息よりも高いのが通常である。

株式投資家は、全般的な傾向として、ある程度のリスクを負っても事業を拡大することを企業に要求する。

必要以上に企業の安全性に配慮するのではなく、リスクを冒してでも、事業と利益の拡大を求めるのが株式投資家である。株式投資家は投資リターンが約束されていないが、損失には下限があるのに、反対に利益の拡大には上限がないからである[10]。

このように、経営方針においては、株主は事業を積極的に拡大する方向性を支持することが多いと言える。

このような株式投資家（エクイティ投資家）の考え方と、前節で説明した負債投資家（クレジット投資家、債権者）の見方とを対比して、下のような図（図表２－４）による比喩を用いた説明がなされることがあるので、参考のためにここで紹介する。水が入ったコップの図であるが、入っている水の量はコップの容量を満たすほどではなく、半分程度まで水が入った状態である。

これを見て、株式投資家は「水が半分（も）入っている（half-full）」と捉えると言われる。事態の積極的な面に光を当て、未来における可

図表２－４　水が半分ほど入ったコップ

10　反対にクレジット投資家のほうは、一定の投資リターンが約束されているが、投資元本を失うリスクがある一方で、利益が拡大することはない。

能性を強く認識する考え方である。これに対して負債投資家のほうは、同じコップを見て、「水が半分なくなってしまった（half-empty）」と考えると言われる。事態を慎重に捉え、リスクを重視する見方と言えるだろう。

このように、同じ事業資金提供者というステークホルダーであっても、株式と負債のそれぞれが持つリスクとリターンの違いを反映して、事業運営の方針に関する株主と債務者の志向には、大きな違いが存在する。

財務方針においても同様の違いがある。株式投資家は積極的に財務レバレッジを拡大して、つまり負債による資金調達を拡大して、事業規模を拡大し、利益を増大することを求める。株式投資家から見れば、自分たちよりも小さいリターンを求める債権者の資金を利用することで、事業が生む利益の拡大を図ることができる。

株式投資家は企業の成長を求めるため、フリー・キャッシュ・フローの使途に関しても、事業への投資を最も選好する。もし適切な投資対象がない場合には、キャッシュを負債の元本の返済に充てるよりは、株主への配当を求めることになる。配当してしまえば企業の資本はそれだけ減少するため、配当の支払も財務レバレッジを高くする方向に働く。

株式発行（増資）は、一般的に既存の株主からは歓迎されない。増資の形態を対象とする投資家によって区分すると、株主割当増資、第三者割当増資、公募増資がある。株主割当増資は既存の株主が持分を増やすものであり、資金調達の方法がなぜ負債によらず増資なのかを説明できれば、株主の理解は比較的得やすい。しかし第三者割当増資と公募増資は、既存の株主以外の投資家に新たに株式を持たせるものであるため、既存株主にとって特に抵抗が大きい増資形態である。増大した企業価値は株主のものであると説明したが、増資によって新たな株主が増えれば、既存の株主にとっては「株式価値の希薄化（dilution）」になる[11]。そのため、増資されると株価が下落する例が多い。１株当たりの株式価値を算出する際の分母が増えるからである。それだけの抵抗があっても増資がなされるのは、業績不振により急激に資本が減少した場合など、企業の信用力（安全性）に不安が生じた場合が多い。既存の株主の抵抗が少ない増資としては、事業を拡大する目的の資金調達として、株主割当増資と負債の増加をセットで行い、財務レバレッジを下げない、という方法が考えられる。

反対に、自社株買いは資本を減らすので、財務レバレッジを高める効果がある。株式価値を残った株主だけで分け合うことになるため、株主にとって望ましい。増資の場合と反対に、自社株買いは１株当たりの株式価値が増えることになるため、株価を上げる効果がある。そのため、株式上場企業の経営者が自社の株価が低すぎると考える場合に、自社株買いが行われることがある[12]。

第４節　定量分析と定性分析

以上で、クレジット分析固有の視点について、読者はある程度のイメージを持てたと期待したい。

11　企業の最終利益は株主のものであるが、それを分け合う人数が増えてしまうことを「薄まる」と表現している。

12　なお、企業の価値を最も高める最適な資本構成（財務レバレッジ）はあるのかという点に興味を覚えた読者は、MM理論（Modigliani-Miller theorem）について学んでほしい。この理論の結論は、完全な金融市場においては、企業の資本構成および配当政策は企業価値に影響を与えないというものである。

クレジット分析とは、事業の生み出すキャッシュ・フローの安定性と財務体力の強さを比較対照することで、分析対象企業がどれだけ高い可能性で負債を返済できるのかを検討するものである。そのためには、損益計算書（income statement, profit loss statement）に現れる収益力（売上げをあげ、利益を生む力）、貸借対照表（balance sheet）に現れる財務構成、キャッシュ・フロー計算書[13]（cash flow statement）に現れる現金生成力と資金使途を、数字の分析により検討すること（定量分析：quantitative analysis）が必須である。

しかしそれと同時に、加えて、対象企業の過去の実績がどれくらい安定していると評価できるのか、それは将来においてどれだけ継続されると期待できるのか、景況が悪化した際にはどれだけの抵抗力を発揮できそうか、仮に資金繰りに窮した場合にどのくらい資金提供者の支援が得られそうか、等々、必ずしも数字だけでは評価できない要因が、分析において重要になる。これを上記の定量分析に対して定性分析（qualitative analysis）と呼ぶが、クレジット分析においてはこの定性分析が重視される。財務諸表等の数字はすべて過去のものであるが、クレジット分析による検討は、未来の債務返済能力を評価するものだからである。

ただし、定性評価を下す根拠として、常に数字に基づいた議論が必要であることも強調しておきたい。定量分析と定性分析はどちらがより重要かという関係ではなく、あくまで、すべての定性判断は定量分析の上に成り立っているべきである。数字に基づかずに将来予想を語る定性評価は、単なる思い込みによる見解である可能性があり、説得力が弱い。定性評価を下す際には、必ず根拠となる数字を持つように

13　この三者を合わせて、財務諸表（financial statements）と呼ぶ。

心がけたい。

次章からは、クレジット分析の基礎となる定量分析について、財務諸表の見方をもとに解説していく。

第3章

財務諸表の分析

本章から三つの章にわたって、クレジット分析の基盤となる定量分析について、財務三表（損益計算書、貸借対照表、キャッシュ・フロー計算書）の読み方を示すことで解説していく。ただし、財務三表の読み方を基礎から網羅的に解説するものではなく、クレジット分析の実務に即して、格付け分析において議論になりやすい論点に絞って検討する。前章で確認した、エクイティ分析の見方との異同も、そのような論点の一つである。

企業の財務に関して予備知識のない読者でも、本章で説明するいくつかの論点を把握すれば、本書全体を読み進めるのに支障はなくなるはずである[1]。

第1節　損益計算書の分析

財務三表のうち、企業を分析する上でどれが最も重要か、という議

1　財務諸表および財務分析に関して基礎から学びたい場合には、それに適した書籍は多く出版されているが、代表的なものとしては日本証券アナリスト協会編、北川哲雄・加藤直樹・貝増眞著『証券アナリストのための企業分析〔第4版〕』（2013年・東洋経済新報社）があげられる。

論がなされることがある。貸借対照表（バランスシート）は、いままでの企業活動の歴史すべてが凝縮して反映されたものであり、現時点での企業の姿を最もよく表していると言われることがある。またキャッシュ・フロー計算書は、経営者の恣意や会計基準の違いの影響を最も受けにくく、企業の活動を現金の出入りから正確に表現しているとされている。

そうすると、相対的に損益計算書は、経営者の判断の影響を受けやすく、最も重要性が低いということになってしまう。しかし実際には、損益計算書は大づかみに企業の収益力や業界内における相対的な地位を把握するには好適な資料である。本章では、損益計算書から解説を始める。

▶売上高の分析

分析対象会社の事業についての理解を深めるために、まずは売上高（「売上収益」と表記されることもある）の内容を分析する。有価証券報告書であれば、売上高の内容に関して**「事業の状況」**等の見出しを付したセクションにおいて説明がなされている。加えて、「セグメント情報」も活用し、分析対象の会社が、どのような製品もしくはサービスによって収入を得ているのか、何が売上げの主力であるのか、主要な製品／サービスの数はいくつか、それらの構成はどうなっているのか、そして国内・海外での活動の比率がどのような内訳となっているのかを確認する。

さらに、製造業であれば売上高を製品数量とその単価とに分解し、高単価の製品を販売することで売上高の大きさが成り立っているのか、反対に、比較的安価な製品を大量に販売しているのかを理解する。サービス業等であれば、顧客に提供しているサービス等の内容を把握する。

製造業・サービス業を問わず必要な観点は、販売する相手（顧客・消費者）が個人なのか（B to C：Business to Consumer）、それとも法人なのか（B to B：Business to Business）を知ることである。個人顧客から直接売上げを得ている場合には、景気や流行、あるいは不祥事の報道等による企業イメージの変化に消費者の動向が左右される程度が大きく、顧客が他社の製品・サービスに乗り換えてしまうことも容易である。反対に、法人顧客向けのビジネスは、取引関係が長期間にわたることが多く、他社への乗換えコスト（switching cost）も大きくなる。

上に説明したいくつかの観点は、すべて「売上高はどれだけ安定しているか」を知ることにつながっている。

主要な製品／サービスの数が多ければ、どれか一つの事業が不振となった場合に、他の事業で会社を支えることができる可能性が高まり、安定性が高い[2]と評価できる。事業を展開する地域が、どれか特定の地域に集中しているよりも、海外市場も含めて多くの地域に広がっていることが好ましい[3]のも同趣旨である。

他社の製品／サービスよりも販売単価が高い場合は、他社が追随できない高付加価値の製品等を生み出す技術力があるか、あるいは同じ水準の製品等を高い価格で売ることのできる販売ルートやブランド・イメージを確保できている、といった推測が成り立つ。どちらの推測に従っても、その企業の業界内における地位が高いことが示唆され

2　一般に、分散効果と呼ばれる。

3　ただし、海外展開した場合、そのための費用と売上高が別々の通貨により計上されることに伴うリスク（為替変動リスク）が生じることには、別途留意が必要となる。現地で生産し現地で販売する等の対策を講じることによって通貨のミスマッチを避け、為替変動リスクを減らせているかどうかの検討が必要となる。

る。一般的には、不況時には業界内の地位が低い事業者から順に苦境に陥っていく。ただし、注意が必要なのは、不況時に低価格の製品やサービスに顧客が流れて行ってしまう例もあることである。顧客との結びつきの強さが重要であり、それは次の論点につながる。

一般に、B to Cの事業に比べて、B to Bのほうが、企業と顧客の関係は安定する。まとまった数量の取引が最初に行われれば、次回以降も顧客の要望を取り入れた製品／サービスを提供する可能性が高まり、取引の回数が増えて長期化しやすい。そうなると、顧客の側も同業他社に乗り換えるコストやリスクが大きくなり、さらに取引が長期化していく[4]。しかし、このような先入観にとらわれすぎることなく、B to Cの事業者であっても、顧客との関係を長期化・安定化するために、どのようなマーケティング上の工夫を凝らしているか、その効果はどれだけ数字に表れているかを確認することが重要である。

売上高の成り立ちについて、まず以上のように大まかに把握することで、その会社の事業の基本的な性格を知ることができる。このことは、事業上の競合となる他社がどこなのか、その製品／サービスの市場においてどれだけ強い地位にあるのか、他社にない強みや弱みがどこにあるのかを分析し、定性判断を下すための出発点となる。

以上は有価証券報告書の「事業の状況」等から読み取ることができるが、このセクションには、その決算期間中に行われた大規模な合併や買収（M&A）や事業売却についても説明されている。有価証券報告書には過去２期間の財務諸表と過去５期間の経営指標等が記載され

4　B to Bの場合には、当初に販売する際の売上げに加えて、納入した製品のアフターサービスにより、継続的に補修・メンテナンス等の収入が見込めることが多いことも利点である。不況時に製品本体の販売が見込めなくなっても、すでに納入した製品のアフターサービスに伴う収入は比較的安定している。

ているが、直近期の売上高が前期に比べて大幅に増加もしくは減少している場合には、M&Aや事業売却が原因であることが多い。「事業の状況」のセクションの記載内容から、その原因を確認してほしい。

▶損益構造の分析

売上高（売上収益）から売上原価を差し引くことで、「売上総利益（粗利）」が得られる。そこから販売費および一般管理費（以下「販管費」という）を差し引き、その他収益・その他費用を加減することで、「営業利益」が得られる。ただし、これらの表示はIFRS[5]によって要求されてはいないため、表示がない場合もある。反対に、「営業利益」の表示に加えて、売上総利益から販管費のみを差し引いた段階の利益を「事業利益」として表示する等、上記よりも表示が多い会社もある[6]。

継続的に事業を行うのに必要な費用は、上記の売上原価と販管費である。これらの費用の性質とその構成を分析することで、会社の損益構造を知ることができる。これらの事業に要するさまざまな費用は、その性質によって、変動費と固定費に大別される。

変動費は、売上高の増減に連動して増減する種類の費用であり、製造業の場合の原材料費がその典型である。また、販管費のなかでは、販売費のほうは費やすほど売上高が増加する性質を持つため、変動費である。売上高に対する変動費の比率を変動費率という。

5　International Financial Reporting Standards：国際財務報告基準。

6　格付け会社の実務においては、適用される会計基準（日本基準・IFRS・米国基準）の違いによらずに数値の比較をしやすくするため、財務三表を相互に「調整」する。調整の方法については、格付け会社がレポートを公表している。主な調整項目としては、事業構造改革（リストラクチャリング）費用、オペレーティング・リース、企業年金債務の扱いがある。

これに対して、**固定費**のほうは、売上高の動きに連動しない費用である。人件費や、設備にかかる減価償却費が代表例である。販管費のなかの一般管理費は、売上高の増減には関係しない性質のものであることから固定費であり、これを費やすことで企業の利益は減少する。

売上高に対する売上総利益の比率（売上総利益率）、同じく営業利益の比率（営業利益率）の数値が同じ水準の2社があったとしても、事業に要する費用の構造が異なる場合には、事業環境の変化に利益水準が影響される程度が異なることになる。環境変化への耐性が違う、と言ってもよいだろう。このような変化への耐性の違いを把握することは、会社の事業の安定性を知ることにつながる。そのためには、変動費・固定費分析、ないしは損益分岐点分析の考え方を知ることが有効であるので、以下に紹介する。

売上高が仮にゼロであれば、変動費もゼロとなるが、それでも固定費は掛かるため、売上高がゼロの場合の損益は固定費の額だけマイナス（赤字）となる。売上高を増やしていけば、比例して変動費が掛かるが、（売上高－変動費）も増えていく。この（売上高－変動費）によって固定費を全額カバーできた時点で、会社の損益はちょうどゼロとなる。この点を損益分岐点と呼び、この時の売上高を**損益分岐点売上高**という。

つまり、損益分岐点売上高は次の式で表される。

$$損益分岐点売上高 = 固定費 + (売上高 \times 変動費率)$$

この式からわかることは、固定費が小さいほど、また変動費率が低いほど、損益分岐点売上高は低くなり、小さい売上高で利益を得ることができるということである。

売上高が損益分岐点売上高を超える水準にある場合には、売上高が増えれば（売上高－変動費）だけ営業利益が増えることになる。この場合の（売上高－変動費）、すなわち売上高が１単位増加した際の利益の増加分を**限界利益**という。

限界利益＝Δ売上高×（１－変動費率）

変動費率が小さいほど、限界利益が大きくなることがわかる。以上を踏まえて、簡単な事例によって変動費・固定費分析が意味するところを考えてみよう。事例３－１を見てほしい。

事例３－１

（金額単位：億円）

	A社	B社
売上高	5,000	5,000
変動費	1,000	3,000
変動費率	20.0%	60.0%
固定費	3,500	1,500
損益	500	500

売上高（5,000億円）も損益（利益額500億円）もまったく同額であるA社とB社があるとする。違うのはコスト構造で、事例３－１の表において網掛けで強調した部分にある変動費率と固定費額が異なっている。

仮に、A社・B社とも売上高が6,000億円に増加したとする。変動費率と固定費額（網掛けの部分）は変化しないので、それぞれ次ページの事例３－２のような損益となる。

事例３－２

（金額単位：億円）

	A社	B社
売上高	6,000	6,000
変動費	1,200	3,600
変動費率	20.0%	60.0%
固定費	3,500	1,500
損益	1,300	900

両社とも、売上高が1,000億円増加したため、事例３－１と比べて増益となっている。ただし、変動費率が小さいほど、限界利益率が大きくなる。この例では、A社の損益（利益額）が1,300億円、B社のそれが900億円となっている。A社のほうが変動費率が小さいので、売上高が増加した場合の利益額の増加が、B社よりも大きくなることがわかる。

反対に、売上高が4,000億円まで減少した場合を考えてみよう。こちらも同じ変動費率、同じ固定費額で損益を計算すると、下の事例３－３のようになる。

事例３－３

（金額単位：億円）

	A社	B社
売上高	4,000	4,000
変動費	800	2,400
変動費率	20.0%	60.0%
固定費	3,500	1,500
損益	▲300	100

固定費が大きいＡ社のほうは300億円の赤字に転落するが、Ｂ社は同じ売上高でも100億円の利益を計上している。以上の分析から、固定費の割合が大きいと、売上高の増減に対応する損益の変動が大きくなるということがわかる。

ここで、検算の意味で、この２社の損益分岐点売上高を計算してみよう。損益分岐点売上高は限界利益で固定費を賄える水準の売上高であるから、下の計算式により求められる。

Ａ社：3,500÷（１－0.20）＝4,375
Ｂ社：1,500÷（１－0.60）＝3,750

固定費が大きいＡ社のほうが、損益分岐点売上高が高く、4,000億円を超えている。一方、Ｂ社のそれは4,000億円よりも低い水準である。したがって、事例３－３で見たように、売上高が4,000億円の場合であれば、Ａ社の損益は赤字に、Ｂ社のそれは黒字となっている。

このように、損益計算書の売上高も利益額も同じ額であったとしても、その費用の構造が異なれば、売上高の増減によって利益額の規模が受ける影響が大きく異なる場合があり得る。これは、事業環境が悪化した場合の抵抗力にも関係するため、企業分析において重要なポイントである。

ここで、固定費の大きい業種を具体的に思い浮かべてみよう。売上高の減少が見込まれる状況でも、事業に掛かる費用をあまり削減できない業種である。典型的なのは、航空旅客輸送事業や鉄道事業、路線バス事業のように、定期運行する旅客輸送業である。これらは旅客が少ない場合でも運行され、燃料や人件費等、旅客が多い場合とほぼ同額の費用が掛かる[7]。ほかには、いわゆる「ハコもの」と呼ばれる映画館、ホテル、劇場、あるいは遊園地、動物園、水族館等も該当する。これらは、顧客の入りが少なくても、設備全体の維持管理や光熱費が必要であり、臨機応変に人件費を縮減することもむずかしい。したがって、経済環境が悪化した場合には、他の業種と比較して早いタイミングで経営の危機に至る事例が多い[8]と言える。

ところで、上で見た「事例」においては、B社よりも固定費が大きいA社のほうが、売上高の減少に対する抵抗力が弱い。これに見られるように、経営者にとって人件費等の固定費水準をできるだけ下げるのは永遠の課題である。では、変動費が大きいことは問題とならないのだろうか。

実際には、変動費にも経営者がコントロールできないものがある。製造業における原材料費は変動費であるが、商品市況や輸入の場合の外国為替の水準の動向によって、経営努力の及ばない部分で予期しないコスト増加を来たすこともある。したがって、経営環境が変化する可能性が常にあるなかで、できるだけ安定した利益を追求するためには、固定費、変動費ともに、常に削減のための努力を続けることが大切なのは同じである。

さまざまな経営環境の変化に対して、実際には企業はさまざまな工夫を凝らす。固定費の典型例である人件費についても、一部の業務をアウトソースすることで「委託費」に置き換えれば、ある程度は変動費化することができる。原料の単価の長期的な高騰が見込まれる場合

7　貨物輸送事業でも、海運業のなかの定期運航船事業（コンテナ船事業）は、これに該当する。なお、バス、航空旅客、海運の各事業のなかでも、顧客の要望に応じて運行する「チャーター便」事業は、顧客や積荷がない場合は運行しないため、これに該当しない。

8　「固定費回収が不確実な市場での生き方」（日経エネルギーNext2016年10月号・廣瀬和貞）参照。

には、研究開発によって、その原料の使用量を抑制した新製品を生み出すこともあろう。

つまり、変動費・固定費に注目して費用構造の分析を行う意味は、その会社の損益構造の基本的な特徴や傾向を理解すること、さらには、その会社の経営者が自社の損益構造をどのような方向に改善しようと考え努力しているのかを知るきっかけにすることにある。

なお、有価証券報告書に記載されている情報のみでは、事業費用(売上原価と販管費)を変動費と固定費に分解することは容易ではない。実務においては、何らかの仮定に基づいて推定するか、あるいは分析対象会社に対して費用の明細を問い合わせることになる。

また、損益が大幅に変化した場合には、会社自らが有価証券報告書や投資家向けの説明会資料等の開示書類において、その変動の要因を分解して説明する例が多くなっている。そのような資料に基づいて損益の変動要因を分析する場合に、それが変動費なのか固定費なのか、それらが損益にどのような影響を与えているのか、といった視点が有効となる。

いずれにせよ、分析対象会社の損益分岐点売上高を正確に算出することを目的とするのではなく、あくまで会社の事業の特徴を知り、その損益構造の基本的な特徴や傾向を把握することを目指すのが重要である。

▶金融収支および包括利益計算書の分析

営業利益に金融収益を加え、金融費用を差し引くことで税引前当期利益が得られ、さらに法人所得税を差し引いて当期利益が得られる。営業利益の段階までまったく同じ会社が２社あった場合、外部からの借入金により大規模な営業資産を稼働することで収益を得ている会社は、借入金が少ない会社に比べて支払利息が大きくなり、その分当期損益が悪くなる。つまり、営業利益の段階までは事業運営の巧拙が問われるのに対して、当期損益の段階では、それに加えて、財務方針を含めた経営全体の巧拙が現れることになる。

包括利益計算書は、当期の業績に加えて、貸借対照表の純資産の動きを損益計算書に反映するためのものである。具体的には、その他有価証券評価差額金や為替換算調整勘定等が含まれる。これらの「その他の包括利益」に計上される項目は、事業活動の結果ではない。すなわち、経営者の責任に帰することのできない要因に基づく結果であることに注意を要する。それでも、有価証券投資をどれだけの規模で行うか、海外事業／海外資産をどれだけの規模で、どの地域に持つか、といった経営者の判断を読み取る材料になる。

以上に説明したように、損益計算書を分析するに際しては、どれだけの大きさの当期利益が出ているのかということに加えて、その利益が主としてどの段階から生み出されているのかにも留意して分析することが望ましい。

第２節　貸借対照表の分析

第２節では、貸借対照表（財政状態計算書）によって、効率性の分析と安全性の分析の手法の基礎を解説する。

▶貸借対照表の構成

貸借対照表は、資産・負債・純資産という三つの大きな構成要素から成り立っており、左側に資産、右側に負債・純資産（資本）が配置されている。そして、左側の資産の額と、右側の負債・純資産の合計の額が一致している。

これが意味するところは、**右側の負債と純資産は、会社が事業に使う資金をどのように調達しているかを示しており、左側の資産は、その調達された資金がどのように使われているかを示している**ということである。

社屋や工場・営業所等の設備の建設や取得に使われている資金は「(有形) 固定資産」として資産の部に記載されている。製品在庫となって販売されるのを待っている資金は「流動資産」として記載される。また、とりあえずは使い道がないため株式等への投資に回されている資金は「投資有価証券」に、調達されたまま姿を変えずに銀行に預金されたままになっている資金は「現金・預金」として、いずれも貸借対照表の資産の部に記載されている。このように、貸借対照表の右側で調達された資金は、その全額が、何らかのかたちで「使われて」、左側に記載されている。

使われているというのは、運用されているということである。つまり、同じ「お金」を、「調達」面と「運用」面という両面から見て、それぞれ列挙している表が貸借対照表なのである。このため、貸借対照表の右側と左側は、それぞれを合計すれば必ず金額が一致する[9]ことになる。

資金を調達するには、大別すれば自己資本（純資産）と他人資本（負債）の二つの方法がある。自己資本は返済の義務がないのに対して、他人資本（銀行借入や債券発行により調達する資金）は利息の支払と元本の返済が求められ、それらが滞ると会社は倒産する危険があ

9　しばしば、「同じコインの表裏を、それぞれ両側から見ている」と形容される。

る。したがって、負債による調達額が大きいことにはリスクがある。一方、資金調達が自己資本だけで負債がないと、手がける事業の規模が大きくならず、会社の成長が滞ることになる。貸借対照表の右側を見る際には、会社がどれだけのリスクを負って成長を目指しているのかを知るために、自己資本と他人資本の構成比に着目する。なお、負債には、1年以内に返済を求められる「流動負債」と、返済まで1年超の時間のある「固定負債」とがある。

一方、左側の資産の部にも、現金化できるまでの期間が1年以内と見られる「流動資産」と、1年超が予定されている「固定資産」とがある。これらの資産については、将来実際に現金化することが可能なのかどうか、現金化した場合にどれだけの価値があるのかを分析し、評価していくことになる。

調達した資金で原材料を購入し、工場で労務費を掛けて製造した製品在庫は流動資産に含まれるが、その性能が陳腐化していたり、流行から外れて顧客の嗜好に合わなくなったりしていれば、製造するのに費やした資金を回収するのに充分な価格で売れなくなる可能性がある。投資有価証券や有形固定資産も同様であり、取得するのに掛けた資金に見合った現金を生み出すことができそうか、という観点から分析する。

ただし、有価証券報告書等の公表された資料のみから、各々の資産の価値を把握することは困難であるため、実務においては分析対象会社の経理／財務の担当者に説明を求める。具体的には、投資有価証券のように市場性のある資産の場合にはその評価基準を確認する。有形固定資産のように個別性の高い資産については、そのなかの金額規模の大きいものにつき評価方法を聞き、評価額に疑義がある場合は個別に議論する。質問のしかたとしては、減損処理[10]を行う可能性のある資産はどれで、減損の額はどの程度になる可能性があるか、と訊くことが多い。

掛けた資金に見合った額の資金に現金化できる、さらには掛けた資金以上の価値を生み、当初よりも大きな額の資金に現金化できる資産を持っているということは、資産の効率が良いという評価につながる。次項では、資産の効率性の分析手法を紹介する。

また、資産が現金化できる可能性が高いとしても、そのタイミングも重要である。調達側の負債には、内訳として、比較的近い将来（1年以内）に返済が必要となる「流動負債」が表示されている。次々項では、安全性の分析の方法を説明する。

▶資産効率性の分析

企業活動とは、集めた資金で得た資産を活用して、収益を生み出していく活動である。したがって、事業によって同じ大きさの利益を生み出すのであれば、より少ない資金で、より小さい資産を活用して生み出したほうが、効率性が高く、資金調達に掛かるコストの分だけ最終的な利益も大きくできることになるため、より望ましいということになる。

資産効率の大きさは、貸借対照表の項目を損益計算書の項目と対比することで表現できる。資産効率性を見るための指標を、重要なものに絞って紹介する。

10　なお、減損会計を行うとその決算期の損益が悪化するが、一過性のものであり現金収支に影響しないため、その意味では格付け分析に与える影響は限定的である。事業のリストラクチャリングに伴う減損の場合などは、「従来の膿を出し切った」と好意的に評価される場合もある。ただし、資本勘定が減少するため財務レバレッジが悪化し、減損の規模が大きければその会社の資金調達に支障が出てくる場合がある。その場合には格付け評価に悪影響が出る。

$$総資本回転率=\frac{売上高}{総資産}$$

$$棚卸資産回転率=\frac{売上高}{棚卸資産}$$

資産の効率は、上記の**回転率**の数値が大きいほど、高いことになる。また、同じく資産の効率性を表現するのに、上記の式のそれぞれの分母を分子にし、年間売上高（年商）の1/365（日商）を分母にすれば、資産の**「回転日数」**が得られる。この場合は、回転日数の数字が小さいほうが効率性が高いことになる。「回転日数」のほうも、たとえば「X日分の製品在庫（棚卸資産）を持っている」等の言い方で、よく使われる。

効率性の数値を見る場合、業種による水準の違いに充分留意する必要がある。事業に必要な設備の規模が大きい鉄鋼・石油化学・紙パルプ等の素材型の製造業、電力・ガス・通信等の社会インフラストラクチャー事業、ホテル・映画館・テーマパーク等の観光・娯楽事業等は、事業の性格から必然的に固定資産および総資産が大きくなる。業種としての特性を理解した上で比較・分析すべきである。

また、同じ小売業のなかで**運転資本（＝売上債権＋棚卸資産－買入債務）**の効率性を比較する場合においても、自ら商品を仕入れて在庫を持って販売するGMS（General Merchandize Store：総合スーパー）と、その事業に加えて、テナントに販売スペースを賃貸する事業も手がける百貨店とでは、運転資本の大きさが異なる。個別の会社の事業内容の特性にも、充分に留意したい。

同業他社と比較して効率性の数値が良い、あるいは時系列的に数値が良くなっている場合でも、そこで分析をやめずに、その要因を探ることが重要である。総資本の回転率が高い理由が固定資産の高効率である場合、固定資産額の減少が大きいならば、事業の継続にとって本来であれば必要な設備投資を怠っている可能性がある。その場合は、足元の業績が良くても近い将来に生産性が低下するおそれがある。なお、設備投資の状況を確認するには、後述のようにキャッシュ・フローを分析する。

運転資本の効率が同業他社に比べて悪い場合、分析対象会社の業界内での地位が低い（競争力が弱い）ために、取引先に対して相対的に不利な支払条件となっている可能性がある。あるいは、連結外の広い意味でのグループ会社（親密な取引先）の経営状態が悪いため、分析対象会社があえて不利な支払条件を受け入れることで、グループ会社の運転資金の負担を支援していることも考えられる。

売上債権、買入債務ともに、他社との取引関係のなかで長い時間をかけて支払条件が形成されてきたものであることから、本来は売上高に対する相対的な大きさが安定しているはずである。それが短期間に大幅に変化した場合（効率が良くなる方向であれ、悪くなる方向であれ）には、事業運営上何らかの問題が生じている可能性がある。対象会社自身の資金繰りを良くする必要から、グループ会社へ「しわ寄せ」をしているか、反対に経営状態が悪化したグループ会社を支援するために支払のタイミングを早めていること等が考えられる。損益計算書やキャッシュ・フロー計算書と併せて要因を探るべきである。

棚卸資産に関しても、棚卸資産回転率の数値によって売上高との相対的な大きさを常に確認しておくことが望ましい。棚卸資産の規模が拡大した場合には、販売の不振が疑われる。また、膨れた製品在庫を適正な水準まで削減するためには、大幅な値引き販売等が必要になり、収益にネガティブな影響を与えることが多くなってしまう。

なお、ここでは棚卸資産の回転率だけを例示したが、運転資本の他の項目、すなわち売上債権や買入債務の回転率が問題となる場合には、それぞれの回転率／回転日数を指標として算出してみるべきである。棚卸資産は製品・仕掛品・原材料等の細目に区分されることが多いが、特定の細目に問題が見られる場合、たとえば生産は順調でも販売が不振のために製品在庫だけが膨張する等の場合には、製品在庫のみの回転率／回転日数を計算して検討すべきである。あるいは、買入債務の大きさには問題が見られず、受取手形・売掛金・棚卸資産の合計の動きが不自然な場合には、「営業資産回転率」として、「受取手形＋売掛金＋棚卸資産」の合計額と売上高を対比して数値を示してみることも有効である。

つまり、分析の結果がわかりやすく示される指標を活用することが重要なのである。典型的なものとして本書に例示された指標だけに限定せず、実際の分析対象会社の問題点の特徴を示すのにふさわしい指標を工夫して、分析を進めてほしい。

▶安全性の分析

企業の財務の安全性の分析とは、金融債務の返済が不可能になり倒産する事態に至る可能性がどれだけ高いかを分析することである。これはクレジット分析（信用力分析）についてのみ重要なのではない。安全性が低下した企業は、銀行等の金融機関からの借入れがむずかしくなることで、事業のための投資をタイムリーに行うことが困難になる。あるいは借入条件が不利なものとなり、支払利息が増大するなど、収益性にも悪い影響が出てくる。財務の安全性を分析することは、事業展開の自由度を分析することにつながるため、エクイティ分析にとっても重要である。

安全性の指標として代表的なものは、以下のとおりである。

$$自己資本比率 = \frac{自己資本}{総資産}$$

$$デット・エクイティ・レシオ = \frac{有利子負債}{自己資本}$$

自己資本比率とデット・エクイティ・レシオ（D/Eレシオと表記されることもある）は、意味するところはほぼ同じであるが、両方とも使用される頻度が高いため、併記した。

事業に使用する資金はエクイティ（自己資本）とデット（負債：他人資本）に大別されるが、両者をどのような割合で調達するのかは、企業にとって最も重要な経営判断の一つである。ここでは、安全性分析の観点から、この指標の意味するところを簡単に説明する。

自己資本は返済を要しない資金であるのに対して、有利子負債は期日どおりの利払いと元本の返済が求められる資金である。したがって、有利子負債の割合が小さいほど、返済を迫られる部分が小さいことになり、安全である。自己資本比率の数値が大きいほど、デット・エクイティ・レシオの数値が小さいほど、安全性が高いことになる。

なお、これらの財務指標は、貸借対照表作成時点（決算期末）という一時点における安全性指標であることから、静的安全性指標と呼ばれる。

企業の安全性を見る上で欠かせない観点としては、手元流動性が充分であるかも重要である。具体的には、日々の資金繰りにおいて、手元にある資金と入って来る資金によって、支払うべき資金を賄うことができているかを確認する。実務では、分析対象企業から月次または日次の「資金繰り表」の提出を受けて分析する。有価証券報告書で分析する場合には、貸借対照表における流動資産と流動負債の大きさを比較する。

第3節　キャッシュ・フロー計算書の分析

第3節では、キャッシュ・フロー分析の意義とキャッシュ・フロー計算書の構成、分析における主要な指標を解説する。

▶キャッシュ・フロー分析の有効性

キャッシュ・フロー計算書を分析することの意義としては、以下の3点があげられる。

損益計算書と貸借対照表は、経営者の意図や判断が反映された会計方針に基づいて作成されているため、分析にあたっては、それらの意図や判断を読み取る必要がある。例をあげると、売上高・利益を計上するタイミングを今期の決算期末にするか翌期の決算期初にするか、製品在庫を陳腐化したものとして評価減を行うか否か、有形固定資産の減価償却の方法を定率法にするか定額法にするか等は、経営者の考え方による部分がある。損益計算書と貸借対照表には、これらの経営方針が反映されている。

それに対してキャッシュ・フロー計算書は、決算期ごとのキャッシュの動きを記録したものであり、経営方針による違いが現れにくいという特徴がある。損益計算書・貸借対照表と併せて、キャッシュ・フロー計算書を分析することで、企業の活動の実態をより深く正確に把握することができる。

第二の点は、企業の倒産の可能性を分析するにあたっては、キャッシュ・フローの分析が有効であるということである。企業は利益が出せなくなる（収支が赤字になる）ことで倒産に至るのではなく、たとえ損益が黒字でも、負債を返済するための原資であるキャッシュが不足することで倒産する。その意味で、損益計算書により損益状況を確認すること以上に、キャッシュ・フロー計算書によって資金繰り状況を把握することが重要である。なお、付言すると、企業にとっての資金の出し手である銀行等の金融機関は、キャッシュ・フローがどれだけ安定しているかを重視して融資の可否を判断している[11]。

第三の点は、企業価値を評価する場合に、企業が計上する利益の大きさよりも、企業が生み出すキャッシュ・フローの大きさに従って評価する手法が主流となってきていることである。DCF法（Discounted Cash Flow method）は、投資案件の資金の回収可能性を評価する場合にも、企業自体の価値を評価する場合にも有効であり、よく使用されている。その基本的な考え方は、企業が将来生み出すであろうキャッシュ・フローを予測し、それを現在価値に割り戻して合計することで、その企業の価値であるとするものである。このように、キャッシュ・フローを分析することは、企業価値分析にも有効である。

▶キャッシュ・フロー計算書の構成

キャッシュ・フロー計算書は、営業活動によるキャッシュ・フロー、投資活動によるキャッシュ・フロー、財務活動によるキャッシュ・フローの三つの部に分かれている。

①　営業活動によるキャッシュ・フロー（営業キャッシュ・フロー）

営業活動によるキャッシュ・フローは、損益計算書の当期純損益を出発点とし、営業費用のうちのキャッシュの動きを伴わない項目を足

11　資金繰りに懸念のある融資先企業からは、決算期ごとにキャッシュ・フロー計算書を徴するだけでなく、毎月・毎週の資金繰り表を受け取り、日々の決済が滞りなく行えるかを確認する金融機関が多い。

し戻していくことで作成される[12]。多くの業種において、減価償却費が代表的な非資金費用であり、金額も大きい。その他、資産の再評価によって損益計算書上の利益が減少している場合には、それも非資金費用であるため、足し戻される。

さらに、営業キャッシュ・フローにおいては運転資金の増減が調整される。売上債権の増加は、損益計算書では売上高に計上されているものの、実際には決算日時点でまだキャッシュが入って来ていないため、その分を引き戻すことになる。また棚卸資産の増加は、損益計算書には反映されていないが、その分のキャッシュはすでに出て行っているので、同じく営業キャッシュ・フローの控除項目となる。反対に仕入債務の増加は、損益計算書の売上原価に計上され利益を減らしているが、まだキャッシュは出て行っていないため、その分営業キャッシュ・フローを足し戻す調整をする。

純損益が赤字の期であっても、減価償却費等の非資金費用を足し戻すため、営業キャッシュ・フローは通常はプラス（黒字）になることが多い。別の言い方をすれば、営業キャッシュ・フローがマイナス（赤字）となるのは、極度に事業活動が不振の場合であり、危機的な状況だと言ってよいであろう。

② 投資活動によるキャッシュ・フロー（投資キャッシュ・フロー）

投資活動によるキャッシュ・フローに含まれる主なものは、設備投資とM&A（企業の合併・買収）への投資である。設備投資は資産の購入となりキャッシュの減少となる一方、資産の売却はキャッシュの増

12　これは損益計算書をもとに営業キャッシュ・フローを作成する「間接法」の場合。現金の収入・支出から計算する「直接法」もあるが、前者を採用する会社が多い。

加となる。M&Aのほうは、子会社・関連会社の取得、反対に手放した場合は子会社・関連会社の売却として、それぞれキャッシュの減少・増加となる。投資活動によるキャッシュ・フローは、事業活動を継続する上で必要な投資を表す部分であり、マイナス（赤字）となることが多い。

なお、これまで説明した営業活動によるキャッシュ・フローと投資活動によるキャッシュ・フローを合計したものを、フリー・キャッシュ・フロー（Free Cash Flow：FCF）と呼ぶ。事業が生み出したキャッシュから、将来の事業の継続のために必要な投資をした分を差し引いた上で、なお残ったキャッシュのことである。言わば、経営者が自由に使えるキャッシュであるため、「フリー」キャッシュ・フローと呼ばれる。したがって、このFCFの使途には、経営者の考え方が如実に現れることになる。債務の返済に充てることも、株主への還元に回すこともできる。FCFの使途については、次章で考え方を整理し検討する。

③ 財務活動によるキャッシュ・フロー（財務キャッシュ・フロー）

FCFはプラス（黒字）になるとは限らない。事業の伸長期（拡大期）には、毎年のように多額の設備投資やM&A等の事業投資が行われるため、マイナス（赤字）のFCFが数年にわたり連続することも珍しくない。マイナスのFCFとは、営業活動が生み出したキャッシュだけでは必要な投資が充分にできないという状況のことである。その場合には、銀行借入や社債発行によるデット（負債）の調達、あるいは増資によるエクイティ（資本）の調達により、必要な投資資金を賄うことになる。

財務活動によるキャッシュ・フローは、このような資金の調達、あるいはFCFがプラスであった場合には、デットの返済や株主への配当支払といった、財務活動によるキャッシュの動きを記録するものである。

これらの三つのキャッシュ・フローの収支尻が、前期末と当期末の現金および現金同等物の残高の変化に集約されて現れる。

▶キャッシュ・フロー計算書に関連する主要な指標

企業分析上、よく使用されるキャッシュ・フロー関連の指標には、以下のようなものがある。

① EBITDA (Earnings before Interest, Taxes, Depreciation and Amortization)

EBITDA（読み方は、「イービットディーエー」「イービットダー」「エビットダー」等、いくつかある）は、「利払い前、税引き前、償却前利益」の意味である。営業損益に、キャッシュ・フロー計算書の有形固定資産と無形固定資産の償却費を足し戻して得られる。数値の大きさは、営業活動によるキャッシュ・フローとほぼ同じ規模になることが多い。

損益計算書とキャッシュ・フロー計算書の両方から数値を引いてきて算出することになるが、実は有価証券報告書の「セグメント情報」には、報告セグメント別に、営業利益（セグメント利益）と減価償却費等が表示されている。

つまり、EBITDAを使用すれば、セグメント別に各事業が生み出すキャッシュ・フローを比較的簡単に把握することができる。これが、設備投資やM&Aの計画を事業別に検討する際の基礎となる。

② フリー・キャッシュ・フロー（Free Cash Flow：FCF）

前述のとおり、営業活動によるキャッシュ・フローと投資活動によるキャッシュ・フローを合計することで得られる。FCFを分析することで、事業が生み出しているキャッシュの大きさと、事業の継続・拡大のために必要な設備投資やM&Aの規模とを、併せて考えることができる。

有価証券報告書の**「セグメント情報」**に、上記の「営業利益（セグメント利益）」と「減価償却費等」に加えて、「資本的支出」（設備投資額）を表示している会社もある。その場合には、事業セグメント別にFCFまでが把握できることになる。その会社の各事業が、それぞれ成長・安定・衰退等のどの段階にあるのか、会社全体のキャッシュ創出にどれだけ貢献しているのかを分析することが可能になる。

なお、有価証券報告書のセグメント情報のなかには、**「地域別の情報」**も記載されている。IFRS適用会社の場合、ここには事業を展開している世界の主要な地域別に、売上高（売上収益）と非流動資産（固定資産）の額が示されるが、通常は営業利益・減価償却費・資本的支出等は表示されていない。したがって、その会社が地域別にどれだけキャッシュを生み出しているのかを知るためには、追加の情報を得ることが必要になる。

第4章

主要な財務指標

複数の財務数値を組み合わせて財務指標を算出することによって、時系列による企業の業績の変化や、業界内あるいは他の業界に属する企業との比較分析がしやすくなる。本書の第２部で紹介する「格付け委員会」における議論でも、財務指標の数値を参照することが多い。その場合に単なる数値の優劣の比較に陥らないように、それぞれの財務指標が表現している意味を充分に理解しておくことが重要になる。

ここでは、資本構成の強さ、利益率の高さ、キャッシュ・フロー創出力の大きさの三つの観点から、格付け分析において頻繁に使用される主要な財務指標の考え方を説明する。

第１節　資本構成と安全性の分析

安全性を分析するための指標については、そのいくつかを前章の第２節で解説したが、本節では企業の資本構成について、安全性分析の観点から検討を加える。

▶企業にとっての資金調達手段

企業が事業を行うための資金を調達する方法には、大別して自己資本（エクイティ）による方法と、他人資本（デット）による方法の二つがある。両者の最も大きな違いは、前者は返済する必要がないのに対して、後者は、契約内容に従って利息を支払い、元本を返済する必要があるという点である。

企業の倒産は、外部の債権者に約束したデット（負債）の支払が滞ることによって生じる。したがって、調達した資金のうち、デットの規模が大きいほど、その企業が倒産するリスクは高まる（信用力が下がる）。そのため、エクイティに対してデットの比率が高まるほど、デットを提供する資金の出し手（銀行や債券投資家）は、追加の資金提供に慎重になる。

反対に、エクイティによる資金調達が大きいほど、その企業の安全性は高まることになる。しかし、事業の拡大（成長）の可能性を考慮すると、エクイティによる調達のみでは事業の規模の拡大の速度に限界がある。同じ額のエクイティ（元手）があるなら、借入れによってデットを調達して事業を拡大するほうが、より速い成長を実現できる可能性がある[1]。

エクイティとデットの規模の組み合わせは、**資本構成**と呼ばれる。また、エクイティに対してデットを増加させることを「**（財務の）レバレッジを効かせる**」という。レバーとは梃子（てこ）のことで、梃子の原理によって、少ない力（エクイティ）によって大きな仕事（エクイティ＋デット分の事業）を行うことができるという意味である。

財務のレバレッジが低い（エクイティに対してデットが少ない）と、安全性が高い半面、事業の成長性が低く抑えられる。レバレッジが高い（エクイティに対してデットが大きい）と、大規模な事業展開が可能

1　第2章の第3節を参照。

になるが、計画したように利益が得られない場合に倒産するリスクが高まる。エクイティとデットの組み合わせには、このようなトレードオフの関係がある。

どの程度まで財務レバレッジを効かせるかは、企業の財務方針の根幹の部分をなす重要な経営判断である。したがって、企業を分析する立場からは、財務レバレッジを見ることで、その企業の経営方針の核心を知ることができる。

▶資金提供者から要求されるリターン

企業に資金を提供する投資家は、提供することによるリスクをカバーするだけのリターンを要求する。企業がそれだけのリターンを投資家に与えられない場合には、投資家は別の投資対象に資金を向けてしまうだろう。企業の側から言えば、投資家を満足させるだけのリターンを事業から生み出し続けることが、企業経営の継続のために必要となる。

エクイティとデットに大別される資金のなかで、要求されるリターンがわかりやすいのはデットのほうである。デットは、利率・利払いのタイミング・元本返済のスケジュールがすべて契約であらかじめ定められているからである。

これに対して、**エクイティ（株式）投資家が要求するリターン（期待収益率）**は、下の式で表される。

期待収益率＝無リスク金利＋リスクプレミアム

無リスク金利とは、通常は（長期）国債の利回りのことを言う。徴税権を持つため、資金不足に陥りそうな場合には税収を増やすことで対応できる政府が発行する国債は、支払不能に陥る可能性の小さい、つまり最もリスクの小さい投資対象だと考えられるからである[2]。

これに対して、ある一つの銘柄の株式に投資することは、国債に投資するよりも大きなリスクを伴う。前ページの式で**リスクプレミアム**という項はそのリスクを示している。個別の株式へ投資することのリスクは、以下のように分解できる。

まず、**株式市場全体のリスク（価格の変動性）**がある。これは国債の利回り（価格）の変動より大きい。株式投資家は、まず株式市場全体のリスク（変動性）に見合ったリターンを要求する。

さらに、**個別の株式の価格の変動**は、株式市場全体の変動よりも大きい。株式市場全体では、値上りする株式と値下りする株式があることで、変動が相殺されて小さくなる効果が見込めるが、個別の株式ではそのような効果が期待できないからである。

期待収益率をR、無リスク（リスクフリー）金利をRf、株式市場全体に関する要求リターンをRm、個別の株式銘柄の価格変動をβとすると、前ページの期待収益率の式は下のようにも表現できる。

$$R = Rf + \beta (Rm - Rf)$$

以上で、デットとエクイティのそれぞれが要求するリターンがわかった。企業が資金提供者全体から求められるリターンは、デットの期待収益率とエクイティの期待収益率の加重平均となる。これは**WACC（Weighted Average Cost of Capital）**と呼ばれている。実際に数値を設定して、WACCの計算を試みよう。

2　国によって、政府の信用力の程度もさまざまであるが、通常はその国内においては、その国の政府が最も信用力が高いと見られている。

事例４－１

負債（デット）計：6,000億円

資本（エクイティ）計：4,000億円

負債利子率（平均）：1.50％

Rf（リスクフリー金利）：1.00％

Rm（株式市場全体の要求リターン）：3.00％

β（一定期間の個別株式の変動）：1.2

WACCの計算

負債コスト：1.50％

株主資本コスト：1.00％＋1.2×(3.00％－1.00％)＝3.40％

$$\text{WACC}=3.40\%\times\frac{4,000\text{億円}}{4,000\text{億円}+6,000\text{億円}}+1.50\%\times\frac{6,000\text{億円}}{4,000\text{億円}+6,000\text{億円}}$$

$$=1.36\%+0.90\%$$

$$=2.26\%$$

企業の経営者は、資金の出し手である株式投資家と債権者（銀行や債券投資家）の求めるリターンの加重平均であるWACCを満たし、さらにはそれを超える水準のリターンを事業から生み出すべく努力している。しかし、もし事業のリターンがその水準に足りない場合には、まず債権者への支払が優先され、株主への配当支払が劣後することになる。

企業を分析する視点からは、その企業が事業によって投資家の要求リターン（WACC）を満たしているかどうか、満たしていない場合に

は、何がその原因となっているのかを探り、その状況に関して経営者がどのような認識を持ち、どう改善する方針なのかを確認することが重要になる。

▶財務方針の分析の重要性

企業がエクイティ（株式）投資家、あるいはデット（負債）投資家の資金を得るためには、事業の計画を立て、その上で、その計画が実現する可能性が高いこと、したがって投資家が求めるリターンが得られる可能性が高いことを投資家に説明し、理解を得る必要がある。

また、**エクイティとデットの内訳として、それぞれどれだけの金額を調達する計画なのか**は重要である。エクイティ投資家は、事業成功の見込みが高い場合には、デットによる調達を大きくすることで、残りのリターンを受け取って分け合うエクイティ投資家の数を少なくしたいと考える。つまり、財務レバレッジを大きく効かせたい。一方、デットの投資家から見れば、デットが大きくなりすぎれば企業の安全性が損なわれかねない点が懸念される。つまり、財務レバレッジを低く抑えたいと考える。

このように、財務構成（自己資本比率等で表現される）をどのような水準において実現し、維持していくのかは、その企業の財務方針によるものであるのと同時に、その企業の事業運営の規模と成長速度にもかかわっている。つまり、財務方針と経営方針全体とは、互いに密接に関連している[3]。あるいは、経営方針のなかで財務方針は大きな比重を占めていると言える。そのため、財務方針と経営方針全体とが、互いに大きく異なった方向を志向していることはあり得ない。分析す

3　別の言い方をすれば、「財務が戦略を規定する」と見ることもできる。

る企業の財務方針を知ることは、その企業の経営方針の全体を理解することに直接つながっている。

第2節　投資に対する利益率の分析

エクイティによる資金調達とデットによる資金調達、それぞれが持つ意味をさらに検討するために、本節では、投下された資金に対する利益率を表す指標を用いた分析方法を解説する。

▶投資に対する利益率を表す指標の種類

企業の利益率を表す指標、たとえば「営業利益率」や「当期純利益率」は、その利益を生み出したのと同じ期間（年間）の売上高に対する当該利益の額の比率であることが通常である。つまり、いずれも「(対）売上高○○利益率」という意味である。

それに対して、ここでは、売上高ではなく、事業に使用した資金に対して、どれだけ利益があげられたかを示す指標を紹介する。事業を行うための資金は、エクイティにせよデットにせよ、資金の出し手（投資家）から見れば、いずれもリスクに見合ったリターンを要求するものである。その事業に対して提供した資金が、求められるリターンを生み出しているかを見る指標として、**「投資された資金に対する利益率」**を表す指標を検討する。

具体的には、ROA（Return on Asset）とROE（Return on Equity）を主に解説する。これらは、貸借対照表の項目である資産や純資産の大きさと、損益計算書の項目である利益額とを組み合わせて検討する指標であるとも言える。

なお、経営目標の数値として、ROIやROICといった指標が掲げられることがある。ROIはReturn on Investmentであり、投資利益率と呼ばれる。個別の投資プロジェクトへの投資資金を分母に、そのプロジェクトから得られる利益額を分子に置くもので、プロジェクトの収益性を見る場合によく用いられる。ROICのほうはReturn on Invested Capitalであり、投下資本利益率と呼ばれる。こちらは企業全体の調達資金（エクイティとデット）を分母にするので、ROAときわめて似た指標である。ROI、ROICともに、企業経営者の立場から見た指標である[4]。

▶ROA（Return on Asset）の意義

ROAは下の式で表される。

$$\mathrm{ROA}=\frac{\text{事業利益}}{\text{総資産}}$$

重要な点は、企業全体の資産に対して、その企業がどれだけの利益を生み出したかを見るための指標だということである。なお、分母の総資産は、エクイティとデットの合計と同義である。つまりROAは、企業が調達した資金全体が、どれだけの利益を生んだかを見ているということになる。

この式は、下のように分解することができる。

$$\mathrm{ROA}=\frac{\text{事業利益}}{\text{売上高}}\times\frac{\text{売上高}}{\text{総資産}}$$

4　格付け会社のアナリストは、格付けを付与する会社の経営者（社長や最高財務責任者）から直接財務方針を聴く機会がある（「レビュー・ミーティング」と呼ばれる）ため、経営者の観点に立つ財務指標をここで紹介した。なお、レビュー・ミーティングの内容については第12章の第２節で説明する。

ここで**事業利益**とは、営業利益に金融収益と持分法投資損益を加えたものである。工場や店舗やオフィスといった事業用の資産だけでなく、短期の金融資産や投資有価証券も含めた資産全体が生み出した利益を考慮しようという意味である。

事業利益／売上高は**「売上高事業利益率」**であり、収益力の強さを表す。売上高／総資産のほうは**「総資本回転率」**であり、資産の効率性の高さを表している。つまり、ROAの水準が高い（低い）と見られる場合、上記のように分解することで、収益性が高い（低い）のか、資産効率が高い（低い）のかを分析することができる[5]。

▶ROE（Return on Equity）の意義

上記のROAが、その企業の調達資金の総額に対する利益額を示す指標であるのに対して、ROEのほうはエクイティ（株主資本）がどれだけ利益を生み出したかを見る指標である。ROEは下の式で表される。

$$ROE = \frac{\text{当期純利益}}{\text{自己資本}}$$

ROAでは事業利益を式の分子とする例を紹介したが、ROEの場合は税引後の利益、すなわち当期純利益を見ることが多い。これは、債権者（銀行や社債投資家）は優先的に事業利益（資産全体から生み出された利益）から返済を受けられるのに対して、株主が受け取れるのは、事業利益から債務に要したコスト（支払利息）と企業活動に伴う税金を差し引いた残りの利益（当期純利益）だからである[6]。

5　このことからわかるように、ROAはアナリスト（クレジット・アナリスト、エクイティ・アナリストの双方）にとって有用な財務指標である。これに対して、後述するROEは、株式投資家の観点を代表している。

6　反対に、ROAでは分子に事業利益ではなく純利益を置く例も見られる。定義を明確にした上で、議論したい内容に応じてどちらかを選ぶべきである。

ROAを総資産に対する事業利益とし、営業外損益や特別損益はないとした場合、自己資本に対する当期純利益であるROEは、下の式でも表されることになる。

$$\mathrm{ROE}=\left\{\mathrm{ROA}+(\mathrm{ROA}-負債利子率)\times\frac{負債}{株主資本}\right\}\times(1-税率)$$

この式でわかることは、**(ROA－負債利子率) が正の値である限り (負債の調達コストよりもROAのほうが大きい限り)、負債の比率を高めるほどROEは大きくなる**[7]、ということである。銀行や債券投資家等の債権者 (デットの投資家) は、あらかじめ定められた利息以上は要求しない。その利息の利率が、事業の生み出すROAよりも低いのであれば、デットの調達によって事業規模を大きくしたほうが、残りの取り分 (これはすべて株主に帰属する) は大きくなる、ということである。

これを財務レバレッジ効果と呼ぶが、実際には、株主資本に対して負債の割合を無限に大きくすることはできない。前節で検討したとおり、財務レバレッジが大きくなれば安全性に対してネガティブな効果があり、安全性の不安が大きくなれば債権者は追加のデットを貸してくれなくなる。仮に負債を追加で調達できたとしても、その調達金利は、低下した安全性を反映して高い水準となる可能性がある。そうなると「負債の調達コストよりもROAのほうが大きい」という前提が成り立たなくなってしまうおそれが出てくる。経営者は、株主の要求

7　具体的に、ROAを3.0%、負債利子率を2.0%、株主資本を300億円、税率を20%として、負債が300億円の場合には、

ROE=(3.0% +1.0% ×300億円/300億円) ×80% =3.2%

となる。それに対して、負債を600億円に増やした場合には、

ROE=(3.0% +1.0% ×600億円/300億円) ×80% =4.0%

となり、他の条件が変わらなければ、負債比率 (財務レバレッジ) の大きいほうがROEが高くなることがわかる。

と、債権者の安全性への観点とのバランスをとり、最適な財務レバレッジを選択する責任がある。

以上を踏まえて、ROEは下のように三つに分解することができる。

$$\mathrm{ROE} = \frac{\text{当期純利益}}{\text{売上高}} \times \frac{\text{売上高}}{\text{総資産}} \times \frac{\text{総資産}}{\text{自己資本}}$$

この式の右辺の三つの項は、それぞれ、収益性・効率性・財務レバレッジを表している。すなわち、**事業のコスト削減等によって収益力を高めること、製品の製造効率を改善したり資産効率の良い事業を手がけたりすることで効率性を高めること、負債による資金調達を増やして財務レバレッジを高めることのいずれか、あるいはすべてを行うことで、ROEを高めることができる。**

なお、ROEはまさに株式投資家（株主）の観点から見た利益率を表現しているため、株主の利益が重視される傾向の強い近年では、経営の目標としてROEの数値が設定される例が多く見られる。格付け会社のアナリストが企業の経営者や財務の責任者と対話する場合にも、ROEに言及されることが多い。

第3節　キャッシュ・フロー指標の分析

本節では、キャッシュ・フローに関連する指標のなかで代表的なものをいくつか紹介し、その指標を用いて企業分析を行う際の着眼点を解説する。キャッシュ・フロー計算書だけから計算されるのではなく、損益計算書・貸借対照表の項目と組み合わせて算出される指標を二つ紹介し、最後にフリー・キャッシュ・フローの使途の見方について説明する。

▶収益性に関するキャッシュ・フロー指標

事業によって生み出されるキャッシュ・フローの規模の大きさを把握するためには、その企業の売上高と対比することが有効である。キャッシュ・フローと売上高とを比較する指標には、以下のようなものがよく使用される。損益計算書の項目とキャッシュ・フロー計算書の項目とを組み合わせた指標である。

$$\text{EBITDAマージン}(\%) = \frac{\text{EBITDA}}{\text{売上高}} \times 100$$

$$\text{営業キャッシュ・フロー・マージン}(\%) = \frac{\text{営業活動によるキャッシュ・フロー}}{\text{売上高}} \times 100$$

EBITDAは、営業損益に減価償却費を足し戻すことで簡単に計算できるため、上のEBITDAマージンは格付け分析に使用されることが多い。売上高に対する営業損益率だけでなく、このEBITDAマージンもしくは営業キャッシュ・フロー・マージンを検討するのは、事業活動がどれだけのキャッシュを生み出しているのかを把握するためである。

たとえ営業利益率が低くても、**減価償却費が大きければ、キャッシュは比較的潤沢に生み出されていることになる。キャッシュのマージンの厚さは、予想外の経営環境の変化に対応する力の大きさを検討する際の着眼点となる。**営業利益のマージンだけでなく、営業キャッシュ・フローのマージンの厚さを常に意識することが格付け分析上は重要である。

▶安全性に関するキャッシュ・フロー指標

すべてのキャッシュ・フロー指標のなかで、企業分析において最もよく使用されるのは、企業の安全性に関する下の指標である。これは貸借対照表とキャッシュ・フロー計算書の両方を用いて算出される指標である。

$$\text{EBITDA有利子負債倍率(倍)} = \frac{\text{有利子負債}}{\text{EBITDA}}$$

分子の有利子負債は、銀行借入や債券発行の残高の総額である。EBITDAは営業損益に減価償却費を加えたものである。この指標の意味するところは、事業によって1年間で生み出されるキャッシュの何倍（何年分）の負債を抱えているか、あるいは、**負債全額を返済するのに、事業が生むキャッシュを全額充てたと仮定すれば何年かかるか**、という目安である。

実際には、事業が生み出したキャッシュ（営業活動によるキャッシュ・フロー）から、事業を継続するのに必要な投資を行い、株主への配当も支払う必要があるため、全額を有利子負債の返済に回すことはできない。あくまで、一つの尺度としての負債の償還年数である[8]。

なお、有利子負債の総額を計算する際に、手元の現金および現金同等物を差し引く考え方がある。現預金はそのまま有利子負債の返済に充てることができるからである。現金および現金同等物を差し引く前の額を総（グロス）有利子負債、差し引いた後を純（ネット）有利子負債と呼ぶこともある。有利子負債から現金および現金同等物を差し引く考え方は、日本の経済産業省の産業金融政策にも反映されている。ただし、グローバルには必ずしも一般的ではない。**負債の返済に充てられずに手元に残っている現金は、株主のものであり、株主への配当（株主還元）に回すべきだという考え方が、たとえば米国では一**

8　なお、日本の金融機関（銀行）においても、融資先の企業の安全性を見る上で「負債の償還年数」は、よく用いられる指標である。

般的だからである[9]。

いずれにせよ、「有利子負債」の大きさを見る場合、それが現預金等を差し引いた「ネット」の額（純額）なのか、差し引かない「グロス」の額（総額）なのかには注意が必要である。本書では、現預金を差し引かない（グロスの）方法を紹介した。

また、この指標のバリエーションとして、EBITDAの代わりに営業活動によるキャッシュ・フローを用いるもの、同じくEBITDAの代わりにFFO（Funds from Operations：「営業活動によるキャッシュ・フロー」から運転資金の増減を除いたもの）を用いるもの、有利子負債の算出にあたり現預金だけでなく市場性の高い（換金が容易な）有価証券をも差し引くもの、等があるが、基本的な考え方はすべて同一である。すなわち、事業が生み出すキャッシュを最大限までデットの返済に充てると仮定すれば、何年で完済できるだけの事業の力があるのか、デットの大きさがあるのか、を見るための指標である。

この指標は、異なる業種に属するさまざまな企業を分析する際に、その**業種の特徴をつかむための共通の「物差し」**として用いるのに適している[10]。大規模な固定資産を持つ装置産業であれば、この指標の数値は大きくなる。反対に、たとえば労働集約的なサービス業であれば、この指標の数値は小さいはずである。分析の経験により、「この業種ならば○倍でも大きすぎない」、あるいは「この事業で○倍なのは異常な大きさだ」という感覚が養われていく。

業種ごとの大まかな水準がわかれば、その同業の企業相互の優劣関係を把握する手がかりにできる。この指標の数値の大小の原因が、

9　この論点については、第11章の第2節を参照。
10　格付け分析は、さまざまに異なる業種に属する企業について、「格付け」という共通の指標に基づいて評価を行うため、共通の「物差し」が必要とされる。

EBITDAの大小によるのか、有利子負債の大きさによるのか。前者であれば、製品やサービスの単価が高い（低い）ことが原因なのか、コスト構造の効率の高さ（低さ）が原因なのかを分析する。後者であれば、これまでに有利子負債の残高が積み上がった経緯を知り、現在の競争力の強さ（弱さ）が有利子負債残高を減らす方向につながっているのかどうかを分析する。

また、この指標を検討することは、その後の投資（設備投資や買収等の戦略投資）の方針や、そのための財務の方針を検討する際の出発点となる。大規模な設備投資を計画している場合には、それが競争力の強い企業による一層の市場支配力向上のための投資なのか、市場地位の低い企業による挽回策なのかによって、たとえ同規模で同内容の投資計画であっても、分析上の意味合いは大きく異なることになる。

また、その投資計画のための資金調達計画についても、エクイティによる調達ならば、それが投資計画による収益向上を期待してのものなのか、デットによる有利な条件での調達ができなかったからなのか、デットによる調達ならば、その条件は従来の調達条件と違いがあるのか、等を検討する。このような分析作業は、EBITDA有利子負債倍率の数値を検討することからすべて始まると言ってよい。

▶フリー・キャッシュ・フローの使途の検討

前章で見たとおり、フリー・キャッシュ・フロー（以下「FCF」という）は、営業活動によるキャッシュ・フローと投資活動によるキャッシュ・フローの合計である[11]。FCFは基本的に経営者が自由に使えること、事業の伸長する時期には必ずしもプラスとはならないことを説明した。本章では、FCFの使途を分析することにより、FCFの持つ意味を考えてみる。

FCFの使い方としては、大別して、①**事業のための投資**、②**有利子負債の返済**、③**株主への配当**、の三つがある。

経営者の判断として、収益をあげられると信じる投資対象が存在する場合には、FCFを①の事業投資に充てるべきである。具体的には、設備投資を行って自社の事業を拡張する、あるいはM&A（合併・買収）に投資することで新規事業に進出する、等が考えられる。

現時点で有望な投資対象は見当たらないものの、将来において大規模な投資を行う可能性がある場合には、②の有利子負債の返済を行い、将来のデット・ファイナンス（有利子負債による資金調達）の可能性を広げておく、という考え方がある。デットの返済により財務レバレッジが下がれば安全性が高まり、次回の借入れ・債券発行時に、より有利な条件で資金調達できる可能性につながるからである。なお、ここでいう有利子負債の返済とは、契約どおりに返済（約定弁済）するのは当然として、調達分を上回る規模の返済を行うことで、差し引きで（つまりネットで）負債の残高を減らすことを意味している。

上の①にも②にも該当しない場合、すなわち、収益をあげられる有望な投資案件がなく、将来もそれを見つける自信がない場合には、③によりいったん株主にキャッシュを返却すべきだと考えられる。本来、株式会社が事業により得たキャッシュは株主のものだからである。この場合、通常の配当に加えて、特別配当や自社株買い等のかたちで株主に還元することになる。

このように、FCFの使途を分析することで、企業経営者の事業に

11　営業キャッシュ・フローは通常はプラスの金額であるのに対して、投資キャッシュ・フローはマイナスとなる（投資額が資産売却額よりも大きい）ことが多い。FCFは両者の合計であるが、プラスとマイナスの合計であるため、両者の絶対値の「差額」と捉えられることが多い。

関する現状認識や財務状態についての考え方を知ることができる。

経営者の側から見れば、本来は株主のものであるFCFを①の事業投資に向けるのであれば、その投資が高い蓋然性によってリターンを生み出すことを株主に説明し、理解を得ることが重要になる。高いリターンが見込める良い投資対象があるからこそ投資を決断するべきであって、キャッシュの余剰があるから何かに投資しようと考えて対象を探すのでは、本末転倒の誹りを免れない。

さらに、②のようにデットの返済に充てる場合には、一見すると株主よりも債権者を優先する判断であると受け取られかねないため、株主の理解を得るための説明は一層重要になる。株主は本来、デットの増大により財務レバレッジを効かせることで、事業のリターンを拡大してほしいと考えており、デットを減少させることを好まないからである。

これに対して③は、株主のものであるFCFを株主に還元する当然の行為であるから、株主への説明は不要だと考えられるかもしれない。しかし、株主はその企業が高いリターンを得る事業を行うと信じるからこそ、高いリスクを負ってその企業に投資しているのである。FCFがあるにもかかわらず事業に投資しないということは、経営者として株主からの期待に応えていないという面もある。その経営判断に関して、株主への丁寧な説明が求められる[12]のは、①や②の場合と同様である。

12　なお、FCFがあるのに上記の①から③のどれにも該当しない場合、つまり手元に現預金として置いたままにしておくことについては、株主の理解を得るための説明が特に重要になる。

第5章

財務データの比較分析

格付け評価のために、対象となる企業の信用力を分析するに際して、その企業の過去における姿と現在との比較、その業界における競合他社との比較、さらには異なった業界に属する企業との比較といった観点が有効である。格付けには、絶対評価だけでなく、どちらの企業の信用力のほうが優れているかという相対評価の観点も求められているからである。

格付けを決定する格付け委員会においても、既存の他の格付けとの比較を手がかりにして議論が進められる。それは初めての企業に格付けする場合であっても同様である。

本章では、そのような比較分析におけるいくつかの主要な着眼点を解説する。

第1節　時系列分析の意義

企業を分析する場合、1期の財務諸表だけを見ることはない。必ず最近の複数の決算期、少なくとも3期の財務諸表を比較する[1]こと

1　格付け会社の実務では、過去5期の決算数値が格付け委員会の検討資料や各種のレポートに記載される。

で、その間のさまざまな変化から、その企業の強みや弱みが見えてくる。本節では、時系列の比較分析の観点を紹介する。

▶収益動向の分析

まず収益（売上高と損益）の分析から説明する。なお、後に説明する財務やキャッシュ・フローの数値の分析に際しても、常に収益の数値と照らし合わせることが有効である。

① 売上高の分析

収益の動向の分析として、最初に売上高の推移を検討する。有価証券報告書を作成している企業であれば、複数の事業を手がけていることがほとんどであるが、その場合は有価証券報告書の**「セグメント情報」**を確認し、事業ごとに売上高の動向を分析する。有価証券報告書には最近２期のセグメント情報が掲載されているので、２期前の有価証券報告書と併せれば、計４期の推移が把握できることになる。

売上高が増加基調にある場合、その増加の要因を探る。販売する製品やサービスの単価が上がっているのか、それとも数量が増加しているのかを、有価証券報告書の**「事業の状況」**部分の記載内容等から把握する。実際には単価による要因と数量による要因とが混在していることが多いので、その場合には、分析対象会社が自社のウェブサイトで公開している決算説明資料等を活用して、その内訳を把握するように努める[2]。

また、売上高が増加していても、手がけている各事業の市場全体の伸びよりも伸び方が小さい場合は、分析対象会社の市場地位が相対的

2　格付け会社の実務においては、この項目に限らず、不明点があれば分析対象会社の格付け担当者（財務／経理やIRの部署であることが多い）に問い合わせる。

に低下傾向にあることになるため、注意が必要である。

なお、市場が拡大しているのに分析対象会社の売上高が減少している場合は、事業売却による減収以外には、その会社の市場地位が強いと考えられる要因はないことになる。

② 売上総利益率（粗利率）の分析

この項以降、売上高に対する利益率の分析方法を紹介していく。なお、実際の分析にあたっては、利益率の数値を各期のそれぞれの利益額の数字の傍らに併記しておくと便利である。

売上総利益率（粗利率）の数字は、それぞれの業態で共通した水準となる場合が多く、原則として比較的安定している。したがって、この利益率の数値が大きく変動している場合には、以下のような可能性が考えられる。

まず考えられるのは、製品やサービスの構成の変化である。これは有価証券報告書の**「セグメント情報」**、および**「事業の状況」**で確認できる。

次の可能性は、製品やサービスの販売単価の変動である。製品価格の変動が市況の変動に対応していれば、問題は少ない。値上げにより売上総利益率（粗利率）の改善が実現している場合は、当該企業の競争力が高まっていると考えられる。反対に、値下げによる売上総利益率（粗利率）の悪化の場合は、市場における競争力が弱まっている可能性があり、注意が必要である。また、分析対象企業が他の企業（発注企業）の「下請け」企業である場合、単価の変動は発注企業の意向による場合が多い。この場合は、分析対象企業の市場地位に関しては、そもそも低いと評価せざるを得ない。

三つめの可能性は、原材料費の市況の変動である。期中の変動が大きかった場合には、有価証券報告書の**「事業の状況」**の部分、あるいは別途公表される**「決算説明資料」**に説明があるはずであり、市況の動向に見合った変動であることを確認すべきである。

四つめは、売上高の増加（減少）に対して、固定費が安定的であることから、売上総利益率（粗利率）が上昇（低下）する場合である。売上高の動向と対照して確認する。

最後の可能性は、生産等の技術の向上により事業の効率が上がり、売上総利益率（粗利率）が改善することである。

以上の可能性を念頭に置きつつ原因を特定し、分析する会社の事業に何が生じているのかを把握するように努める。

③　売上高販管費（販売費および一般管理費）率の分析

販売費には、広告宣伝費や運送費等が含まれ、売上高の増減におおむね比例する変動費である。これに対して一般管理費には、企業の管理運営に必要な人件費、賃借料、水道光熱費等の費用があり、売上高の増減とは連動しない固定費である。ただし、有価証券報告書には販売費と一般管理費の内訳が開示されていない。

しかし、販売費よりも一般管理費のほうが大きいのが通常である。したがって、販管費（販売費および一般管理費）が、売上高の伸びを超えて増加している場合は、固定費のコントロールが不充分であると見るべきである。反対に、売上高が減少している場合には、対応して販管費のほうも減少させていることが望まれる。業績の好不調にかかわらず、経営者は常に固定費の圧縮に努めているはずである。

④　営業利益率の分析

売上高から売上原価を差し引くことで売上総利益が得られ、売上総利益から販管費と「その他の損益」を差し引いて営業利益が得られる。その他の損益については、有価証券報告書の財務諸表に注記があり、内容が開示されているが、継続性がなく一過性の項目である。したがって、売上高に対する営業利益率が趨勢として変動しているとすれば、それは売上総利益率（粗利率）が変化しているか、販管費率が変化しているか、あるいはその両方の場合である。

営業利益率は、指標として用いるには便利な数値であるが、これ自体の変動を見るだけでは事業のパフォーマンスの変化の要因を把握しにくい。遡って売上総利益（または売上原価）の変化と、販管費の変化の要因を分析する必要がある。

営業利益率が傾向として低下している場合には、⑴販売数量の減少、製品市況の下落、生産コストの上昇等による売上総利益率（粗利率）の低下、⑵管理費用の増加、営業不振を補うための販売費の増加等による販管費の増大、等の原因を探ることが重要である。

⑤　金融収益／金融費用

金融費用（支払利息）も同様に、売上高に対する比率の推移を見て、傾向として比率が増大している場合には、有利子負債（長短借入金と社債の合計）の総額が増加しているか否かを確認する。総額が増加している場合、現金および現金同等物を差し引いてみて、それでも有利子負債が増加しているかどうかを再度確認する。

次に平均調達金利（有利子負債利子率）を計算する。

$$\text{平均調達金利(\%)} = \frac{\text{当期の金融費用}}{\text{「長短借入金＋社債」の期首・期末平均}} \times 100$$

借入金と社債の期首残高は、前期末の残高と同額である。したがって、当期の「期首・期末平均」は、前期末残高と当期末残高の平均により求めることができる。

この式で得られた平均調達金利が、金利情勢と比較して高い場合、あるいは急激に平均金利が悪化（上昇）している場合には、金融機関等から有利な条件での資金調達ができていない可能性がある。他の可能性としては、期末だけ残高を落とし、実際には期中にはもっと多額の借入れを行っているという場合がある。

反対に、市中の金利水準よりも平均調達金利が低い場合、費用であるべき金利の一部を資産に計上している可能性がある。具体的には、「未収金」や「仮払金」といった項目に金利を混入させたり、不動産事業者であれば商品不動産の簿価に金利を算入したりという事例が考えられる。

これらは会社が公表している資料を見ているだけでは要因がわからないため、実務では会社に問い合わせることになる。その場合でも、公表資料をよく読み込んだ上で、あらかじめ何らかの仮説を組み立ててから問い合わせることが望ましい[3]。

▶財務指標の変化の分析

収益動向の数値の変化は、それが経営状況にとって良い方向の変化なのか否かが比較的わかりやすいのに対して、財務指標の変化は必ずしもそうでない場合がある。そのため、数値の変化の意味を考える作業が、より重要になる。

3　JR本州３社（JR東日本・JR東海・JR西日本）のように、金利負担の大きさの理由が会社の沿革（高金利の時代に固定金利で調達された旧国鉄の長期負債を引き継いで民営化された）に関係している例もある。なお、一般的に、アナリストの側が事前に分析を尽くしていればいるほど、より踏み込んだ説明が会社側から得られ、事実に迫ることができる。

①　使用総資本回転率の分析

財務および収益の全体の動向を把握するために、最初に使用総資本回転率（回転期間）の変化を確認する。使用総資本回転率は売上高を総資産で割ることで簡単に求められる。数値の水準は業種や業態によってさまざまであるので、絶対値の大小ではなく、時系列の変化に注目する。数値が大きくなっている場合には、資産効率が低下している、つまり調達した資金で行った投資等が効果を上げていないことになるため、その原因を探る必要がある。

売上高が減少している場合には収益状況に問題があることは前述したとおりである。売上高が減少していないのに、売上高に比して総資産が増加している場合は、貸借対照表の調達側を見て、資本と負債のどちらの回転率が低下しているのかを確認する。借入金等の負債の回転率が低下している場合は、営業活動によるキャッシュ・フローの規模以上に投資をしていること等が原因として考えられる。そして、調達した負債による設備やグループ会社等への投資が、売上高に充分に貢献していないことになるため、投資の内容を検討する必要がある。反対に、資本の回転率が低下している場合には、資本ではなく負債の調達によって事業規模を拡大すべき状況である可能性がある[4]。

②　借入金の分析

また、実額として借入金が増加している場合には、同時に現金および現金同等物（現預金）が増加していないかを確認する。現預金を差し引いたネットの額で見れば、借入金の額が増えていないということ

4　第12章の第２節で説明する「レビュー・ミーティング」の場で、会社の経営者がこの状況をどう認識し、どう対処するつもりなのか、確認することが望ましいトピックだと言える。

も往々にしてある。その場合は、金融機関からの要請に従って、必要額以上に借り入れて預金に置いている可能性がある。銀行等の金融機関との取引関係が変化したのか否か、変化したのであればその原因を確認すべきである。

③　運転資金の分析

それでは次に、実際に資金の運用状況を分析する方法を説明する。有価証券報告書には、同じページに直近2期（前期と前々期）の**「連結財政状態計算書」**（貸借対照表）が並べて表示されている。主要な項目について、隣り合う2期の数字の差を記入する。前期（直近期）の数字から前々期の数字を差し引くとすれば、数字がプラスであればその間の増加を、マイナスであれば減少を示すことになる。これらの「対前期増減」の数値を縦に見ていくことで、簡易に資金の移動が把握できる。

これらの増減の数字を見て、2期間の動きの原因が整合しているかどうかを確認する。例として、運転資金の増減を見てみる。2期間で売上高が増加している場合には、売上債権（営業債権）が増加している、また、棚卸資産も増加している、ということであれば説明がつく。しかし、一方で買入債務（営業債務）が減少していたらどうだろうか。事業規模が拡大したことで、売上高、売上債権、棚卸資産が増大しているのであれば、当然に買入債務（営業債務）も増大しているべきである。実際には、この例のように、相互に矛盾した増減の動きが見られることも稀ではない。このような場合には、分析対象会社に直接問い合わせることで原因を確認することが望ましい。

取引先との回収条件（売上債権に関する条件）や支払条件（買入債務に関する条件）は、相手先との関係で内容が定まるものであるため、取引関係が安定している場合には、頻繁に内容が変更されることはないはずである。特に買入債務に関しては、支払までの期間が短くなれば、借入金によって運転資金を手当する必要が生じてしまい、分析対象会社にとって不利になるため、自発的にそのような条件変更を行うことは考えにくい。

それでも、売上債権と棚卸資産の増加、買入債務の減少という矛盾した変化が同時に見られる場合には、その原因として、以下のような事象が考えられる。

一つには、分析対象会社（当社）が売上高を増加させたいがために、販売先に対して（特に決算期末に）いわゆる「押込み販売」をしている可能性である。売上高の増加以上の比率で売上債権が増加している場合、売上げを立てさせてもらう代わりに、回収条件を販売先にとって有利なように変更している可能性がある。これにより、売上高と売上債権の増加が説明できる。二つめは、当社の仕入先は当社の業況が実は不振であることに気づき始めており、当社への販売条件を厳しくしつつある（現金払いの比率を高めている）という可能性もある。この判断が正しければ、当社の信用力をネガティブに評価せざるを得ないことになる。

もう一つは、当社ではなく、当社の主要な仕入先のほうの信用力が低下し、当社がその仕入先を支援する意味で資金繰りを助けている（支払を早めている）可能性である[5]。信用力が下がった仕入先との取引をやめて他の仕入先に切り替えるのも一つの選択肢だが、その仕入先に対して当社が資本参加している（広い意味でグループ会社である）場合には、仕入先を変更せずに支援することはあり得る。このような

5　広く経済環境全般が悪化している状況では、よく見られる事象である。

場合は、当社自身ではなく当社グループの信用力にとってネガティブな事象が起きていることになる。

ここでは、業況不振の初期の段階で生じることの多い事例をあげて説明した。いずれの場合にも、分析者自身で仮説を立てたら、それが財務諸表の他の部分の変化についても説明できるものであるか否かを確かめてみることが重要である。もしうまく説明がつかない場合には、自分が立てた仮説のほうを修正して構築し直してみて、再度それを検証する。その上で、最終的に納得できるまで会社側と議論すべきである。

▶キャッシュ・フロー指標の変化の分析

上で説明した財務指標の数値の変化は、必ずキャッシュ・フローの数値の変化にも表れている。それを確認していくことで、分析を深めていこう。

①　営業活動によるキャッシュ・フローの分析

営業活動によるキャッシュ・フロー（OCF：Operating Cash Flow）を見ることで、事業自体が生み出したキャッシュ（FFO：Funds from Operations）の大きさと、運転資金の増減の両方を把握することができる。

まず、**運転資金の増減を除いたOCF、すなわちFFO**の数期間にわたる推移を見て、分析対象企業が事業によって生み出すキャッシュの規模を把握する。これは言わば、その会社の事業の実力を知ることである。また、最近の４、５期間程度の推移を見ることで、その会社がどれだけ安定的にキャッシュを生成できているかも見ることができる。相対的に規模の大きな取引を手がけた場合には、一時的にFFO

が大きくなり、翌期には小さくなることもある。そのようなFFOの大きな変動が起こりやすい事業なのかどうか、業種の特性への理解と併せて、事業の安定性を把握する。

次に、FFOのなかの減価償却費の推移に着目する。FFOの変動が大きい場合、それは減価償却費の変動が原因なのか[6]、それとも損益要因によるものなのかを把握する。減価償却費の変動が見られる場合は、その推移を、後述する投資活動によるキャッシュ・フローと比較し、設備投資の傾向と減価償却費の推移とが整合しているかどうかを確認する。

さらに、OCFのなかのFFO以外の部分、つまり運転資金の増減の推移を見る。特に、財務指標の変化の分析の項で例示したような運転資金の増減の変化が見られる場合には、それが大規模なプロジェクトの進捗等に関連する一時的な変化なのか、それとも趨勢としての変化なのかを把握することが重要である。

②　投資活動によるキャッシュ・フローの分析

設備投資や、M&A（企業の合併や買収）投資によって、自社グループの事業規模をどのようなペースで拡大していくかは、きわめて重要な経営判断である。過去数年間にわたる投資活動によるキャッシュ・フローの動きを見ることで、この重要な経営判断の具体化の実績をトレースすることができる。

需要の動向と自社製品の競争力を見極め、タイミング良く設備投資を行えば、設備の稼働が高まり、減価償却費の負担を増益によって賄うことができる。反対に、投資のタイミングが適切でない場合は、業

6　一般的には、資産規模が大きい会社の場合、償却資産と減価償却費の規模は安定していることが多い。

況不振と設備資金の負担が重なり、収益が低下してしまう。業績悪化の場合は特に、投資のタイミングが適切であったかどうかを、投資活動によるキャッシュ・フローの動向と照らし合わせて確認する。

また、一般的には、減価償却費の負担を平準化する意味でも、同規模の設備投資を継続すべきである。それでも設備投資の変動が大きい場合には、それが業種の特性によるのか、分析対象会社の固有の経営判断によるものなのかを把握する。この分析に関しては、次節で説明する同業他社との比較が有効となる。

③ 財務活動によるキャッシュ・フローの分析

設備投資やM&Aに関する投資に要する資金をどのように手当しているのかを、財務活動によるキャッシュ・フローで確認する。

事業が生み出す利益の蓄積（利益剰余金）により資本が増大していて、それが負債の増加とバランスがとれていれば、財務レバレッジを大きく変化させることなく必要な資金が調達できていることになる。反対に、利益の蓄積を待たずに負債によって大規模に資金調達をすれば、財務レバレッジが大きくなりすぎてしまう。このように、事業の拡大をどのようなペースで進めるかは、資金調達や財務構成の面から見ても、経営者にとって重要な判断となる。

また、過去の大規模投資に際して、資金をどのように調達したのかを見ることで、会社の財務方針を知ることができる。事業活動が生み出したキャッシュ・フローとその蓄積である現預金で投資の大部分を賄ったのであれば、その会社の財務方針は保守的（信用力評価において財務方針が「保守的」というのは、安全性が高いという意味であり、ポジティブな評価である）だと見ることができる。社運を賭けるような大規模な投資に際して、増資を行ったのであれば、その経緯や条件を調べることで、株主の理解と支援を充分に得られたのかどうかを確認することができる。

有利子負債による調達には、大別すると、銀行等の金融機関からの借入れと社債の発行とがある。社債の発行により投資資金を賄った場合は、増資の場合と同様に、その発行条件を確認し、社債投資家の理解がどの程度得られていたのかを確認する。

社債発行よりも多いのは、銀行からの借入れによる資金調達である。日本においては、社債発行は大企業のなかでも信用力の高い企業に限定されていた歴史的経緯があることに加えて、銀行借入は準備や手続にかかる時間と手間が少なく、金額や調達期間に関しても機動的な調達が可能だからである。個別の融資契約の条件を公開情報によって知ることは困難だが、79ページの「⑤　金融収益／金融費用」で説明したように、**平均調達金利の推移を知ることで、有利子負債による資金調達が順調に行われているか否か、目立つ変化が見られるか否かは確認すべき**である。

最後に、配当金の支払額を確認する。株主還元の方針に変更が見られる場合には、有価証券報告書の**「配当政策」**の項目を読んで、その内容を把握する。配当政策の変化は、会社の財務方針だけでなく、経営方針全体に関係することが多い[7]。

経営者が現在の会社の成長段階をどのように認識しているのかは、配当政策を手がかりに理解を進めることができる。会社が成長期にあれば、キャッシュを配当に回さずに成長のための投資に充てるほうが、むしろ株主の意向に沿うことが多い。この場合、株主に対して

7　第12章の第２節で紹介するが、配当方針を質問することで、会社の財務方針、経営方針を確認するのが、格付けアナリストが経営者と面談する際の最大の目的の一つである。

は、配当ではなく成長による株価の上昇によって報いることになる[8]。これに対して、会社の事業が安定期に入って大きな成長が期待できなくなれば、株主は配当を安定的に継続することを求めるようになる例が多い。

第2節　市場地位の分析の意義

本節では、分析対象企業が事業を行っている市場における相対的な地位を分析する。同業他社との比較を的確に行うことが重要となる。なお、複数の事業を手がける企業の場合は、事業ごとに、それぞれの同業他社との比較を行うことが望ましい。

▶市場の成長性の分析

企業は長い期間をかけて、人材を揃え、技術を磨き、資金を集め、設備を整え、取引を広げ、事業を遂行していく。企業の事業が収益を生み、さらに成長していくのは、その事業に需要があり、企業が活動する長い期間にわたってその需要が存在し続け、拡大していくからである。したがって、企業を分析する際には、その前提として、**その企業が手がける事業に将来性があるのか、成長していくのかどうか**を知る必要がある。これは市場の成長性、あるいは事業素質と呼ばれる。

市場の成長性を判断するには、グローバルなマクロ経済の動向、国内の産業構造の変化、当該事業と他の事業との代替可能性、新規の技

8　配当を受け取ることによる利益（インカム・ゲイン）が得られない代わりに、株式を一部または全部売却することで得られる利益（キャピタル・ゲイン）を大きくすることによって、株主の期待に応える。

術革新による需要構造の変化の可能性、等々に広く目を配ることが必要になる。

例をあげれば、第二次世界大戦後、1950年代の復興期から1970年代までの高度経済成長期にかけて、日本の製造業は目覚ましい成長を遂げた。国内に戦災復興に始まる大きな需要があったことに加えて、グローバルにも、東西両陣営に分かれた世界において、日本の製造コストは西側資本主義国のなかでは相対的に安価であり続けたという背景がある。しかし、石油ショック、外国為替水準の変動相場制への移行、国内経済成長の鈍化、東西冷戦の終結等の変化を受けて、国内製造業を取り巻く環境は大きく変化した。この状況下で製造業を営むには、製造と販売の両面での海外進出や、デジタル技術・IT技術の進歩に対応した新規の製造・販売プロセスの開発等の対策が必要となっている。

このような変化によって各産業の競争力がどう変化していくのかを知るためには、原材料となる商品（原油、鉄鉱石等）の需給動向や、主要な製品の需要の増減を示す各種の統計資料に常に接することが有効である。

また、技術革新によって既存の製品やサービスが突然その使命を終え、まったく新しいモノやサービスに取って代わられる例が増えている。市場の成長性を見る際には、現在どれだけの需要があるかだけでなく、可能な限り将来の需要動向に目を向けるべきである。

各業界の第一人者と目される企業は、現状の市場地位の高さに安住するのではなく、次の世代の技術や市場に対して、現時点ですでに何らかの手を打っている場合が多い。このような観点からも、業界のトップと言われる企業の投資家向けの情報発信には、常に注目することが望ましい。また、そのような企業の経営者と対話する際には、未来において何が事業の機会あるいはリスクとなり得ると考えているのか、よく聴くべきである[9]。

▶市場における競争環境の特性の分析

市場の成長性に関する見方が定まったら、次に**その市場においてはどのようにして事業者の優劣が定まるのか**を見極める。言い方を変えれば、その業界における競争環境を規定しているものは何か、という観点である。

まず、競争が激しく市場シェアの変動が大きい業界と、そうでなく、常に業界内の順位が一定である業界とがある。ここでポイントとなるのは、**新規参入障壁の高さ**である。何らかの規制によって新規参入が妨げられているのが最も極端な例であるが、規制がない場合でも、新規参入のコストが大きければ、事実上新規参入する事業者はいなくなる。このような業界では、傾向として競争が穏やかになりがちである。市場の競争環境を見る際には、実際の参入障壁がどの程度の妨げになっているのか、参入コストがどれだけ高いかという視点が有効である。

次に、**何がその事業を発展させる鍵となるのか**を検討する。規制事業であれば、行政による規制の内容によって、事業の成長性がかなりの部分まで定まってくることが多い。この場合は、監督官庁の規制の根拠となる考え方を知り、それが今後どの方向に変化する可能性があ

9　新製品や新規のサービスについて、具体的に事業化できる前の段階で話してくれる可能性は低いが、それでもどの分野に可能性やリスクを感じているのか、経営トップの問題意識はぜひとも聴くべきである。筆者の体験のなかでは、光学機器（カメラ）のトップメーカーの経営者が、写真を載せられるSNSが普及するかなり以前の時点で、携帯電話器等のデジタル機器メーカーの「インターネットとの距離の近さ」を脅威と感じていると話してくれた、という事例が印象的である。

るのかを分析する。そのためには規制が導入された経緯、社会の変化に伴い規制の内容がどう変更されてきたのかを知ることが有益である。従来は規制によって守られていた業界でも、今後は規制が緩和されて自由化される可能性があると見られている産業もある。

あるいは、**技術力**が競争上の鍵となる業界もある。その場合は、次にどのような方向の新技術を開発しつつあるのかを、あえて開示しない企業が多い。分析にあたっては、その企業が過去においてどのような新技術を実現してきた実績があるのか、また他社に新技術の実用化で先を越された場合にどのように対応したのかを知ることで、その会社の技術の潜在力と、経営者の変化への対応力を把握し、将来の技術革新への対応力を予測する。

大規模な資産を活用することが重要な産業であれば、そのための資金調達の能力が特に重要になってくる。銀行との取引関係の強さや、社債やCP（コマーシャル・ペーパー）、資産の流動化証券の発行の実績等、資金調達能力の強さと多様性を分析することになる。

▶市場における地位の分析

市場の成長性（事業素質）を知り、市場の競争環境の特徴を理解した後に、**その市場における分析対象会社の位置づけ**を分析する。ここで市場における地位というのは、単なる売上シェアの順位や純利益額のランキングではない。その会社が業界においてどれだけ安定した事業を展開できているかということであり、同業他社との比較でどのような強みと弱点を持っているかという評価である。

収益動向に関しては、業界全体の需要が伸長している局面では、業界内での地位が高くない企業にも堅調な需要の恩恵が行きわたるため、地位の高い企業と地位の低い企業の収益状況の差が見えにくくなる。しかし反対に、市況のサイクルや経済動向によって需要の伸びが鈍化している状況においては、業界内での地位が高く安定した取引先（顧客）を抱えている企業は業績の落ち込みが小さいのに対して、そうでない企業は受ける打撃が大きくなる。収益状況を他社と比較する際、業界の環境が良い時期だけを見ても差異が見えにくい場合には、事業環境の厳しかった時期まで遡って比較することで、相対的な強弱を確認できることがある。

財務指標に関しては、過去の業績の蓄積が現在の（最新の）財務の姿に現れていると考えられるため、最新の数値を用いて他社と比較する。前節で説明した**運転資金の指標（営業債権、棚卸資産、営業債務の回転率もしくは回転日数等）は、仕入先や販売先との力関係を示している**ため、これによって分析対象会社の業界内での地位の高さを知ることができる。業界内での地位の低い企業は、地位の高い企業に比べて運転資金の負担が大きくなっている（回転率が低い、あるいは回転日数が多い）例が多い。収益動向の場合と同様に、業界環境が厳しい局面では、市場地位の高くない企業は運転資金の負担がさらに大きくなることもある。

財務レバレッジに関しては、過去の利益の蓄積が少ないことで資本勘定が小さい企業は、財務レバレッジが高いことになる。また、後発もしくは小規模な企業が、相対的に大きな投資を行うことで他社に性急に追い付こうとすれば、資本ではなく負債による資金調達が増大して財務レバレッジは高くなる。反対に、その業界の第一人者の企業であれば、投資家の理解も得やすく、必要に応じて増資による資金調達の選択も採りやすいため、経営者にとって望ましい財務レバレッジを実現できている可能性が高くなる。このように、**財務構成を見ることによっても、その企業の市場における地位を理解することができる。**

キャッシュ・フロー計算書に関しては、営業活動によるキャッシュ・フローと投資活動によるキャッシュ・フローを合計することで、フリー・キャッシュ・フロー（以下「FCF」という）を算出してみよう。**最近の数期間を見て、FCFが黒字であることが多い企業は、市場地位を確立していて、それを維持するための設備投資が一通り完了している可能性が高い。**つまり、確固たる市場地位をすでに得ている場合が多いと言える。反対に、FCFの赤字が続いている会社は、現在もまだ市場における地位を構築しようとして投資を続けている過程にあると見ることができる。

また、営業活動によるキャッシュ・フローやEBITDA（利払い前、税引き前、償却前利益）を有利子負債の大きさと対比する指標、たとえば**「EBITDA有利子負債倍率」**等によって、同業他社と比較することも有効である。この数値が大きければ、事業が生み出すキャッシュが少ないか、設備形成のための有利子負債の返済が進んだ段階にはない、つまり有利子負債が大きいということになり、その企業の市場地位が高くないことを示唆する。

このように、市場地位に関して立てた仮説を、財務諸表の数値を用いて定量的に検証することができる。

第3節　他のセクターとの比較分析の意義

前節では同業他社との比較分析のしかたを解説したが、本節では、異なる業種の他社とも比較することの意義を説明する。他の産業セクターと比較することで、分析対象のセクターが持つ特性に対する理解がより深まり、それにより分析対象会社固有の特徴なのか、そのセクターの企業に共通して見られる傾向にすぎないのかを知るヒントにもなる。

▶業界の収益構造の特徴をつかむ

事業素質があり、成長する可能性が高いと考えられる事業であっても、その事業がどれだけ安定して収益を生み出すのかは一様ではなく、個々の事業により収益の大きさやその安定性には違いがある。その違いを理解し、個々の事業が収益を生むための決め手となる要因を知るためには、他の事業と比較することが有効である。

たとえば、乗用車製造業は、業績が景気動向に左右される度合いが大きい事業である。他方で、一見すると類似の事業であるが、トラック・バス製造業は、景気に左右される度合いが比較的小さい。実際に、過去の世界的な景気の低迷によって乗用車メーカーが大幅な赤字を計上していた時期に、トラック・バスのメーカーは赤字を免れていた。あるいは、トラック・バスの製造も手がける乗用車メーカーは、業績の落ち込みが相対的に軽かった、という事実がある。では、不況時にこの二つの事業の業績が分かれた決め手となった要因は何であろうか。

この二つの事業を比較すると、**乗用車製造業が、製品を主として個人消費者向けに製造・販売する（いわゆるB to C：Business to Consumer）のに対して、トラック・バス製造業の顧客は陸上輸送業等に従事する事業者（いわゆるB to B：Business to Business）だという違い**がある。個人顧客の消費は景気の動向の影響を受けやすいが、トラック輸送会社やバス会社といった事業者は、景気動向に関係なく、手持ちの設備（トラックやバス）を維持し定期的に更新していく傾向が強い。個人が所有する乗用車は、所有者のその時々の判断で買替えの時期をずらしたり、他の輸送手段を利用したりをしやすいが、長期の設備計画に従って多数の車両を保有する輸送会社は、設備の安全の観点からも、車両の維持更新計画を軽々に変更することは避けるからである。この事例では、B to CかB to Bかの違いが、収益の安定性の決め手となったと見ることができる。

このような各事業の特色は、異なる業種を比較対照することで、より見えやすくなってくる。

▶分析対象会社の変化への対応力を知る

何が収益を生むための決め手となる要因なのかがわかれば、その要因が存続するための客観的な要件を知ることができる。その要件を代替する新しい事業（製品やサービス）が登場してくる場合に、その脅威を受けて立つ既存の企業の対応力が問われることになる。

広くさまざまな産業セクターを見ることで、収益の決め手となる要因を把握するように努めていれば、変化が生じて事業の存立が危ぶまれた際に企業の経営者が採るべき対策の選択肢を知ることができる。たとえば、**本業である事業が好調なうちに、あらかじめ他の新事業に取り組んで、収益の「第二の柱」を立てておく**のは、変化に対して有効な手段である。

実例をあげれば、パソコンメーカーとして創業した米アップル社が音楽事業に進出した2001年度には、まだ同社の売上高の８割以上がパソコン事業であったが、2006年度にはiPod（携帯型デジタル音楽プレイヤー）が売上高の半分を占めるようになった。さらに、その後はスマートフォン（iPhone）が主力事業となり、2020年度には売上高の62％を占め、一方でパソコン事業の売上高は９％のみとなった。このような主力事業の変遷により、1990年代の終わり頃にはパソコン事業

図表5－1　アップルの売上構成の変化

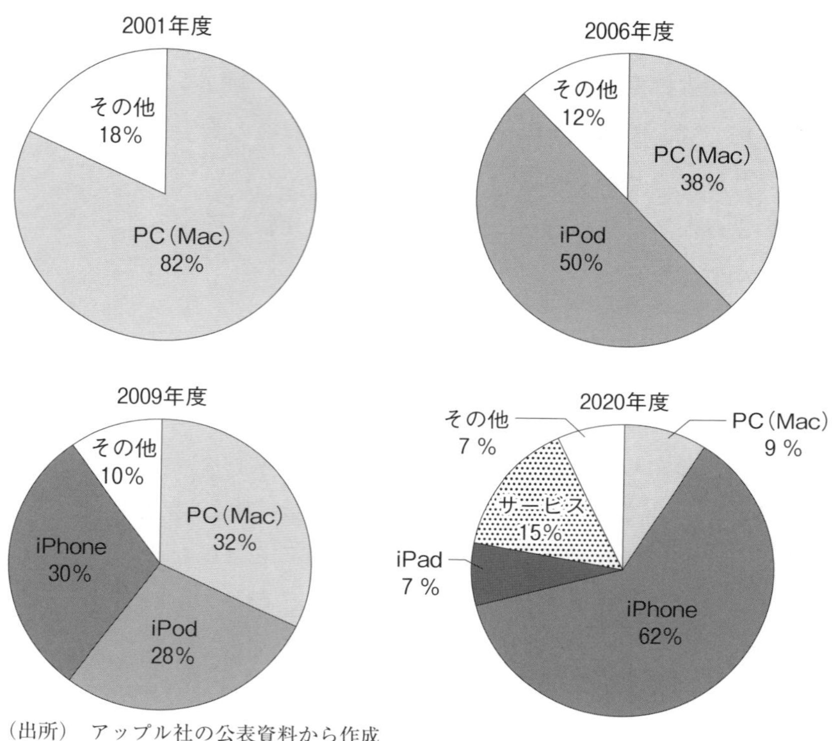

（出所）　アップル社の公表資料から作成

の不振によって経営危機にあった同社は、市場地位を回復し、現在も成長を続けている（図表5－1）。

新しい事業に取り組むことで収益をあげるためには、新事業の収益の決め手となる要因を経営者が把握していることが必要である。上の例で言えば、店舗で購入し自宅やオフィスで使用するものだったパソコンから、IT化の進展と消費者の生活スタイルの変化によって、音楽、通話、インターネットの使用が場所に制約されなくなったことに伴うビジネスモデルの変化を、経営者が理解したことが重要である。

このような変化への経営者の対応力を見るためには、アナリストは、さまざまなセクターの収益の決め手となる要因を把握しておくことが重要である。そのためにも、分析対象の会社が属する産業セクターに限らず、日頃から多くの種類の産業に興味を持ち、その特徴を把握するよう努めることが望ましい。

▶投資家の観点を知る

実務における投資家（株式投資家、債券投資家の両方）のニーズを紹介すると、一般に投資家は、ある事業セクターへの投資に強いこだわりを持つことは多くない。簡単に言えば、投資家はセクターを問わず、「良い」投資先、換言すれば、取ったリスクに応じたリターンを得られる可能性の高い投資先を求めている場合が大半である。

そのような投資家と対話する場合、特定のセクターの特徴に詳しいだけでなく、複数の業種の共通点や差異、事業リスクの特徴等に通じていることは、大きな利点となる。**投資家はセクターを問わず、自分のニーズに合った投資先を常に求めている**からである。アナリストは、自分が直接担当する業界に限定せずに、幅広い業界に関連する知識を吸収するよう日頃から心がけるべきである。

第6章

定性分析とクレジット・ストーリー

本章においては、定量分析と定性分析のそれぞれの役割を整理し、定性分析の結果として得られる「クレジット・ストーリー」とは何かを説明する。クレジット・ストーリーとは、アナリストが企業を分析した結論であり、そのアナリストのスキルや思考を如実に示すものである。

その後、企業の個別の要素に応じた定性評価のしかたから、全体評価としてのクレジット・ストーリーの形成の方法を、実在の企業を想定して、具体例を示しながら解説する。

第1節　数字に意味を与えるということ

定量分析とは、収益力や財務体力に関する数値の比較であるから、異なる二つの数値を見た場合に、どちらが信用力の評価において優れているかは、明確に判断できる。しかし、それらの異なる二つの数値の優劣がわかったとして、その違いが信用力上どれだけの大きさの意味を持つのか、それを決める判断は、結局のところ分析者の定性的な評価によって下される。つまり、個々の分析においては、数値を用いて客観的に行うことが求められるが、評価を下して分析の結論を得るためには、全般的な定性判断が不可欠である。

その全般的な定性判断は、重なり合って一つの文脈をつくりだす。あるいは、個々の定性評価は積み重なることで一つの影像のように、複数の方向から企業の姿を立体的に描くものだと言ってもよい。この文脈、あるいは影像のように積み重なった一連の定性評価のことを、その企業の信用力評価を表現するための**「クレジット・ストーリー」**と呼ぶことがある[1]。それは対象とする企業の強みと弱みを解説し、相対的な位置関係を定め、結論としての信用力の水準を説明するものである。

企業に関する数字は、それが事業活動に関するものであれ、収支や財務に関するものであれ、その企業を表現する何かしらの意味を持っている。**膨大な数値のなかから、一つひとつの意味を見出し、つながりを持った一連の文脈をかたちづくる**ことが、その企業の信用力評価である。すべての数字は、その意味が考察され、意味を与えられることで存在意義を持つ。

たとえば、企業の売上高という数字は事業の規模を表現しており、その数字は大きいほうが信用力上の評価が高いと見ることができる。規模が大きい企業は不況時の抵抗力が強く、また平常時でも価格決定力が強い。端的に言うと、売上高の大きさは市場地位（market position）の強さを表している。ここまでは異論が少ないだろう。では、同じ業界に年間の売上高が1,000億円のX社と、その半分の500億円のY社があったとして、単純にX社はY社よりも2倍の信用力の強さを

1　クレジット・ストーリーの定義のしかたはいくつかある。森田隆大氏は著書『格付けの深層』（2010年・日本経済新聞出版）において、「企業の信用力の将来像」（同書45ページ）として、クレジット・ストーリーの構成要素について解説した上で定義している。

持っていると言えるだろうか。この問いに答えるためには、両社が活動する業界の特徴を理解し、売上高の大きさが市場地位にどれだけ影響するかを把握した上で、1,000億円と500億円の相対的な優劣を信用力の差として表現することが求められる。

一般的には、売上高の規模が大きいことは、研究開発費や管理費といった固定費[2]の負担を相対的に小さくし、製造や物流に関する設備の稼働率を高めて効率を上げることで、生み出す利益を大きくするため、信用力にとって有利に働く。たとえば、比較的規模の小さいニッチな製造業の市場に多数の事業者がひしめいているなかで、X社がシェアNo.1企業であり実質的な価格決定力を握っている場合、X社は自社の体力にものを言わせて価格競争を仕掛け、他社を駆逐しようとするだろう。その場合、売上高がX社の半分しかないY社との市場地位の差は大きい。

しかし、同じく市場規模が小さい場合でも、参入障壁が高いことで新規参入者がおらず、X社とY社を含むごく少数の事業者で棲み分けがなされてそれが定着している場合、どの企業も価格競争をする誘因はなく、価格を高く保って高収益を得ようとするだろう。その場合はY社も高収益を維持できる可能性が高まるため、売上規模がX社の半分しかないことの不利は相対的に小さくなる。

さらに、電力会社や都市ガス会社といった公益企業（utility）の場合は、地域ごとに別々の会社が独占的に事業を営んでいる場合が多い。政府による同一の規制の枠組みのなかで事業を行う公益企業の場合、担当する地域の規模の大小によって売上高の大きさが異なったとしても、ほぼ同水準の信用力を持つ場合がある[3]。政策上の重要性が

2　固定費の分析については、第3章の第1節を参照。

等しく、信用力上のリスクにさらされた場合に期待できる政府からの支援についても同一だと考えられるからである。あるいは、同じ業界に属していても、先にあげた製造業のX社とY社のように、限られた需要を取り合う競合関係にある場合と、後にあげた公益企業のように、事業地域が区切られ直接の競合関係にない場合とでは、売上高などの規模を表す数字の持つ意味合いがまったく異なる、という説明のしかたもできる。

業界の特徴を理解し、規模の大小が市場地位にどのように影響するかを分析するというのは、以上のような定性判断を行うことである。

第2節　事業への評価と財務体力への評価

信用力の評価とは、**事業リスクの大きさと財務リスクの大きさを、どのあたりでバランスさせていると見るか**ということである。クレジット・ストーリーを組み立てるにあたっても、事業にどれだけのリスクがあるか、それに対して財務体力の備えはどれだけあるか、を説明することが基本となる。

その上で、将来起こり得る信用力上のネガティブな事象に対して、どの程度まで対応し得ると考えられるのか、まで記載できれば、説得力の高いクレジット・ストーリーとなる。

また、いかなる信用力評価も、それを裏付ける数字なしには存在し得ない。数字で根拠を示すことのできない評価は、その評価を下した

3　たとえば、電力事業に対する規制が強固だった時代の東京電力は、他の地方の電力会社の10倍程度の売上高規模を持つこともあったが、格付けは他の電力会社と同一の水準、あるいは1ノッチ程度の差しかない時期が長かった。

アナリストの思い込みにすぎないと見られてしまうことがあり、説得力が弱くなってしまう。別の言い方をすれば、事業の特徴について、財務に関するさまざまな数値によってうまく説明できていないようなクレジット・ストーリーは、全体として聴き手の納得が得られず、格付け委員会の場や投資家との対話の際に説明に窮することとなってしまう。

事業への見方と財務のあり方とが、相互に説明し合うようなクレジット・ストーリーになっていれば、説得力が高くなり理想的である。数字の意味の理解とその評価、両方が大切である。

たとえば、電力会社や都市ガス会社といった公益企業の場合は、売上高のような規模の大小は、信用力の水準に大きな影響を与えないと前述した。しかし、もし仮に規模の大きな公益企業が継続的に高い利益率を示し、財務基盤が強固になっていて、それに対して規模の小さい同業企業は利益率が低く財務体力も弱い、となっている事実があるとしたら、この見方は説得力を欠いてしまうだろう。実際には、料金規制がなされていた時期の電力会社各社は、規模の大小にかかわらず、ほぼ同様の財務レバレッジの水準になっていた[4]。このように、財務の数値が、事業の特徴に対する見方の正しさを証明しているべきなのである。

もう一つ例をあげると、JR各社のうち、本州３社（JR東日本・JR東海・JR西日本）は2000年代初頭から完全に民営化されている[5]。赤字体質だった旧国鉄時代の事業形態を合理化し、充分な収益力を持つと

4　電力会社の事業の特徴と財務数値の関係については、第８章および「社債市場から見た大手電力　電力システム改革で揺れる信用力」（日経エネルギーNext2016年６月号・廣瀬和貞）を参照。

5　2016年にはJR九州も株式上場を果たした。

評価されたことが完全民営化・株式上場につながったわけであるが、政府による株式の持分がなくなった後も、旧国鉄時代からの国民への責任を果たし続けている。具体的には、きわめて高い固定金利時代に調達された旧国鉄債務を承継し、その元利払いを継続している。現在の本州３社の収益力をもってすれば、全額を期限前弁済してしまって新たに必要資金だけを借り換えたほうがはるかに毎年の利払い負担を軽減できるが、あえてそうせず[6]に、政府の財政投融資資金の運用に協力している。

このような歴史的な経緯を無視して、完全に民営化された鉄道会社として他の大手私鉄会社と財務諸表を単純に比較してしまうと、損益計算書の上では資金調達コスト（利払い負担）が大きく、貸借対照表の上では財務レバレッジが高く見えてしまう。しかし、それだけではJR本州３社の信用力の特徴を把握したことにはならない。国の運輸政策の実現のためにJR各社が果たしている独特の役割を充分に理解した上で、財務諸表に表現されたさまざまな数値の持つ意味を把握するべきである。決して、財務諸表の数値の大小だけで信用力を評価してはならない。

第３節　クレジット・ストーリーの作成例

それでは、クレジット・ストーリーの事例をあげてみる。実在の企業をモデルにしてはいるが、必ずしも実際の企業のディテールを知らなくてもクレジット・ストーリーの概要がわかるように、工夫して書

6　政府との交渉により、限定的なかたちで期限前弁済をしている部分もある。

いてみたものである。

日本を本拠地とする自動車（乗用車）メーカーを想定し、信用力の高いほうからＡ社、Ｂ社、Ｃ社とする。Ａ社をAA格、Ｂ社をＡ格、Ｃ社をBBB格程度の信用力と想定しよう。まずＡ社についてクレジット・ストーリーを組み立ててみる。

最も短いのは、一つのセンテンスによる表現である。Ａ社の信用力上の本質を一文で示す必要があるため、実はこれが最もむずかしいかもしれない。事業面の強さと、財務面の強さを一文に盛り込むように作文してみる。

〔Ａ社のクレジット・ストーリーの例①〕

Ａ社の事業は新車の開発力、低コストによる生産技術力、世界の主要市場をすべてカバーする販売力に優れており、財務体力に関しても、実質的に無借金経営を継続していてきわめて強固である。

これではさすがに短すぎて情報量が少なく、説得力が不足しているかもしれない。事実をピックアップしているだけで、ストーリーと呼べるほどの「文脈」もない。しかし、格付け会社のアナリストであれば、いかなる状況においても、担当している会社についてのクレジット上の特徴を説明できるように準備しておくことが求められる。充分な時間的余裕のないなかで、「ひとことで言うなら、どのような会社だと見ているのか」と問われる状況は、社内においても社外に対しても、往々にしてあり得る。したがって、一文でクレジット・ストーリーを作文してみるのも、その対応のための頭の訓練になる。

では、もう少し言葉を補って、もう一度Ａ社についてのクレジット上の見方を説明してみよう。分量として、500字程度となることを目安にして作成している。

〔A社のクレジット・ストーリーの例②〕

A社の事業面の強さとしては、乗用車の全セグメントを手がけるフルラインメーカーであること、世界の主要な乗用車市場のすべてに販売ネットワークを展開していること、輸出に頼らず現地生産を進めているため為替の変動リスクに対応できていることがある。製品構成的にも地理的にも、最大限の分散効果が得られている。また、取引関係のある部品メーカーも含めてコスト競争力が高いこと、環境対応や次世代の新技術・新交通形態に備えた研究開発にも充分なリソースを充てていることなど、技術力の高さも強みである。

そのなかで最も重要な強みは、顧客への新しいアイデアの提案において他社に先行されても、すぐに同じアイデアに基づく新製品を、より高品質により安価に提供できる生産技術を持っていることである。この能力の高さにより、A社が現在の強固な市場地位を失う可能性は小さいと考えられる。

財務面における強さに関しては、販売金融以外の有利子負債を実質ゼロに維持しているほか、販売金融の資金調達においても現地化を進めており、為替変動リスクを抑制している。経済環境の急変に備えて金融機関からの融資枠も確保してあり、資金調達に関する弱点は認められない。

このクレジット・ストーリーのポイントは、「他社の出してくる新しいアイデア[7]を即座にコピーして、もっと良い製品を出せる」という部分であろう。自社にこのような強みがある（他社の真似がうまい）ということを積極的に公言する企業はない。では、どのようにしてこのような評価をするに至ったか。第12章で後述するが、格付け会社の主担当アナリストは、少なくとも年に一度、格付け対象企業の経営者と面談して議論する機会（レビュー・ミーティング）がある。そこで主担当アナリストは、自分なりに組み上げたクレジット・ストーリーを直接経営者にぶつけてみることができる。「御社の強みはこういう部分にあると考えるが、いかがか」と問うと、率直に正面から答えてくれる経営者が多い。この「他社をコピーする能力が高い」という評価も、分析対象企業の経営者との直接のやりとりのなかで得られたヒントがもとになっている。

さて、A社はAA格というきわめて高い信用力の企業を想定したため、長所のみを列挙するクレジット・ストーリーになった。しかし、格付けの重要な機能として、相対的な信用力の優劣を示す、序列を示すという役割がある。次にB社のクレジット・ストーリーを例示してみる。B社に付与された格付けはA格を想定しており、AA格のA社よりは相対的に低いものの、信用力の絶対的な水準としてはきわめて高い位置づけの企業である。作成にあたっては、この点に充分な留意が必要である。

〔B社のクレジット・ストーリーの例〕

B社の事業の特徴は、フルラインの乗用車メーカーであることに加えて、二輪車（バイク）の世界シェアも大きいことである。乗用車では北米市場への依存度が高く、同市場の経済動向の影響を受けやす

7　乗用車に関してならば、たとえば既存のセダンの車台を活用してクーペのボディを載せて安価なスポーツカーとする、空気抵抗を犠牲にしてあえて直方体に近いボディとすることで車内空間を拡大する、小型車サイズ（5ナンバー車）のSUVに3列のシートを配置し乗員7名とする、等のアイデアをここでは想定している。

い。しかし二輪車では発展途上国での販売シェアが大きく、整備された流通ネットワークを持つ。そのため、途上国において経済発展に伴い国民所得が増加すれば、乗用車への乗換え需要を捕捉できる可能性が高い。乗用車だけでは先進国への集中リスクがあるが、それを二輪車事業が補完している。

小型ジェット飛行機を開発しビジネス化に成功するなど、技術イメージは高く、北米での販売単価の高さにつながっている。しかしA社と比較すると、グループ内の部品メーカーを含めた総合的な乗用車の生産技術ではやや劣る。販売台数がA社より少ないため、フルラインの車種を開発するキャパシティにも限界が生じつつあり、最近は車種を減少させている。

財務面では、販売金融を除く実質的な有利子負債はなく、財務体力は強固である。金融機関との関係も良好であり、資金調達面での問題はない。

関係会社を含めたグループの総合的な技術力においてA社に敵わない、という言い方も、ある乗用車メーカーの経営トップが格付け会社との議論の場で実際に発言した内容をもとにしている。自動車メーカーとしての技術の「足腰」の強さを自己評価する文脈のなかで、業界トップの競合他社と比較した場合の自社の強さと限界を説明するためにそのような言い方がなされた[8]。格付け会社の主担当アナリストの側が充分に準備をした上で、そのクレジット・ストーリーの論点を一つずつ経営者に問うていけば、率直な意見が得られることがあると

8　製造業の会社の経営者の立場から考えた場合、開発技術や生産技術に関して素人である格付け会社のアナリストに、自社の長所と短所をわからせるには、競合他社との優劣を説明する方法が有効である。

いう、もう一つの実例である。

次にC社のクレジット・ストーリーの例を示そう。C社の信用力はBBB格と想定している。一般に、BBB格の企業は、事業面か財務面のどちらかには充分な強みを持つものの、もう片方には何らかの課題を抱えていることが多い。しかし一方で、デフォルトの状態に陥るまでには相当な距離があり、「つぶれない会社」であることは間違いない。強みと弱みを両方表現し、かつ「つぶれることはない」ことも納得させるクレジット・ストーリーを組み上げる必要がある。

〔C社のクレジット・ストーリーの例〕

C社はフルラインの乗用車メーカーであり、日・米・欧・中といった世界の主要市場のすべてに営業展開している。グループ全体の販売台数はA社に次ぎ、B社をしのぐ規模であるが、北米市場で多額の販売報奨金により台数を確保していることもあり、連結営業利益率ではA社・B社の水準を下回っている。電気自動車ビジネスでは世界をリードしているが、事業リストラクチャリングにより研究開発リソースが限られ、ハイブリッド車技術の開発をスキップせざるを得なかったという事情がある。また、大規模に行われた事業リストラにより、部品メーカーとの取引関係も整理した結果、グループの総合的な技術力水準が下がったことも懸念される。

財務面では、資産の圧縮を進めることで有利子負債の削減が進んでいる。金融機関との取引は緊密であり、資金調達には問題がないと見られる。

C社は国内メーカーのD社とともに、欧州の政府系のメーカーE社との資本関係を強化してきた。環境対応技術の開発などの技術面、車台や部品の共通化などの生産面でのアライアンス効果はすでに現れているが、C・D・E社連合の経営形態をどう安定させるかは今後も課題である。

基本的に強みばかりであるA社に比べて、B社・C社のクレジット・ストーリーは、長所・短所の強調のしかたのバランスに工夫が要ることがわかると思う。強みを強調しすぎると、もっと高い格付けが適切なのではないかと言われ、弱みを強調すると反対のことを問われる。その際に、追加して長所／短所を説明できるように、常にあらゆる角度から競合他社との比較をしていることがアナリストには求められる[9]。

なお、電気自動車（EV）では先行しているが、それはハイブリッド車の開発リソースが不足したために、あえてそれをスキップした結果だ[10]、という記述も、ある自動車メーカーの経営陣と格付け会社の対話において聴いた話がもとになっている。

以上、約500字という文字数で、競合する乗用車メーカー3社のクレジット・ストーリーの例を紹介してみた。このボリュームの水準には特に意味はない。求められる字数に余裕があれば、上記の内容を詳しく膨らませればよい。格付け会社でも投資家の顧客向けに各種のレポートを作成している[11]が、その長さも3、4ページから十数ページまでさまざまである。アナリストは、自身が分析対象会社に対して日

9　さらに言えば、異なる業界の格付け対象企業で、格付け水準が近い他社と比較した場合の優劣についても、ポイントごとに把握して、説明できるように常に準備しておくことが望ましい。投資家はさまざまな角度からアナリストに質問してくる可能性があるからである。

10　その経営者は、EVではなくハイブリッド車の販売に固執しているように見える他社が、実はEV開発も進めており、いつでも発売できるものの、ハイブリッド車開発に掛けたコストを回収するために、ハイブリッド車が売れる間は売る考えであることも正確に把握していた。

頃から抱いているクレジット・ストーリーを縮めたり膨らませたりすることで、求められるボリュームのレポートを作成することになる。

なお、もちろん、アナリストによって見方は異なるため、例示したものとまったく内容の違うクレジット・ストーリーはいくつでも存在し得る[12]。最初にあげたA社に関して、異なった観点からのクレジット・ストーリーを書いてみると、次のような例となる。

〔A社のクレジット・ストーリーの例③（異なる観点から）〕

乗用車の全セグメントに車種を展開し、傘下に有力な部品メーカーを多数抱えるA社は、現在の自動車メーカー業界における盟主的存在である。財務体質も強固であり、世界金融危機時に米国で同業の破綻が相次いだ際にも、比較的短期間に業績を回復させた実績がある。しかし今後は自動車の電動（EV）化・サービス化が進むと予想される。EVは部品点数が格段に少なく、またサービス化により自家用車の所有が減ると販売台数自体が減少する。現在ではA社の強みの源泉であるグループ内の多くの部品会社の存在が、反対に重荷となる可能性がある。また、EV化で部品数が減れば、電機メーカーなどのまったく異なる分野からの新規参入により、IT技術と自動車のサービス化が融合した新たな提案がなされる可能性がある。A社は業界における現在の第一人者であるが、そのことが過剰適応となって、既存設備の陳腐化等、変化への対応に苦慮する可能性がある。

財務体質はきわめて強い。大きな変動が見込まれる自動車業界の未

11　格付け会社のウェブサイト上に無料で公開されているものもあるので、適宜ダウンロードして参考に目を通してみることをお勧めする。

12　先に紹介した森田隆大氏『格付けの深層』の46ページには、自動車メーカーに関するクレジット・ストーリーの例が紹介されているので、ぜひ参照されたい。

来に対応するための資金面での備えは堅固である。EV化の進展により傘下の部品製造会社グループの規模が縮小すれば、資金面でのグループ会社支援の負担も減少することが見込まれる。

AA格程度と想定するA社のポテンシャルな事業面でのリスクを説明すべく、あえて異なる見方を提示してみた。それぞれの特徴は、先の例②が「現時点で見えているあらゆるリスクに対応できている」ことを重視しているのに対して、後の例③は「将来起こり得る業界の変化に対応できる可能性」がどれだけあるかを重視して、クレジット・ストーリーを組み立てている。つまり、**ストーリーに組み込まれる時間軸の長さ**に違いがある。その上で、後の例③の書き手は、これから予想される変化の大きさをA社にとってのリスクと捉えている。

今後、後の例③が予想している業界の変化が起こる可能性が高まっていけば、先の例②のストーリーの書き手も、A社の変化への対応の可能性について言及する必要が出てくるだろう。その場合に、先の例②が見るようにA社が依然として業界のフロント・ランナーでいられるのか、それとも後の例③が懸念するように、従来の業界環境に適応していたがために変化に対して出遅れてしまうのかが、明らかになっていくはずである。その時点で、アナリストが書くクレジット・ストーリーもまた変化していくことになるだろう。

なお、クレジット・ストーリーは、アナリストが一方的に書いて説明することで完結するものではない。聞き手である、社内であれば他のアナリスト、社外であれば債券投資家等が、アナリストの説くストーリーの不明点を質問し、見解が異なる点については反論し、それにまたアナリストが応えることで、つまり対話によって鍛えられ、完成度が上がっていくものである。第12章で後述するが、格付け会社の社内では、格付け委員会やポートフォリオ・レビューといった会議の場で、格付けの根拠について議論する。その場合、マネージャーや他の業界の主担当アナリストなど、議論の対象である業界や企業に詳しい者も詳しくない者も含めて、主担当アナリストの提示するクレジット・ストーリーが理解できるか、他の業界と比較して妥当であるか、今後格付けが動くとしたらそれはどのような場合かについて議論する。そのような場で説得力のあるクレジット・ストーリーを示すことは重要だが、何年経っても同じ内容のストーリーに固執するアナリストは勉強不足と見られる。事業は日々行われ、個別の企業も産業界全体も日進月歩を重ねている。それらを信用力という観点から見る見方も、日々変化し進歩すべきである。その意味でも、格付けは生き物であると言ってよいだろう。

社外の社債投資家は、格付けを利用する立場から、格付け会社の主担当アナリストに対して、そのクレジット・ストーリーに不明な点があれば質問して明らかにしようとする。投資家との対話も、格付け会社のアナリストが自分の組み立てたクレジット・ストーリーの強度を高めるためのプロセスとして、有効である。

ところで、クレジット・ストーリーの内容について、意外に平易な記述だと感じた読者もいるかもしれない。社会の常識としての「良い会社」と、クレジットの観点から高く評価できる会社とは、重なり合う部分も大きい[13]ため、そのように感じることは自然である。ただし実際には、格付け会社のなかでも、説得力のあるクレジット・ストーリーを書いて説明できるアナリストは多くない。信用力に関する各要素の説明はできても、全体としてのストーリーを語れないアナリスト

13　この論点については、第16章であらためて議論する。

が、実は多いのである。格付けを検討する格付け委員会の議論において、格付けすべき企業の各部分のディテールがわかっても全体像がくっきりと結べないと、主担当アナリストの説明を聴いている他のアナリストはフラストレーションを感じてしまう。

格付け会社のアナリストは、企業の全体像としてのクレジット・ストーリーの流れのなかに、各ディテールを的確に位置づけられるように、常にストーリーを練り続けて、その完成度を高めようとすることが大切である。

第7章

企業経営者の観点からのエクイティ分析

エクイティ分析とクレジット分析は、根本的にその依って立つ観点が異なると説明した。ただし、企業経営者にとっては、事業資金の調達の全体像を考えるに際して、エクイティ投資家（株主）とクレジット投資家（債権者）の両方の観点を持つことが必要である。そして、後述するように、格付け会社のアナリストは、格付け対象企業の社長やCFO（最高財務責任者）といった経営者と、その企業の財務方針について議論する機会がある。

その際の理解に資するように、エクイティ投資家の見方を知るため、本章ではエクイティ分析の基礎的な部分を解説する。併せて、株式評価の代表的な指標も紹介する。これも、格付けアナリストとして企業経営者と対話する際に必要な知識だからである。

第1節　配当割引モデルの意味

エクイティ分析では、分析の対象とする株式がどれだけの投資価値を持っているのかを分析する。つまり、どれだけの水準の株価となるべきかを自分なりに算出してみることが分析の中心となる。

適正な株価を考える上で最も基本的なモデルとして、第1節では配当割引モデルを紹介する。

▶配当割引モデルの概要

株式や債券を含む金融商品は、その商品に投資した場合に得ることになる将来のキャッシュ・フローを現在の価値に測定し直す（現在価値に「割り引く[1]」）ことによって値段が付けられる。株式は債券と異なり、償還される期限はないが、配当という、将来得られるべきキャッシュ・フローを持っている。したがって、将来キャッシュ・フローの現在価値という考え方によって株式の価格を検討することが可能になる。その考え方を表すのが配当割引モデル（dividend discount model）である。

ある会社（A社）の株式に投資すると仮定して、1年後に想定される株価が2,400円であるとする。もちろん、実際の思考の順番としては、最初に未来の株価が想定されていることはないが、ここではこの順番で説明する。さらに、今後1年間に20円の配当がなされるとする。この条件で、自分は何円ならばA社の株式に投資するだろうかと考えてみる。

A社の株式よりもリスクが小さい代わりにリターンが小さい投資対象、反対に、A社の株式よりもリターンが大きくてリスクも大きい投資先等、さまざまな選択肢と比較対照して、「2,200円なら投資する」と判断したと仮定する。この判断の意味を考えてみる。

1　現在手元にある1万円は確実に使用できるが、1年後に受け取れると言われている1万円は、本当に手にできるか不確実である（リスクがある）ことから、両者は等価ではない。また、現在ある1万円を預金して1年後に得られる利息は、そのリスクの対価だと考えられる。

$$\frac{(1年後の株価2,400円+配当20円)-投資額2,200円}{投資額2,200円}=10.0\%$$

この式からわかるように、上記の条件の株式に2,200円なら投資するということは、10%の割引率をＡ社の株式投資に要求していることと同じ意味を持っている。

次に、この式を一般化して書き直してみる。現在の株価をP_0、１年後の株価をP_1、配当をD_1、割引率をｋとすると、

$$\frac{(P_1+D_1)-P_0}{P_0}=k$$

さらにこれを変形することで、下の式(1)が得られる。

$$\frac{P_1+D_1}{1+k}=P_0 \qquad \cdots\cdots(1)$$

この式が意味するのは、現在の株価は、将来の価格と配当を投資家の要求する割引率で割り引いたものであるということである。割引率は、**期待収益率**とも呼ばれ、下の式で表される。

期待収益率＝市場金利＋リスクプレミアム

株式という価格が変動するもの（つまり、リスクの大きいもの）に投資するのだから、価格が変動しない場合においても得られる市場金利に加えて、価格が変動するリスクに応じたリターンを得られると予想することにより、初めて投資する決断ができる、というようにこの式は理解できる。

式(1)からわかることは、以下のとおりである。上場株式であれば現在の株価（P_0）がわかっている。その会社の事業のリスクを分析すれば、そのリスクに応じた期待収益率（ｋ）の水準を知ることができる。

会社の配当政策は公表されているし、配当の過去の実績を確認することもできるので、配当額（D_1）を予想できる。以上の要素から、１年後の株価（P_1）を予想することができる。

▶定率成長配当割引モデルの概要

次に、配当割引モデルをもとにして得られる定率成長配当割引モデルを紹介する。前提として、会社は事業を手がけることで生み出す利益の成長を目指していると考える。

式(1)で、現在の株価P_0から、１年後の株価P_1を考えた。次に、同様に２年後の株価P_2を考える。１年後の株価P_1を用いて表すと、下の式(2)が得られる。

$$P_1 = \frac{P_2 + D_2}{1 + k} \qquad \cdots\cdots(2)$$

これを式(1)に代入することで、現在の株価P_0は下のように表せる。

$$P_0 = \frac{D_1}{1 + k} + \frac{D_2 + P_2}{(1 + k)^2}$$

これを繰り返すことによって、P_0は下のように表現できる。

$$P_0 = \frac{D_1}{1 + k} + \frac{D_2}{(1 + k)^2} + \frac{D_3}{(1 + k)^3} \cdots\cdots$$

この式には、n期先の株価（P_n）が表示されていない。ここで注意してほしいのは、**配当割引モデルが将来の株価を考慮していないのではなく、それは翌期の株価としてモデルに内包されている**ということである。この式を書き換えて、配当割引モデルの一般公式（式(3)）が得られる。

$$P_0 = \sum_{n=1}^{\infty} \frac{D^n}{(1 + k)^n} \qquad \cdots\cdots(3)$$

次に、会社が事業を拡大することで利益が成長すること、利益が増大すれば株式への配当もそれに応じて増大することを考慮に入れる。配当がＤ円、それが毎期（毎年）ｇ％増大するとする。

１年後の配当は$D_1 = D_0 \times (1+g)$ であるから、２年後の配当は、

$$D_2 = D_0 \times (1+g) \times (1+g) = D_0 \times (1+g)^2$$

これをｎ年後の配当として一般化すると、$D_0 \times (1+g)^n$となる。

これらの各期の配当の式を、上の式(3)の各項に代入すると、

$$P_0 = \frac{D_0 \times (1+g)}{1+k} + \frac{D_0 \times (1+g)^2}{(1+k)^2} + \frac{D_0 \times (1+g)^3}{(1+k)^3} + \cdots\cdots + \frac{D_0 \times (1+g)^n}{(1+k)^n} \quad \cdots\cdots(4)$$

この式(4)の両辺に$\frac{(1+k)}{(1+g)}$をかける。

$$P_0 \times \frac{(1+k)}{(1+g)} = D_0 + \frac{D_0 \times (1+g)}{1+k} + \frac{D_0 \times (1+g)^2}{(1+k)^2} + \frac{D_0 \times (1+g)^3}{(1+k)^3} + \cdots\cdots + \frac{D_0 \times (1+g)^n}{(1+k)^n} \quad \cdots\cdots(5)$$

この式(5)から上の式(4)を引くと、

$$P_0 \times \left(\frac{(1+k)}{(1+g)} - 1 \right) = D_0$$

この式を変形して、$P_0 = \frac{D_0 \times (1+g)}{(k-g)}$が得られる。

$D_0 \times (1+g)$ は１年後に得られる今期分の配当D_1であるから、現在の株価P_0を簡単に「株価」、１年後に得られる配当D_1を簡単に「配

当」と表現すれば、この式は、

$$P(=株価)=\frac{D(=配当)}{(k-g)}$$

となる。さらに、この式の記号をすべて用語に置き換えると、定率成長配当割引モデルは下のように表現できる。

$$\frac{配当(=利益)}{(市場金利+リスクプレミアム)-成長率}=株価$$

さて、上に長々と説明した数式の変形のプロセスは、実はそれほど重要ではない。それよりも、**株価（すなわち企業の価値）は、配当（＝利益）、市場金利、リスクプレミアム、成長率から説明できる**、ということの意味を考えてみよう。

この式から、株価が上昇するということは、まず、分子にある配当（＝利益）が現在よりも増加することで可能となることがわかる。配当は最終利益から支払われるから、配当を増やすには利益が増えることが必要である。また、分母を見ると、市場金利やリスクプレミアムが現在よりも低下する、あるいは利益の成長率が高くなることが必要だとわかる。

そして、あるべき株価を予想する、つまり企業価値の大きさを分析するということは、利益（＝配当）、金利（市場金利とリスクプレミアム）、成長率の三つを予測することと同義であるということがわかる。

▶利益と配当の予想

株式分析の対象となる三つの要素（利益もしくは配当、市場金利とリスクプレミアム、成長率）のうち、市場金利およびリスクプレミアムに関しては、企業分析の一環として検討して予測するよりも、むしろエコノミストのような専門家に任せてよい分野である[2]。また、成長率に関しては、将来の複数期の利益（配当）の予測を行えば、おのずと見えてくることになる。したがって、三つの要素のうち、利益と配当の予測を立てることが株式分析の主眼と言える。

エクイティ分析において、利益を予想するにあたっては、「上から見る見方」と「下から積み上げる見方」の二つの視点があると言われている。

前者は経済全体の状況から見て、まずは好況にあるのか不況なのか、金融情勢（金利動向）はどうか、次いで分析対象企業が属する産業セクターの市況が良いのか悪いのか、それから個社の業績の動向へと視線を移していく見方である。これは株式投資の対象とする会社を選ぶプロセスにおいて重要な方法である。

もう一つは反対に、分析対象企業の収益状況、財務状態、それから営業状況の分析から見ていき、それが今後の業界動向、経済全体の状況のなかでどう変化していくのかを見る方法である。分析対象会社を特定した後には、必ず行うべき方法だと言える。具体的には、本書の第３章から第５章において説明した手法である。対象会社の将来の財務諸表を予測し、そのなかの損益計算書の最終損益（当期損益）の予測額を利用する。

次に、配当額を予想する。株主に対して実際に配当を支払うかどうか、また配当を支払う場合には、どの程度まで支払うかは、各社の株主還元に関する方針によって異なる。具体的な配当の額は、第５章第１節で説明したように、会社の経営者が、自社が成長段階におけるどの段階にあると認識しているのか、事業投資の対象を定めているのかどうかによって変化する。

2　企業の経営者の立場からは、市場金利は自社の努力では動かすことのできない所与の条件だと言える。

なお、配当の原資となる最終利益を計上し続け、かつ増益基調にある会社であって、無配を続けている例も実際に多数ある。そのような会社が配当する方針に転じた場合、そのことによって株価が上がるとは限らない。成長するための投資対象がなくなったから方針を変えたのであって、これから成長が鈍化する兆候だと市場参加者に受け取られて、反対に株価が下がることもある。

定率成長配当割引モデルを適用する場合には、対象会社の配当方針の推移を確認した上で、同業他社の配当方針等を参考に配当額を設定し、その配当額（あるいは最終利益額）がどの程度の成長率を達成するのかを分析することになる。このような限界、あるいは使い勝手の悪さがあっても、この（定率成長）配当割引モデルが株式分析において重要なのは、このモデルには株価（企業価値）の算定に必要な要素が過不足なく織り込まれているからである。その要素とは、**将来生み出される利益の予測**、**その利益の成長スピードの予想**、そして、その将来得られる利益の現在の価値を知るための**割引率（市場金利とリスクプレミアムの合計）**の三つである。株価の算定のためにどのような考え方やモデルを用いるにしても[3]、必要となるのはこれらの３要素である。

第２節　代表的なバリュエーション指標

バリュエーションとは、企業の財務データを１株当たりの数値で表現し、現在の株価が割高なのか割安なのかを検討することを言う。株

3　他の代表的な株価算定の方法として、DCF（Discounted Cash Flow）法、収益還元法などがある。

式の投資家は、割安だと判断すれば買い、割高だと見られる銘柄を持っているなら売ることになる[4]。ここでは、代表的なバリュエーションの指標のなかから、配当利回り、PER、PBRの三つを紹介する。

▶配当利回り

配当利回りとは、株式の配当を債券における金利になぞらえて、配当を株価に対比させた指標である。予想配当を現在の株価で割ることで求められる。予想配当が20円で株価が2,000円であれば、配当利回りは１％ということになる。

$$\text{配当利回り（\%）}=\frac{\text{１株当たり配当予想額}}{\text{株価}}$$

株式とその配当を、fixed incomeである債券とその金利に見立てているということは、**その会社が長期間にわたり安定した配当[5]を行っていること、株価も比較的安定していることが前提**とされている。つまり、高いリスクを許容することで高い成長を求めるという株式投資の本来のあり方からは、やや外れた考え方だと言える。

このような配当利回りの考え方が適合する業種としては、規制によって利益の水準が定まっていて、利益の成長を求められていない公益企業などがあげられる。これらの企業が発行する債券の利回りも、安定した利益を反映して低い（債券の価格は高い）水準であることが多いが、それらの債券の利回りと、株式の配当利回りとを比較するのが、よく見られる利用方法である[6]。

4　時間の経過とともに投資家の見方は収斂していくと考えられるため、割高であると判断される場合には売却して利益を確定させるのが合理的である。

5　ここで言う安定配当とは、配当性向（純利益額に対する配当金額の比率）が安定しているという意味ではなく、配当額自体が安定している（定額配当）という意味である。

▶PER

株価収益率（PER：Price Earnings Ratio）を説明するために、まず、1株当たり利益（EPS：Earnings per Share）を紹介する。EPSは、当期利益を発行済株式数で割った値である。

$$\text{EPS(円)} = \frac{\text{当期利益}}{\text{発行済株式数}}$$

当期利益（最終利益）は株主のものであり、EPSは1株当たりどれだけの当期利益がその株主のものであるかを示している。

このEPSと株価とを対比した値をPER（株価収益率）という。

$$\text{PER（倍）} = \frac{\text{株価}}{\text{EPS}}$$

PERは、株主が1年間で得られる利益の何年分をその株式に投資しているのかを示す。EPSが100円、株価が2,000円の場合であれば、PERは20倍となる。これは、1株当たり利益がこの水準のまま20年間継続すれば、株式投資に支払った2,000円が回収できるという意味だと理解できる。

ただし実際には、株式投資家は投資回収まで単純にPERが示す時間（上記の数値例だと20年間）をかけるつもりはない。株式投資の基本的な考え方は、リスクを負って利益の成長を求める、というものである。**PERの値が大きい会社は、今後長い期間にわたって利益が成長していくと見られていることが多く**、将来的に利益水準が上がれば

6　公益企業は規制下にあることからデフォルトする可能性がきわめて小さいため、企業がデフォルトした場合のリスクを許容する代わりに高いリターンを求めるという株式投資の本来の意味合いが薄れてしまい、債券投資の考え方に近づいていると見ることもできる。

PERの数値は小さくなっていく。

したがって、高いPERの会社の利益額が、予想されていた水準を下回ることが公表された場合等は、株価の下落の幅が極端に大きくなる。PERの式の分母にあるEPS（１株当たり利益）が縮小するのみならず、もともと高い成長を期待してつけられていたPERの数値自体も低下するためである。

数値例を示すと、15％の利益成長を期待してPERが25倍と高くなっている会社があるとして、これが実際には前期並みの利益（増益率０％）の見通しに変更されたとする。これを受けてPER自体も15倍まで下落したとすると、株価の下落率は以下のようになる。

当初の株価の見通し　：（１＋15％）×25＝28.75
変更後の株価の見通し：（１＋０％）×15＝15

利益の見通しの下落幅の15％だけでなく、PERの低下も影響するので、この例では株価は約29から15まで、48％もの下落となる。なお、反対に利益成長の見通しが上振れした場合には、株価は急激に上昇することになる。

ところで、このように利益が変動することを考慮すれば、PERの値を見て「投資額が何年で回収できる」とする考え方は、現実的ではないとも言える。それでもPERが株式投資において重視されるのは、同業他社や他のセクターと比較して投資対象を選定する際に、株価が割安の状況なのか割高の局面にあるのかを知る目安として、業種を問わず簡単に比較できて便利だからである。

そして、株式分析をする立場からは、対象会社の事業を分析することで予想利益の大きさを算定し、分析者独自のEPSとPERを求めることになる。

経営者の立場からは、自社の利益予想額を公表する際に充分な検討が必要なのは当然として、一度発表した利益額の予想を上方または下方に修正して発表し直すことには慎重であるべきである[7]。

▶PBR

次に、株価純資産倍率（PBR：Price to Book-value Ratio）を説明するために、１株当たり純資産（BPS：Book-value per Share）を紹介する。BPSとは、株主の持分である純資産（自己資本）を発行済株式数で割った値である。

$$\text{BPS（円）}=\frac{\text{純資産}}{\text{発行済株式数}}$$

純資産額は、貸借対照表に公表されている数値（簿価：Book-value）をそのまま用いて計算する。

このBPSと株価とを対比した値がPBR（株価純資産倍率）である。

$$\text{PBR（倍）}=\frac{\text{株価}}{\text{BPS}}$$

株式投資家は本来、会社が将来にわたって生み出す価値（利益）を見込んだ価格で株式を購入しているはずである。一方、BPSには会社が蓄積してきた過去の利益しか反映されていない。しかもBPSは簿価で計算されており、将来の収益拡大を見込んだ「含み益」が勘案されていない。したがって、PBRは１倍を超える値となっていてしかるべきだと言える。

しかし実際には、PBRが１を割り込んでいる例は珍しくない。その

7　同一の決算期に関して、短期間に複数回にわたり利益予想額を修正する企業もあるが、投資家からの信頼を得るという観点からは評価されない。

場合には、株式市場は「この会社は（いままでは利益を生み出してきたが）今後は利益成長はむずかしい」と見ている（あるいは、「成長するとしても割引率よりも低い成長率だろう」と見ている）と解釈できる。そうであれば、現時点で会社を解散し、株主から預かっている資金を返したほうが望ましい、ということにもなる。もちろん、そのような状況でも、独自の分析の結果、この会社はもっと利益を出せる、したがって株価はもっと高くてよいはずだと信じる投資家にとっては、現在の株価は割安であり、投資対象として魅力的だと言える。

このように、PBRは、**会社の解散価値と比較して、株価がどれだけ割安か割高かを見る**ための指標である。投資家が株式分析をする際には、利益予想から算出される予想株価がどの程度のPBRを示すことになるかを参考にすることで、対象会社に対する自身の利益成長の見方を確認することができる。

会社の経営者にとっては、仮にPBRが長期間にわたって１を下回る水準にあるのであれば、株式投資家から自社がどのように見られているのか、あらためて検討するべきであろう。利益の成長がなくても存在する価値のある会社だと見られている[8]のか、かつては有意義な会社であったとしても、これからは投資する魅力がないと見られているのか、あるいは株式市場全体に影響する金融環境等に原因があるのか、というように、要因を探るべきである[9]。

8　公益企業の一部は料金規制によって利益が抑えられていることがある。その場合は、民間会社であっても利益の成長は期待されていないことになる。また、利益成長はなくても社会に不可欠な存在として認められていることにもなる。

9　実際には、日本を含む世界の主要な株式市場において、PBRが１を下回る企業の比率は、総じて大きい。それでも株価が堅調な市場も多い。本章で説明した以外にも、さまざまな要因が影響していると考えるべきである。

第３節　分析指標相互の関係

本節では、いままでに説明してきたいくつかの分析指標の相互の関係を説明し、指標の持つ意味の理解を深める。最後に、エクイティ分析の結論としてのアナリスト・レポートについて、その重要なポイントを紹介する。

▶PER、PBRおよびROEの関係

第４章第２節で説明したROE（Return on Equity）は、下の式で表現される。

$$\text{ROE}=\frac{\text{当期利益}}{\text{純資産}}$$

この式の右辺の分子、分母をそれぞれ「１株当たり」に書き換えると、下の式になる。

$$\text{ROE}=\frac{\text{EPS（１株当たり当期利益）}}{\text{BPS（１株当たり純資産）}}$$

前節での説明により、それぞれ$\text{EPS}=\frac{\text{株価}}{\text{PER}}$、$\text{BPS}=\frac{\text{株価}}{\text{PBR}}$であるから、

$$\text{ROE}=\frac{\text{（株価／PER）}}{\text{（株価／PBR）}}$$

となる。これを変形して、$\text{ROE}=\frac{\text{PBR}}{\text{PER}}$が得られるから、

$$\text{PBR}=\text{ROE}\times\text{PER}$$

ということになる。

簡単に考えれば、ROEは現在の利益率、PERは将来の利益の成長率だと言える。仮にPBRが低水準（たとえば、1を下回る値）である場合には、ROEとPERのどちらか、あるいは両方に問題があるためだと考えられる。それは、現在の利益率が低いのか、もしくは将来の利益の伸びが小さいと見られているのか、あるいはその両方か、ということである。

さらに、ROEについて、第4章第2節で説明したとおり、

ROE＝収益性(利益率)×効率性(回転率)×財務レバレッジ

の関係が成り立っているから、ROEの三つの要素の水準を個別に検討してみることで原因を探ることができる。

PERのほうが低水準である場合には、前節で説明したように、利益の将来の成長率が低いという意味である。それは、将来の利益の蓄積のペースが遅くなることにつながり、それによって低いPBRを説明できることになる。

このように、いままでに紹介してきた分析指標は、互いに関連している。そのため、分析指標を各要素に分解して検討することで、エクイティ分析の内容を深め、その結果を説明しやすくなる。

▶エクイティ・ストーリーの作成

実務においては、株式分析を行ったエクイティ・アナリストは、アナリスト・レポートを執筆することによって、個別の銘柄の株式に関する自分の意見をエクイティ投資家に対して発信することになる。格付け会社のアナリストのようなクレジット・アナリストからすると、同じ会社について、自分が書いたレポートとはまったく観点の違うア

ナリスト・レポートが存在することになる。格付けの検討に際して、格付け会社のアナリストがエクイティ・アナリストの書いたレポートを参考にすることはないが、その会社の経営陣は自社に関するエクイティ・レポートには当然関心が高い。その意味で、エクイティ・レポートがどのようなものであるのかは、格付け会社のアナリストも知っておいたほうがよい。

各アナリストの独自の分析によって、同じ銘柄の株式に対してもさまざまな見方があることも多く、予想株価（理論株価）も幅広い範囲に分布することも珍しくない。その結果、投資家に推奨する投資判断（買いを勧めるか、売りを勧めるか、等）も、同じ銘柄に関して分かれることもある。

アナリスト・レポートを活用する株式投資家の観点からは、単に多数派であるアナリストの意見を採用するのではなく、レポートに表現された分析の根拠を最も重視する。予想利益、成長力の見通し、割引率の三つの要素が株価予測にとって重要だと説明したが、これらの具体的な数値だけでなく、その数値に至った根拠を説得力のある論理で説明しているアナリスト・レポートが尊重される。

その根拠が**「エクイティ・ストーリー」**と呼ばれるもので、執筆者であるアナリストが対象会社の事業と将来性をどのように見ているかということにほかならない。エクイティ・アナリストの力量は、どの程度まで説得力のあるエクイティ・ストーリーを構築できるか、またそれを投資家にわかりやすく表現できるかにかかっていると言ってよい。この点は、債券（負債）の信用力を分析するクレジット・アナリストにとって、「クレジット・ストーリー」の構築とその表現が重要であるのとまったく同様である。

▶投資意見の表明

エクイティ・アナリストの作成するアナリスト・レポートには、結論としての「投資意見」が記載されている。現在の株価に比べて、アナリストの予想株価が高ければBuy（買い推奨）、低い場合にはSell（売り推奨）、とりあえず保持を勧めるHold等が代表的な投資意見の例である。

また、エクイティ・アナリストが担当している産業セクターのなかで投資意見をつけている複数の会社全体を「（投資対象）ユニバース」と呼ぶが、そのユニバースのなかでの相対評価を示す投資意見もある。ユニバースの平均に対して超過利益を生み出すと予想される銘柄はoutperformer、ユニバースの平均程度と見られればaverage performer、ユニバースの平均の動きを下回ると予想される銘柄はunderperformerと呼ばれる。

エクイティのアナリスト・レポートには、説得力のあるエクイティ・ストーリーが説明されていることに加えて、明確な投資意見が結論として示されていることが重要である。

格付け会社のアナリストが株価分析を自ら手がけることはない。しかし、格付けアナリストは定期的に格付け対象企業の経営者と財務方針について議論をする機会がある。企業がその事業によって生み出すキャッシュの使途としては、大きく**事業投資・株主還元・負債返済**の三つに分けられるが、経営者がその三つをどういう順序で優先して考えるかは、その企業の格付け評価にも大きく影響する。

そのなかで、株主還元の大きさを考える際に、経営者は自社の株価を意識している。たとえば、現在の株価が安いと経営者が思えば、自社株買いを行う可能性が高まる。そして、株主還元の規模の大きさは、負債返済の考え方に大きく影響する。このような意味から、経営者の財務方針とその根拠を理解するには、ある程度の株式評価の考え方を理解しておくことが望ましいのである。

第8章

格付け分析の実例

第1部の最後に、格付け分析の実例として、日本の大手電力会社の格付け分析の実際を説明する。この業種には、定量分析の結果と定性分析の評価がまったく異なるという際立った特徴があり、定性評価とはどういうものなのかを理解するのに好適な事例だと考えられる。

さらに、日本の電力業界は、1990年代に始まった自由化の流れが2013年の電気事業法改正を契機に本格化し、大きな変化の途上にあるため、格付けの考え方も変化する過程にある。本章の後半では、電力会社の格付けの今後の方向性について展望するが、他の社会インフラストラクチャー企業や、自由化で先行した欧州のエネルギー大手企業とも比較検討して、議論を展開する。

第1節　自由化以前の電力会社の格付け分析

電力は重要な社会インフラストラクチャーであることから、電力事業は政府による規制を強く受けてきた。現在につながる国内の電力システムが発足した1951年以降も、地域独占と料金規制によって電力の安定供給が確保されてきた。その後、電気料金の低廉化を求めて電力事業の自由化が進み、規制のあり方も大きく変化しつつある[1]。

第1節では、電力事業の自由化が進展する以前の時期の大手電力会社[2]に対する格付け分析の考え方を紹介する。「電力システム改革」と呼ばれる自由化のプロセスは、2011年3月の東日本大震災と福島第一原子力発電所事故に伴う電力システムの混乱を契機として、大きく進展していくことになった。したがって、ここではその直前の時点、2010年における電力会社の格付けを題材に、その分析の内容を振り返ってみる。

この時期までの電力会社の格付けは、日本国政府の格付け（日本国債の格付け）と同等の、きわめて高い水準にあった。しかし、収益力は低く、財務レバレッジは極端に高く（財務体力は弱く）、数値をもとに評価する「定量分析」においては厳しい結果とならざるを得ない状態が続いていた。したがって、結論としての格付けが高かった要因は、低い定量評価を補って余りある、高い「定性分析」の評価があったからである。これを順を追って説明していく。

第1章で説明したように、格付けとは「企業が金融債務を約定どおりに返済する意思と能力についての格付け会社の意見」である。債務返済能力は、その企業が事業によって将来生み出すキャッシュ・フローの安定性と、そのキャッシュ・フローによって返済すべき将来の債務の大きさとのバランスとして表現される。大手電力会社の債務とキャッシュ・フローの大きさを単純に対比すれば、その数値は他の業種の同水準の格付けの企業と比べて、大きく見劣りする。格付け分析において重視される財務指標のなかで、ここでは代表的な指標とし

1　日本の電力事業の歴史については、『日本電力業発展のダイナミズム』（2004年・名古屋大学出版会）、『電力改革―エネルギー政策の歴史的大転換』（2012年・講談社）等の橘川武郎氏の著書に詳しい。

2　電気事業法上、一般電気事業者と呼ばれていた電力会社で、北海道・東北・東京・北陸・中部・関西・中国・四国・九州・沖縄の10社を指す。

図表８－１　東日本大震災以前の電力会社と他業種各社の財務指標比較

社名（電力会社）		東京電力
決算期		2010年３月期
R&Iによる格付け（決算発表時）		AA＋
ムーディーズによる格付け（決算発表時）		Aa2
営業キャッシュ・フロー	A	988
金融債務（社債・借入金等）		7,465
調整後金融債務	B	7,312
調整後金融債務／営業キャッシュ・フロー	B/A	7.4
自己資本比率（純資産比率）		19.1%

社名（電力以外の業種）		トヨタ自動車
決算期		2010年３月期
R&Iによる格付け（決算発表時）		AAA
ムーディーズによる格付け（決算発表時）		Aa2
営業キャッシュ・フロー	A	2,559
金融債務（社債・借入金等）		12,513
調整後金融債務	B	807
調整後金融債務／営業キャッシュ・フロー	B/A	0.3
自己資本比率（純資産比率）		36.0%

（出所）　各社の有価証券報告書から作成

て、債務とキャッシュ・フローの対比（金融債務対営業キャッシュ・フロー）と財務構成（自己資本比率）を取り上げる。

東日本大震災の影響を受ける直前の時点の決算数値を用いて、電力会社と近い水準の格付けを持つ日本の代表的な事業会社とを比較したものを図表８－１に示す。電力会社10社のうち、大都市圏に立地する東京電力・関西電力・中部電力の３社と、いわゆる地方電力[3]のうち

3　通称として、東京・関西・中部の３社を「中（なか）３社」と呼び、それ以外の電力会社を「地方電力」と呼ぶことがある。

（金額単位：十億円）

関西電力	中部電力	九州電力	中国電力
2010年３月期	2010年３月期	2010年３月期	2010年３月期
AA＋	AA＋	AA＋	AA＋
Aa2	Aa2	Aa2	Aa2
667	539	351	248
3,391	2,546	2,009	1,634
3,314	2,433	1,941	1,579
5.0	4.5	5.5	6.4
25.1%	31.6%	26.9%	21.6%

ホンダ	キヤノン	富士フイルム	セブン＆アイ
2010年３月期	2010年３月期	2010年３月期	2010年２月期
AA	AA＋	AA	AA
A1	Aa1	Aa3	Aa3
1,544	744	315	322
4,102	11	296	701
-480	-829	-111	-16
-0.3	-1.1	-0.4	-0.0
38.3%	70.5%	66.3%	48.8%

比較的規模の大きい九州電力、中規模の中国電力の計５社を表に載せている。その格付け水準は、規模の大きい東京電力も相対的に小さい中国電力[4]も、下で説明するように財務数値の良好な中部電力もそうでない他社も、すべて同一の格付けであったことに注目してほしい。格付けの水準こそ違うが、日本の格付け会社（R&I）も米国系の格付け会社（ムーディーズ）も、電力会社全社に同一の格付けを付与して

4　資産規模では、この時点（2010年３月末）の東京電力は約13.2兆円、中国電力は約2.8兆円であった。

いたのは同様である。この理由となった考え方については、後に説明する。

一方、電力以外の業種の各社については、格付け会社によって考え方の差異が大きく表れている。たとえば、R&Iはトヨタ自動車を最上位のAAAとし、キヤノンはそれより１ノッチ低いAA＋としていた。それに対して、ムーディーズは反対に、キヤノン（Aa1）のほうをトヨタ（Aa2）より１ノッチ高く格付けしていた。

図表８－１のなかで強調した２種類の財務指標のうち、どちらの指標でも、他業種の数値のほうが電力会社のそれよりも大幅に優れていることがわかる。

まず**「調整後金融債務／営業キャッシュ・フロー」**の指標を検討する。格付けは事業が生み出すキャッシュによって債務を返済できる可能性の高さを評価するものであるから、キャッシュ・フローと債務の大きさを比較する財務指標は、さまざまな財務指標のなかでも重要な指標であり、格付け分析のなかで最もよく使用される。この指標[5]を見ると、電力以外の業種の各社が事業により返済すべき債務は、事業が生むキャッシュ・フローの半年分（0.5）にも満たないことがわかる。さらに、トヨタ自動車以外の４社に関して言えば、そもそも実質的な借金[6]がないため、この指標がマイナスの値になっている。別の言い方をすれば、AA格程度のきわめて高い格付けを得るには、一般

5　ここでは有価証券報告書や決算短信から簡単に得られる数値として「営業キャッシュ・フロー」を採用したが、EBITDAやリテインド・キャッシュ・フロー等の類似の指標を用いて分析しても、同様の分析結果が得られる。

6　銀行借入金や債券といった金融債務の総額から、現預金の額と、販売金融のための債務があれば、その額を控除したものを実質的な金融債務として、図表８－１では「調整後金融債務」と表示している。ただし、財務数値の調整に関しては、分析の目的に応じて、これ以外にもさまざまな方法がある。

的には、実質無借金と言えるほど財務体質が健全であることが求められる[7]ということである。

一方、電力各社の場合は、この時点で年間の営業キャッシュ・フローの約５年分から７年分もの債務を抱えていたことになり、他の業種の各社の数値とは大きな隔たりがあった。電力事業には多額の設備投資が必要なことから負債の返済は進まず、反対に増大傾向が続いていたのである。

次に、**自己資本比率（純資産比率）**の数値を見てみる。資本勘定は設立以来の利益の蓄積を示すものであり、業績不振等で赤字に陥った際にその企業が耐えられる余力を示すことから、銀行等の債権者が重視する指標である。表中の電力各社は1951年設立と業歴が長いにもかかわらず、資本は薄いままであった。電力各社の自己資本比率は、最も高い中部電力でも30%強の水準であり、ほかは20%弱から20%台の事例が多い。これに対して、電力以外の業種の各社は、いずれも中部電力よりも大幅に高い水準である。自己資本比率が30%台のトヨタとホンダに関して、販売金融に伴う金融負債を控除して[8]この比率を試算してみると、それぞれ53.3%と54.6%となる。つまり、多くの業種において、AA格程度の高い格付けの企業の場合、実質的に総資産の半分（50%）程度かそれ以上の資本勘定を持つのが一般的だということである。

自己資本比率が低いことに関しては、毎年の利益水準が低かった

7　ただし、無借金であることが高い格付けを得るための十分条件ではない。資産売却等により一時的に負債を完済したとしても、その分事業リスクが増えると見られれば、そのことだけでは格上げにつながらないことが多い。

8　割賦販売やリースに要する負債は商品（車両）に対応しており、担保物件である商品（車両）を現金化することで返済できる。製造や販売といった事業に伴う負債が、その事業が生み出すキャッシュによって返済されるのと性格が異なる。

か、利益が大きくても株主に還元してしまったかの二つの可能性が考えられるが、電力会社の場合は、株主配当は常に低水準で推移してきた。つまり、生み出す利益が少なかったことが原因で、資本勘定が薄くなっていた。巨額の資金調達はもっぱら負債に頼ってきており、そのため自己資本比率が低くなっていたのである。

以上のような定量分析の結果だけからでは、他業種の各社と大手電力会社が同程度の高い格付けとなっていたことは、とても説明できない。それを可能にしたのが、大手電力会社に対する高い定性評価である。定性分析により、大手電力の生み出すキャッシュ・フローがきわめて安定していると評価された。事業によってキャッシュ・フローが将来にわたり安定的に生み出されると見なされる場合、返済すべき金融負債が大きいことは許容される。長い時間が掛かるとしても、最終的に負債が返済される可能性が高いと判断できるからである。また、負債の返済可能性が高いと見なし得るのであれば、負債による資金調達もスムースに行われると期待できるので、いざという場合の備えとなる自己資本が薄いことも問題とされなくなる。

電力会社に関する定性分析の核心は、電力事業をめぐる規制環境である。電力業界への規制は、**「総括原価主義」**の考え方に基づいていた。一般電気事業者（大手電力会社）は、設備投資に必要な資金調達コストも含めて、事業費用の全額が回収できる水準に電気料金を定めることができた。そして、自社が担当するエリアにおいては独占的な営業が認められていて、自社エリア内の電力需要の伸びは、ほぼ正確に把握できていた。このため、電気料金単価と販売電力量の積としての売上高によって、事業に必要なコストを全額回収できる仕組みとなっていた（図表８－２）[9]。

つまり、規制のない一般の業界で事業を行う企業と異なり、電力会

図表8－2　総括原価主義による電気料金の内容

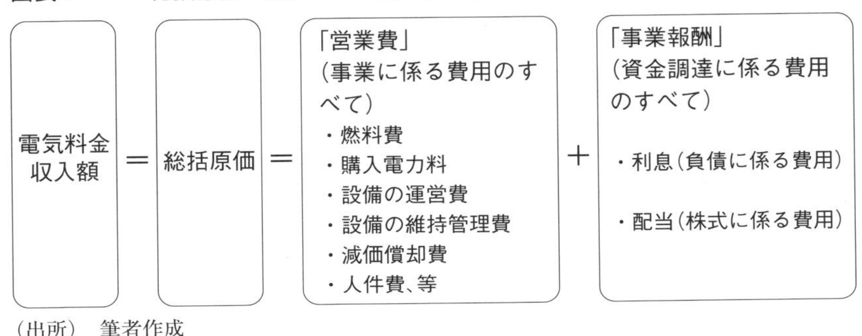

（出所）　筆者作成

社は原則として赤字を出すことがなく、仮に何らかの想定外の事象によって一時的に赤字を計上することがあっても、それが長く続くことはないと見られていた[10]のである。この総括原価主義による料金規制をどう見るかが、従来の信用力評価の鍵であった。

ここで、図表8－2のなかにある「事業報酬」という用語の意味に注意が必要である。これは、担当エリアで電力を安定的に供給するために必要な規模の事業資産を持つために要する資金の調達コストを意味する用語である。したがって、電力事業を行うことの「報酬」としての利益までを電力会社に保証するものではない。つまり、総括原価主義の料金規制で保証されるのは、事業に掛かるコストと、事業に必要な資金調達に掛かるコストだけである。

このように厳密に定義された電気料金は、監督官庁である経済産業

9　この料金規制は、火力電源の燃料の輸入単価が変動した場合に、審査プロセスを経ずに自動的に電気料金に反映させる「燃料費調整制度」によって、さらに補強されていた。

10　他方、図表8－1に他業種として示した製造業や小売業は、技術開発に伴うリスク、製品・商品の陳腐化リスク等を抱えるため、一般的にはキャッシュ・フローは不安定で、収支が赤字になる可能性も相応にあると見られている。

省において厳格に審査された上で、その水準を定められた。そのため、電力事業を行う一般電気事業者（大手電力会社）は、事業に要する費用はすべて回収できた一方で、電力事業によって大きな利益をあげて、その利益を蓄積したり、株主に還元したりすることは許されなかった[11]。事業環境の変化により、認可を得ていた料金水準のままでは利益が大きくなりそうな場合は、すみやかな料金値下げが求められた。このような理由で、業歴の長さに比して資本勘定が小さかったのである。

規制料金によって、電力各社は電気事業に伴うリスクをすべて、自社のエリア内の利用者に転嫁できていたことになる。その代わりに、担当する供給区域に電力を安定的に供給する義務を負い、急速に増加する電力需要の伸びに遅れないように、社債発行や銀行借入によって資金を調達した上で、早め早めに大規模な設備投資を続けてきた。つまり、制度の趣旨に沿った経営をするということは、必要以上の利益は追求せずに[12]料金水準を抑え、一方で積極的な設備投資を行う、その結果として財務レバレッジが大きくなる（バランスシートが悪化する）ということを意味した。

したがって、電力各社の資本が小さく負債が大きいのは、収益性が悪く設備投資が過大であったからとネガティブに捉えるべきではなく、国のエネルギー政策とそのための規制に従い、制度設計どおりに

11　燃料市況や外国為替水準の変動により一時的に利益が大きくなっても、株主への配当を大きくすることはなく、配当水準は低位である代わりに安定していた。そのため、電力会社の株式は「利回り株」（債券のように、投資利回りが安定している銘柄）と市場に認識されていた。なお、このように電力株に魅力が薄かったことも理由で、電力会社の資金調達は主として社債や銀行借入によって行われた。

12　総括原価主義によって認められた水準を超えて電気料金を設定することは認められていなかった。何らかの後発的な事由により超過利益が出る場合には、電気料金の値下げにより需要家に還元することが求められた。

事業を遂行してきた結果と見ることができる。

これを政府の側から見れば、エネルギー資源に乏しいわが国[13]において、税金ではなく民間の資金を最大限に活用して、全国に発電・送配電設備を建設・維持してきたことになる。そのためのコストは電力の利用者に広く薄く負担してもらい、経済成長に伴う電力需要の急拡大に対して電力供給がボトルネックとなる[14]ことを防いできた。政府にとって、エネルギー政策という重要な政策を実現するために、総括原価の仕組みとそれを遂行する大手10電力会社は、民間会社であっても不可欠の存在であった。これを継続するため、政府は電力業界に対して予測可能性の高い安定した規制環境を提供してきた。電力業界の規制全体の仕組みに対するこのような定性評価が、大手電力会社に対する国に近い高い格付けに反映されてきたのである。

また、担当する供給区域の規模や特性の違い、電源の規模や構成の特色から、ある程度のコスト水準の違いはあっても、大手電力会社は規制上は同じ「一般電気事業者」という位置づけであり、エネルギー政策実現の役割を等しく担っていた。大手電力全社が全体として全国送電網を構築しており、必要な場合には電力の融通等の支援をし合っているという補完関係を重視して、大手電力各社は同じ水準の格付けを付与されていた。そして、このような考え方は、前述のとおりR&I（日系）にもムーディーズ（米国系）にも、共通して見られたのである。

さらに、規制の内容が電力会社のキャッシュ・フローを安定させていたことに加えて、規制環境自体がきわめて安定していると評価されていたことも重要である。これまで説明した電力会社に対する規制は、特別法（「電気事業法」）に規定されており、法的な安定性が高

13 日本の一次エネルギーの自給率は11.8％（2018年、資源エネルギー庁）。
14 他国においては、経済の成長を電力供給不足が制約してしまう例は珍しくない。

い。さらに重要なのは、日本におけるエネルギー政策の重要性と、その遂行のために大手電力会社が果たす役割の重要性である。地理的条件として、天然資源の自給率がきわめて低い半面、人口も多く産業の集積も高いわが国にとって、エネルギーの安定供給は優先度の高い政策である。一方で、周囲が海であることから外国との電力ネットワークの連系はできず、緊急の事態に陥っても外国から電力の融通を受けてしのぐことができない[15]。このような厳しい事業環境において、全国の10の地域で独占を許される代わりに各地域の電力の安定供給義務を負う大手電力10社は、わが国のエネルギー政策を進めていく上で不可欠の存在である。このように考えると、将来、電気事業法が改正されることがあっても、その改正が急激に大手電力会社の信用力を損なう内容となる可能性は小さいと考えるべきである。規制環境が安定している、という定性評価は、以上のような考え方に基づいていた。

なお、本節の最後に、電力業界に関する特徴的な制度として言及されることの多い**「一般担保付社債」**の持つ意義を説明する[16]。これは電力業界のファイナンスを検討する際に、話題になることの多い制度ではあるが、電力会社に関する格付け分析においては、総括原価主義による料金規制ほどには重視されていない。

この制度も電気事業法によって規定されているもので、大手電力会社が発行するすべての社債に「一般担保」を付与するものである。これは、その社債を発行する電力会社のすべての財産を担保として、他の債権者に先んじて弁済を受けることを社債投資家に認める制度であ

15　この特徴において、縦横に広がる連系線により互いにつながっている西ヨーロッパ諸国とは、電力事情は大きく異なる。

16　電力会社の一般担保付社債に関する格付け分析の考え方の詳細については、「電力システム改革と一般担保付社債」（日経エネルギーNext2016年４月号・廣瀬和貞）参照。

る。電力会社が発行する社債の信用力を高めることで、電力会社の資金調達を円滑にして、設備投資を促進することに貢献してきたとされている。

この一般担保付社債の制度は電力会社に固有のものではなく、他のセクターにおいても、大規模な設備投資が政策上重要であるとされる特殊法人や独立行政法人等に認められている。事例としては、日本たばこ産業（JT）、日本電信電話（NTT）、未上場のJR各社、東京地下鉄、成田国際空港、都市再生機構、国立大学法人等があげられる。いずれも、わが国にとって重要な政策を実行するために不可欠な機関に対して認められている。ただし、政府による出資のない純粋な民間会社である電力会社に発行が認められてきたのは、例外的だと言える。

社債発行企業がデフォルト（支払不能）に陥った際の債権回収率を高める一般担保の仕組みが社債に付いていることは、もちろん社債投資家にとって有利なことであり、格付け分析に際してもポジティブな要因である。ただし、格付け分析において、電力会社の社債の格付け水準自体を高めるほど重要な要因ではない。

第１章の第１節で説明したように、格付けは「期待損失率」の大きさを評価するものである。期待損失率は「倒産確率」と「倒産時損失率」の積として求められる。上に説明した「総括原価主義に基づく料金規制」等の要因を勘案した定性分析により、電力会社がデフォルトを起こす可能性はきわめて小さいと評価できる。倒産確率がきわめて低い場合には、万が一デフォルトした場合に回収率を高める（＝倒産時損失率を低くする）ことでポジティブに働く「一般担保」の仕組みの有無は、相対的に重要ではなくなる。倒産時損失率に大小の差があっても、倒産確率との積である期待損失率の数値には大きな差はなくなるからである。

つまり、格付け評価上ポジティブであっても、その理由だけで無担保の場合よりも１ノッチ高い格付けを付与するほどではない、ということになる。したがって、電力会社の社債（すべて一般担保付きである）の格付けと、同じ電力会社の無担保債務の格付けは、すべて同一の水準となっている[17]。

では、一般担保付社債の仕組みがあることが、まったく電力会社の格付けに有利に働くことがなかったのかと言えば、そうではない。むしろ、一般担保付社債の格付け評価上の意味は、それによって債権回収率が実際に高まると期待されることにあるのではなく、民間会社である一般電気事業者に対して、この特別な制度が認められているということにある。民間会社であっても、大手電力会社は国のエネルギー政策の遂行上、重要な役割を担う存在であると政府が認めていることを、この制度の存在は示している。このことも、定性分析の一部として、格付け評価に織り込まれていたのである。

第２節　自由化以後の電力会社の格付け分析

日本経済の高度成長と、それに続く安定成長を支えてきた「電力の安定供給」を、制度面から保障する「総括原価主義」に基づく電力業

17　電力会社であっても、何らかの要因により格付け水準が低くなった場合には、一般担保付社債の格付けと無担保債務の格付けは異なってくることになる。唯一の事例としては、2011年３月の原子力発電所事故の影響で、外資系の格付け各社は東京電力を投機的等級にまで大幅に格下げしたが、その際に、社債格付けと無担保格付けとの間に１～２ノッチの差が、初めて付けられた。対して、日系の格付け各社は、東京電力を格下げしたものの投資適格等級にとどめたため、社債格付けと無担保格付けを同一水準のままとした。

界への規制の仕組みは、エネルギーをめぐる国際情勢の変化と日本経済の成熟によって、次第に変化を余儀なくされた。政策意図として、従来の「安定供給」に加え、「経済性（低価格）」と、さらには「環境への配慮」が、より強く求められるようになってきたのである。

第１節で見たように、総括原価主義による料金規制と地域独占を伴う電力の安定供給の体制は、経済の成長率が高く、それによる電力需要の増加率が高かった時代においては、電力設備の整備と高品質な電力の安定供給にとって、きわめて有効な仕組みであった。しかし、日本の輸出産業が、西側先進国のなかで最も低コストゆえに競争力があった時代が終わり、アジア各国や世界の他の地域の国々とのコスト競争が激しくなると、電力に関しても、停電が少なく供給が安定していて高品質であることに加えて、価格が低いことが強く求められるようになった。

このような背景から着手された1995年からの電力事業の制度改革（「部分自由化」と呼ばれる）において、2000年には小売部門の部分自由化が始まり、同部門に競争原理が導入された。

しかし、特別高圧需要家、高圧需要家と順次進められた小売事業の自由化は、電気料金のある程度までの引き下げという効果が見られたこともあり、電力会社間の活発な競争は生じないまま、全面自由化には至らず停止してしまった。つまり、従来の電力業界の規制の基本である「総括原価主義」の理念までは変更されることはなかった。そのため、結果として、部分自由化が格付け水準に影響することもなかった（図表８－３）[18]。

ただし、この一連の「部分自由化」は、大手電力会社の「送配電部門」の中立性を求める仕組みを導入したこと、「卸電力取引所」を整備し市場取引を活発化する施策を講じたことにより、その後の東日本

図表８－３　1995年からの電力事業の「部分自由化」の概要

◆第１次制度改革（1995年）
①**卸電気事業の参入許可を原則として撤廃**し、**電源調達入札制度を創設**して、発電部門において競争原理を導入。
②**特定電気事業制度を創設**し、特定の供給地点における電力小売事業を制度化。
③一般電気事業者の自主性を認める方向で料金規制を見直し、**選択約款を導入**。

◆第２次制度改革（1999年）
①小売部門において、**特別高圧需要家（原則、契約電力２千kW以上）を対象として部分自由化を導入**。
②**料金の引下げ等**、電気の使用者の利益を阻害するおそれがないと見込まれる場合においては、これまでの規制を緩和し、認可制から**届出制に移行**。

◆第３次制度改革（2003年）
①小売部門において、**高圧需要家（原則、契約電力50kW以上）まで部分自由化範囲を拡大**。
②一般電気事業者の送配電部門に係るルール策定・監視等を行う**中立機関（送配電等業務支援機関）を創設**。
③一般電気事業者の送配電部門における**情報遮断、差別的取扱いの禁止等を電気事業法により担保**。
④全国大の**卸電力取引市場を整備**。

◆第４次制度改革（2008年）
①卸電力取引所の取引活性化に向けた改革、および送電網利用に係る新電力の競争条件の改善。
②安定供給の確保および環境適合に向けた取組みの推進（グリーン電力卸取引の導入等）。
※**小売部門の自由化範囲は拡大せず**（５年後をメドに範囲拡大の是非について改めて検討）。

（出所）資源エネルギー庁資料より作成

大震災後の「電力システム改革」につながっていく。

現在も進行している電力システム改革においては、小売事業の全面自由化が2016年４月に実現した。各社の供給区域という概念がなくなり、区域内からの料金収入によって事業費用が賄われるという確実性がなくなった。また、卸電力市場における調達価格をもとに小売事業に参入する新規参入の各社（「新電力」会社と呼ばれる）との競争も全面化している。これらにより、電力業界の基本的な考え方であった「総括原価主義」の前提がなくなったと見るべきである。

今後は、仮に大手電力会社の収益が悪化した場合に、それは一時的な状況であって、制度的に認められた電気料金の改定（値上げ）によって利益水準を回復できると見ることはできなくなる[19]。つまり、大手電力会社といえども、制度によって収益が守られていた「特殊な会社」から、業況によって収益や財務の状態が変動する、いわば「普通の会社」になった[20]ということである。資金調達の方法に関しても、従来大手電力会社にだけ認められていた一般担保付社債は、経過措置の終了する2025年３月末以降は新規の発行が認められなくなる[21]。

これを信用力評価の観点から見れば、収益が規制料金によって保障されなくなるという変化は大きく、経営の安定性に対する定性評価

18　正確には、ムーディーズはこの「部分自由化」によって競争が活発になり、ある程度の優勝劣敗が進む可能性があると見て、いったんは全社を格下げし、東京・関西・中部の３社と、それ以外のいわゆる「地方電力」との間に１ノッチの格付けの差を設けた。しかし、予想したほど競争が起こらなかったため、後になって格付けを元の水準に戻し、再び同一の水準に揃えた、という経緯があった。

19　値上げによって他社（新電力および他の大手電力会社）に対する価格競争力が低下して顧客が流出すれば、増収にはつながらなくなる。

20　厳密には、全面自由化されたのは電力会社の業務のうちの「小売電気事業」であり、「送配電事業」に関しては、引き続き大手電力10社の独占性が認められ、料金（「託送料金」）規制も残っている（なお、発電事業に関しては、すでに「部分自由化」の時期に自由化されている）。

21　それまでに発行された社債に関しては、その償還期限まで、一般担保が付与されたままとなる。2025年４月以降に新たに無担保社債が発行されれば、同一の電力会社が発行した一般担保付社債と無担保社債の２種類の社債が、既発債市場（セカンダリーマーケット）に併存することになる。ただし、同様の事例は、かつてJR本州３社が民営化された際にも見られたが、社債市場の混乱はなかった。

は、従来よりも大幅に厳しくなる。定量評価に関しても、従来は「国の政策を実現した結果としての収益状況・財務状態」であったが、これからは「経営の巧拙の結果としての収益状況・財務状態」として投資家から見られることになり、財務数値に対する評価も厳しくなる。

現在の大手電力各社の格付けを見ると、第1節で紹介した2011年3月以前の水準に比べて、複数段階にわたって下がっている。原子力発電所事故の直接の影響の大きい東京電力ホールディングス（東電HD）が大幅に格下げとなった以外にも、原子力事業を持たない沖縄電力[22]を除く電力各社について、格付け各社とも格付けを3～6段階下げている（図表8－4）。

東電HD以外の電力各社が格下げされた理由は、大きく分けて二つある。一つは、事故後の原子力政策の混乱とそれに伴う各社の収益・財務の悪化であり、この要因は（原子力電源を持たず本土の電力供給ネットワークの混乱とも無縁であった沖縄電力を除いて）すべての電力会社に一律に影響した。第1節で説明したとおり、日本の電力事業の規制環境は高度に安定しており、突発的な事象が原因で一時的に電力会社の収益が悪化することがあったとしても、それが長引くことはない、と見なされていたことが、電力会社に対して日本政府の格付け水

図表8－4　現在の日本の大手電力会社の格付け

社名	東京電力HD	関西電力	中部電力	九州電力	中国電力
R&Iによる格付け	BBB＋	A＋	A＋	A	A＋
2010年時点からの下げ幅	6ノッチ	3ノッチ	3ノッチ	4ノッチ	3ノッチ
ムーディーズによる格付け	Ba1	A3	A3	A3	Baa2
2010年時点からの下げ幅	8ノッチ	4ノッチ	4ノッチ	4ノッチ	6ノッチ

（出所）　格付け会社の公表情報から作成

22　沖縄電力は地理的・規模的な要因から、電力システム改革において例外的な扱いとなっている。

準に近い高い格付けを付与する大きな理由となっていた。しかし、2011年３月の大災害と原子力事故の後、実際には電力システム全体の混乱と電力会社の収益の不振が、数年間にわたって継続した。すなわち、電力会社の信用力を守っている規制の強固さが、格付け会社が従来見込んでいたほどには強くなかったことが明らかとなった。この見立ての変化を受けて、全社一律に格付けの変更が行われた[23]。

もう一つは、電力システム改革の進展による事業環境の変化により、収益状況や財務状態が悪化した会社が出てきたことである。ムーディーズが中国電力の格付けをA3からBaa2に変更したのは、この二つめの要因による。この要因は、各営業エリアの競争環境や、各社の原子力その他の電源構成の違いによる部分が大きい。したがって、二つめの理由による格付けの変更は個別性が強く、今後も規制の自由化の進展に伴い各社の経営状況が変動することによって、格付けがさらに影響を受けていくこともあり得る。

一般に、規制に守られていた産業が活発な競争状況に移行すれば、どのプレイヤーにも価格圧力がかかるため、収益状況が悪化し、全般に信用力は低下していく。その推移に関して参考となるのが、日本に先行して電力業界（エネルギー業界）の自由化が進展した他の地域の事例である。ここでは欧州のエネルギー大手会社の例を見てみる。

英国のCentrica（セントリカ）、ドイツのE.ON（エーオン）とRWE（エル・ヴェー・エー）の各社は、自由化後の業界再編のなかで集約されてきた大手エネルギー会社の一角に位置しており、その市場地位は

23　ムーディーズにおいては、二度にわたり、各２ノッチずつ、Aa2からA3まで、一律に格付けが下げられた。なお、格付け会社が、想定していた以上に規制環境が電力会社にとって厳しかったと見方を変えた要因としては、もう一つ、大災害が理由で起きた原子力発電所事故が、すべて事業者の責任だと整理されたこともある。

高い。しかし格付けは、自由化開始当初のAA（Aa）もしくはAという高い水準から少しずつ低下し、現在は3社ともBBB（Baa）の範疇にある（図表8－5）。

これらの欧州の大手エネルギー会社と比較すれば、日本の大手電力会社の格付けは、現状では総じてまだ高い水準にある。しかし、図表8－6で両者の財務数値を比較すると、日本の電力会社が欧州のエネルギー会社よりも、財務指標において優れているわけではない。

自己資本比率については日本の電力会社よりも数値の小さい欧州の会社もあるが、金融負債に対する営業キャッシュ・フローの指標[24]に関しては、総じて欧州の会社のほうが良好な数値を示している。後者の指標のほうが格付けとの相関関係が高いので、財務指標だけを見れば[25]、日本の電力会社は今後まだ格付けが下がっていく可能性が高い

図表8－5　欧州の大手エネルギー会社3社の格付けの推移

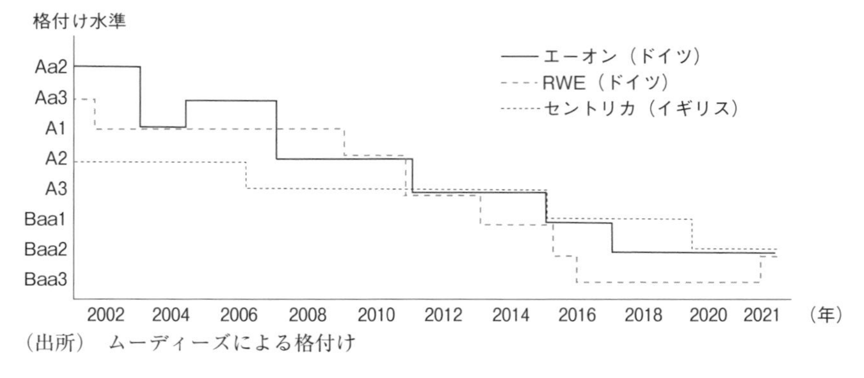

（出所）ムーディーズによる格付け

24　日本企業同士を比較した図表8－1と異なり、欧州企業と比較した図表8－6では、現預金を金融債務から控除する調整を加えていない。日本では手元の現預金を債務の返済原資と見る発想があるが、欧米では現預金は株主に還元されるべきものだという考えが一般的だからである。

25　特にRWEの財務数値は格付け水準に比して良好だと見えるかもしれない。この点に関連して、第3節でRWEの事業リスクの大きさを説明する。

と見えるかもしれない。

しかし、日本と欧州では産業の基本的な条件が異なり、電力業界（エネルギー業界）の事業環境や競争状況も異なるため、財務指標を数値だけで比較して、単純に日本の大手電力会社が欧州各社と同水準の格付けに下がっていくと予測することはできない。

日本の大手電力会社の格付けが今後どのように推移していくのかは、自由化の進展に伴う詳細な制度設計（たとえば電力市場[26]の内容）がどのようになされるのか、エネルギー政策自体（たとえば環境対応や原子力政策）がどのように設計し直されるのか、そして、それらによって競争状況が今後いかに変化していくのか、等によって影響されていく。

また、従来は制度上の位置づけを重視して同一の格付け水準とされることが多かった電力各社であるが、今後は経営方針の特色や保有資産（設備）の規模・内容の違いから、収益状況・財務状態が大きな差を見せ、各社の格付け水準が大きく乖離していくことも充分あり得るであろう。

第3節　これからの電力会社の格付け

電力事業の自由化が進展することで、電力会社の業績の安定性が低下する一方で、大規模投資の判断等の局面においては、政府の意向を過度に顧慮することなく、自らの経営判断を下すことが可能になる。言わば、経営の自由度が増大することになる。また、認可されたとお

26　スポット市場、ベースロード市場といった卸電力市場に加えて、需給調整市場、非化石価値取引市場、容量市場等が発足し、整備されつつある。

図表8－6　日本の電力会社と欧州のエネルギー会社の最近期の財務指標

社名（日本の大手電力会社）		東京電力HD
決算期		2021年3月期
R&Iによる格付け		BBB＋
ムーディーズによる格付け		Ba1
営業キャッシュ・フロー	A	240
金融債務（社債・借入金等）	B	4,932
		（十億円）
金融債務／営業キャッシュ・フロー	B/A	20.6
自己資本比率（純資産比率）		25.8%

社名（欧州の大手エネルギー会社）		Centrica
決算期		2020年12月期
R&Iによる格付け		（格付けなし）
ムーディーズによる格付け		Baa2
営業キャッシュ・フロー	A	1,400
金融債務（社債・借入金等）	B	6,304
		（百万ポンド）
金融債務／営業キャッシュ・フロー	B/A	4.5
自己資本比率（純資産比率）		8.1%

（出所）　各社の決算短信、Annual Reportから作成

りに実施する従来の業務執行のあり方が変化し、主体的な営業活動や、自主的なコスト削減努力を行う理由が生まれる。

つまり、規制の自由化によって普通の会社になるということには、信用力評価の上で、業績が不安定になり収益状況や財務状態をより厳しく見られるというネガティブな面と、新たな収益機会を追求する自由な経営ができるというポジティブな面の両方がある。

したがって、自由化が進めば、新しい事業環境に対応して、従来の垂直統合型の電力事業とは異なる新しいビジネスモデルを構築するこ

関西電力	中部電力	九州電力	中国電力
2021年３月期 A＋ A3	2021年３月期 A＋ A3	2021年３月期 A A3	2021年３月期 A＋ Baa2
369 4,477 （十億円）	384 2,355 （十億円）	253 3,535 （十億円）	110 2,269 （十億円）
12.1 20.9%	6.1 35.7%	13.9 12.7%	20.6 19.4%

E.ON	RWE
2020年12月期 （格付けなし） Baa2	2020年12月期 （格付けなし） Baa2
5,313 32,841 （百万ユーロ）	4,175 5,198 （百万ユーロ）
6.2 9.5%	1.2 29.1%

とが可能になり、またそれを顧客や投資家に対して説明して支持を得る[27]ことが求められるようになる。

電力システム改革の第三段階として、2020年４月までに、各電力会社の送配電部門が法的分離（分社化）された[28]。この改革を先取りするかたちで、東電HDは2016年４月から会社分割によって大きく四つ

27　電力の自由化以前、規制下の電力会社のPR活動は、公益事業としての電力事業への理解と電力の安定供給への協力を求める内容が中心で、需要のピーク期に節電を呼びかけるTVCMが典型的であった。

の事業体に分社し、持ち株会社制に移行した。同じく2016年４月から社内カンパニー制を導入した中部電力の例を除き、他の大手電力会社はいずれも送配電事業だけを子会社として切り離し、他の事業（発電や小売）は従来どおり一体として手がけている。

東電HDは2011年３月の大規模な原子力発電所事故が原因で経営の危機に陥ったが、2012年７月に公的資金が資本に注入され、政府系企業として、事故の賠償と電力の安定供給の両方を経営目的としている。その事業計画には、事業別に他社との「共同事業体」の設立を通じて再編・統合を目指し、収益力の改善と企業価値の向上を図る、とある。これに従い東電HDは、中部電力との間で、燃料事業および火力発電事業を手がける共同事業体を設立[29]し、さらに原子力発電事業に関して、東電HD・中部電力・日立製作所・東芝の４社で共同事業化を検討する基本合意がなされている[30]。

このように、同業の電力会社に限らず他業種の相手も含めて、事業を再構成する動きが具体化し始めているが、電力業界の再編は、大規模事故の賠償責任を負い政府主導で再建途上にある東電HDに固有の事象ではなく、業界全体に再編の可能性があると考えられる。電力事業の自由化の進展に伴い、特に電力需要の密度の薄い地域の電力会社に、業績の不振が見られるようになってきているからである。

第２節で、ムーディーズが中国電力をBBB（Baa）水準まで格下げしたことを紹介したが、そのほかにも、北海道電力と北陸電力が同時

28 送配電事業を別法人とすることが求められているだけで、資本関係（所有関係）を分けることは求められていない。現時点では、すべての電力会社の送配電子会社が100％子会社である。

29 2015年４月に株式会社JERA（ジェラ）を設立した。

30 「原子力発電事業（沸騰水型軽水炉）に係る共同事業化の検討に関する基本合意書の締結について」（2019年８月、東電HD・中部電力・日立・東芝）。

期に同水準まで格下げされている[31]。ここで、これら３社の近年のキャッシュ・フローを分析してみる。2011年３月の東日本大震災以降の数年間は、原子力政策が大きく混乱した例外的な時期として外して、2017年３月期から2021年３月期までの直近５期間のキャッシュ・フローを見てみる（図表８－７）。この５期間は、電力の小売事業が全面自由化されて以降の時期でもある。

電力の小売事業が全面自由化された2016年４月以降、北海道、北陸、中国の３電力会社は、平均して毎年それぞれ数百億円もの資金が不足し、債務を増やしている。事業が生み出すキャッシュを、事業に必要な投資額が明らかに上回っているのである。単年で見た場合に投資キャッシュ・フローが営業キャッシュ・フローを上回ることはどの業界でもよく見られるが、５年間という長い期間を通して、これほどの規模で投資額が上回っているのは例が少ない。

フリー・キャッシュ・フローの赤字が定着しているということの意味は、必要な投資のために借りた資金を返済できないということであり、信用力の評価の上できわめてネガティブな要因である。このよう

図表８－７　北海道・北陸・中国３電力会社の資金収支

2017/３期～2021/３期の平均資金収支　（単位：十億円）

	北海道電力	北陸電力	中国電力
年間営業キャッシュ・フロー（ａ）	105.4	71.6	116.5
年間投資キャッシュ・フロー（ｂ）	−126.0	−91.4	−170.0
年間フリー・キャッシュ・フロー（ａ＋ｂ）	−20.5	−19.8	−53.5

（出所）　各社の有価証券報告書・決算短信より作成

31　ムーディーズによってこれらの３社の格付けがBaa格だと判断されたのは、2020年３月である。その後、北海道電力と北陸電力へのムーディーズの格付けは、それぞれ2020年４月、同年６月に取り下げられた。

な信用力の変化を受けて、電力各社の格付けはすでに低下し始めているのである。同じ社会インフラストラクチャー事業でも、通信事業を手がけるNTTグループや、旅客鉄道事業を営むJR各社のなかでも、いわゆる本州３社（JR東日本・JR東海・JR西日本）が、現在でも政府と同水準の高い信用力を維持しているのと比べると、対照的である（図表８－８）。

人々の生活に不可欠な社会インフラストラクチャー事業は、一般に多額の資金を要する。そのため、社会インフラ事業を担う企業には、政府（国）の高い信用力が反映されている例が多く、そのことで円滑で低コストな資金調達が可能とされている。

NTTの場合は、事業が自由化され競争が激化した後も、政府からの出資が残っていることで高い信用力が維持され、技術開発や通信ネットワークの建設・維持のための長期の資金調達がスムースに行われている。

図表８－８　最近10年間の社会インフラ企業の格付けの変化

		2010年末	2020年末
政　府	日本国債	Aa2	A1
電力以外の社会インフラ事業会社	NTT	Aa1	A1
	JR東日本	Aa1	A1
	JR東海	Aa2	A1
電力会社	東京電力（HD）	Aa2	Ba1（社債はBaa3）
	関西電力	Aa2	A3
	中部電力	Aa2	A3
	北海道電力	Aa2	Baaレベルに格下げ後、取下げ
	北陸電力	Aa2	Baaレベルに格下げ後、取下げ
	中国電力	Aa2	Baa2

（注）　JR東海は2021年６月にリニア新幹線計画の費用拡大を理由にA2に格下げ
（出所）　ムーディーズの公表資料から作成

NTTはキャッシュを稼得する能力（収益力）、財務体力（財務レバレッジ）などの定量分析においては、国の信用力水準をやや下回ると評価されるが、国の出資があることで、必要な際には国からの何らかの支援が得られることが充分に期待できる。その要因を勘案して、現在も政府（日本国債）と同水準の格付けが付与されている。

JRの本州３社の場合は、完全民営化により政府の出資はなくなったものの、国の運輸政策を実現する主体として、各地域において独占的な位置づけにある。３社ともそれぞれの事業地域で私鉄各社との棲み分けがなされており、事業の競争上の地位は安定している。また、３社の新幹線事業は、航空機や高速道路など他の交通手段に対しても強い競争力を維持している。その結果、キャッシュを稼得する力はきわめて強く安定しており、負債を返済する能力が高い。これらJR３社は国と同水準の格付けを得ているが、それは国の信用力が直接に反映されたものではなく、いわばJR自身の収益力が評価された結果であると言える。

電力ネットワークは国民の生活と産業の発展に不可欠な社会基盤であり、政府は送配電事業の料金（託送料金）に規制を残すことで、引き続き大手電力会社を支援している。しかし、コストに見合う料金設定が制度上は許されていても、他の地域の料金水準との兼ね合いから、需要密度が小さく収益性が低い地域の事業者であっても、大幅な料金値上げは事実上不可能で、結果的に経営が苦しくなっていく。このことは、旅客需要の低迷で経営難が伝えられるJR北海道（上記の本州３社と異なり、現在も100％政府出資）の例[32]を見ても明らかである。

32　JR北海道が2019年に策定した中期経営計画においても、2023年の目標年度まで毎年の営業赤字かつ経常赤字が予定されており、国および地方自治体からの資金的な支援を得ることが前提とされている。

鉄道運賃も電力の託送料金と同様に、費用を回収できる水準に設定することが法律上は可能であるが、営業地域全域にネットワークを維持するコストを少ない利用者によって回収できるほど運賃を高くすることは、事実上は不可能なのである。

電力業界では、今後さらに電力会社の収益・財務が厳しくなっていったとしても、自由化の流れに逆行して政府が出資して支援することは考えにくい[33]。自由化以前のような事業規制（料金規制）を復活させて電力会社の収益を下支えすることもないと考えられる。

一方で、発電事業における脱炭素化、送配電事業における再生可能エネルギーの大量受け入れ、小売事業における消費者ニーズの多様化への対応は、いずれも待ったなしの状況である。これらには、いずれも多額の投資資金が必要となる。現在は電力各社とも資金調達に不自由は見られないが、金融環境の変化等によって投資資金の調達に窮する事例が出てくれば、それは他社との提携を具体的に検討するための大きな契機となろう。

電力各社は、事業を行う地域が異なるだけでなく、発電・送配電・小売といった各電気事業の構成や内容にもそれぞれ特色がある。各電気事業の単位で他社の事業と組み合わせることで、シナジー効果が得られる可能性がある。民間企業である電力会社が、競争上の優位を求めて、他社（相手は電力会社に限らない）との事業提携や経営統合と

33　鉄道の場合は、需要の減少により赤字となったローカル線を地方自治体が支援して第三セクター方式により存続させる例が各地に見られるが、大手電力会社は地方政府の財政規模に比して、支援する対象としては大きすぎると考えられる。ただし、電力システム改革の一環としての電気事業法の改正により規定された「配電事業」が2022年４月に施行され、限定された地区の配電事業だけを別の事業者が手がけることが可能になる。地方自治体がこの制度を利用し、一部の地域の配電事業を支援することも考えられる。

いった合従連衡策を自ら選択することは充分に考えられる。

上流部門、すなわち燃料調達や発電部門に関しては、一般的に事業の統合による規模の利益やポートフォリオ効果が得られやすいため、他の電力会社やエネルギー企業（ガス会社、石油会社等）との連携が考えられる。一方、小売部門では、電力やエネルギーとはまったく異なる業種であっても、顧客との強い接点を持つ企業とであれば、事業提携する効果があろう。

電力事業を発電事業、送配電事業、小売事業に分けた場合、格付け会社の見方として最も事業リスクの小さいのは送配電事業、最もリスクの大きいのは発電事業とされている。今回の日本の電力システム改革においても、法的分離が求められる送配電会社には料金規制が残るため、設備投資のための資金調達コストも含めて、事業費用の回収の可能性が相対的に最も高いと見られる。

これに対して発電事業は、もともと事業計画から発電開始までのリードタイムが長い[34]上に、電気料金による固定費（建設費・維持更新費）の回収が不確実になったことで、事業費用を回収できない、あるいは回収が大幅に長引くリスクが大きくなった。つまり、建設（固定費）と運転（変動費）の両面で事業リスクがあり、さらに環境対応や政策変更等の規制リスク[35]もある。そのため、大手電力会社にとって、大規模な発電設備を多く保有していることの意味は、自由化の進展の以前と以後とで大きく変化している。前述した東電HDと中部電

34　発電所の運転開始までのリードタイムは、日本の場合、立地の選定・地元との交渉・環境アセスメント・建設等で、火力発電所の場合で10年間程度かかると見るのが一般的だとされている。

35　特に近年は地球温暖化ガス排出を規制する世界的な潮流が強くなり、石炭火力電源のみならずガス火力電源までもが削減の対象となりつつある等、規制の変化が大きくなっている。

力の燃料・火力発電事業の統合も、この変化が背景にある。燃料調達においては、規模を拡大することで市場支配力と価格交渉力を高めることができる。発電事業においては、保有資産を再構成する施策の柔軟性を高め、技術力の集約によりCO_2削減のための新しい技術[36]の開発力を高めることができる。さらに、日本においても卸電力市場における取引が拡大していくなかで、発電燃料の取引も含めて市場取引を活用することで、従来の電力事業になかった新たな事業モデルを形成できる可能性がある。

このように、最も事業リスクが高いとされる発電事業は、各社の電力事業全体の再構成に際して大きなポイントとなる。第2節で紹介した欧州の電力大手RWEは、大規模な事業の入れ替えと再編成を行う決断をし[37]、現在では発電事業に特化した企業となった。経営方針として再生可能エネルギー中心の発電会社を目指しているが、現状では火力と原子力の電源も保有している。事業構成のリストラクチャリングに伴う混乱と、発電事業自体の持つリスクの大きさにより、近年の同社の業績は変動が大きい。図表8－9に見られるように、営業キャッシュ・フローが赤字となった年度が最近の5年間で二度もあった。先に図表8－6に示したように、直近の2020年末時点の財務数値が良好であるのに比して、格付け水準が他の欧州大手と同水準である理由は、発電事業の変動性の大きさに伴う事業リスクを格付け会社（ムーディーズ）が強く認識しているからである。

36　火力発電にかかわるCO_2削減のための新技術には、CCUS（CO_2回収・有効利用・貯蔵、Carbon dioxide Capture, Utilization and Storage）や水素発電技術、アンモニア混焼技術等がある。

37　RWE AG Press Release 12-01-2015 “RWE is building the innovative, decentralised energy group of the future: renewables, grids and retail activities are being transferred into a new subsidiary and listed on the stock market”.

図表8－9　RWEのキャッシュ・フロー計算書の概要

最近5年間の資金収支　（単位：百万ユーロ）

年度（1月～12月）	2016年	2017年	2018年	2019年	2020年
営業キャッシュ・フロー（a）	2,352	-1,754	6,648	-1,523	4,175
投資キャッシュ・フロー（b）	-4,570	2,691	-4,404	-729	-4,354
フリー・キャッシュ・フロー（a＋b）	-2,218	937	2,244	-2,252	-179

（出所）　RWE AGの各年のAnnual Reportより作成

このように、事業リスクの態様がそれぞれ異なる事業をいかに組み合わせて、事業ポートフォリオを再構築するかが各社の課題である。欧州の先行例を見ても、燃料単価の変動トレンド等に対応して、各社とも数年ごとにビジネスモデルの変更を迫られ、試行錯誤を続けている[38]。その上で、顧客や資本市場の投資家の理解を得るべく、事業方針を新たに策定するたびに丁寧な説明と対話を行っている。

日本でも、電力の自由化に伴う競争の進展により各社の優勝劣敗が進行すれば、独力では手詰まりとなったプレイヤーがパートナーを求める動きも出てくると予想される。その場合でも、単なる救済のための協業や統合ではなく、事業方針上の位置づけを明確にし、連携による効果を着実に実現することで、顧客や資本市場の理解を得る努力が必要となろう。

なお、電力事業のなかで、その性質が民営になじまないのが原子力事業である。2011年3月の福島第一原子力発電所の大事故により、その事業リスクが民間会社である電力会社には負い切れないものである

38　同じく欧州大手のエーオンも、新会社を設立して上流（石油・ガス権益）・燃料・従来型発電事業を移し、本体に再生可能エネルギー・配電・小売と原子力事業を残す会社分割を実行した（Press Release 11-30-2014 “E.ON Supervisory Board approves new strategy and spinoff of conventional upstream and midstream business”）。

ことが、あらためて明らかになった。政策上重要な事業であることから、推進する場合でも縮小あるいは廃絶する場合でも、国と民間の事業リスクの分担のあり方を再整理する必要がある。継続に向けていまだ国民的な合意が得られない[39]が、継続しないと決めた場合であっても、技術水準の維持や廃炉の遂行には長い年月がかかり、その間の担い手の確保が不可欠である。民間の電力会社任せにするのではなく、国の主体的な関与が求められる。

原子力事業に関しては、前述した東電HDと中部電力の2社に日立製作所・東芝を加えた4社による原子力の共同事業化の動き以外にも、関西、四国、中国、九州の4電力会社による原子力事業における提携[40]もある。原子力事業はどの事業者にとっても経営の重要課題であるため、これらの提携の動きも、エネルギー業界全体の再編につながっていく可能性がある。

事業の再編や他社との連携の進展によって、グループ内に複数の会社が存在することになり、さらに出資関係も100％の子会社だけではなくなる場合には、格付けの観点からは企業グループとしての一体性をどう見るかが問題となる。親会社からグループ会社への出資の大きさ、事業内容の関連性の強さ、資金調達や余資運用の方法、親会社への配当のルール等が分析された上で、結果として同一グループ内でも各社の信用力評価に差が生じることもある。

総じて言えば、自由化による競争が進む過程では、大手電力各社の信用力は向上しない。ただし、事業の再編成を進め、発電事業のリス

39　原子力事業にどう取り組むのかに関するコンセンサスを得るべく、政治は逃げずに国民的な議論をリードすべきである。

40　原子力災害時に要員や資機材を相互派遣する、原子炉廃止措置実施に関して技術や調達の情報を共有する、特定重大事故等対処施設設置に関して設備仕様の統一を検討し先行事例の情報を共有する、等の相互協力で、2016年4月に発表された。

クを抑えつつ市場化の流れを活用すれば、電力会社間の優勝劣敗のなかで、信用力を高めていくことも可能であろう。すなわち、従来は同水準であった電力会社の信用力が、今後さらに大きく乖離していくことも充分にあり得る。

日本国政府の信用力は、ムーディーズによる格付けでは、かつてのAaの水準からA1まで下がってきている。これを考慮すれば[41]、今後の電力会社の格付けは最も高くてもAレベルになると考えるのが適切であろう。現在でもBaa格の電力会社が現れているが、今後もBaaレベルに格付けが下がる会社が出てくる可能性がある。ただし、わが国におけるエネルギー政策の重要性、そのなかでの大手電力会社（旧一般電気事業者）の果たす役割の代替不可能性等を考慮すれば、投機的等級（Ba格以下）まで格付けが下がる可能性は低いと考えられる。仮に信用力が大幅に低下する大手電力会社が現れた場合には、投機的等級まで格付けが下がる以前の段階で、再編（経営統合や合併等）によって救済される可能性がある。

格付けは将来の信用力に対する意見であるから、現時点で顕現していなくても格付け会社が実現可能性が高いと信じる変化は、先取りして格付けに織り込まれているべきである。R&IやJCRといった日系の格付け会社、米国系でもS&Pは、日本の大手電力会社をBBB格（ムーディーズのBaa格）まで格下げする可能性を示していない[42]。本章で述べたように、大手電力会社の格付けにおいては定量分析よりも定性分

41　ムーディーズは、原則として、企業の格付けはその国の政府の格付けを上回らないという考え方を採るが、S&P・R&I・JCRの各社は必ずしもそのような考え方をしていない。この論点については、第14章および「トップ企業で続く異例の格下げ　政府格付けを超えた会社に集中」（週刊エコノミスト2019年８月20日号・廣瀬和貞）を参照。

42　たとえば四国電力を、R&IはA＋、JCRはAA、S&PはA－に格付けしている。

析が相対的に重要であるが、定性評価には格付け会社の考え方の重点の置き方の違いが大きく表れる。日本の電力会社についての各社の考え方の違いは、格付け会社が複数存在していることで、資本市場に対して複数の異なる考え方を提示できている好例だと言えよう。

第 2 部

格付けアナリストの業務

第9章

格付け会社の歴史とビジネスモデル

第2部では、格付け会社における実務のあり方を紹介していく。実際に格付けがどのようなプロセスを経て検討され、付与されるのかを説明する前提として、本章では民間会社としての格付け会社がどのように収入を得ているのか、それがどう変化してきたのかを、格付け会社の歴史を振り返りつつ紹介する。

現在の格付け会社は、その収入を基本的に格付け対象である企業から得ている。そのことが、少なくとも潜在的には格付け業務の内容に何らかの影響を与えている可能性がある。それが、現在の格付け会社という存在のあり方の諸問題の根源となっている。

第1節　格付けと格付け会社の歴史

現在では各国政府が発行する国債に格付けが付与されているが、1688年に英国で現在の国債制度の原型が整えられてからも、国債に関して格付けが必要とされることは長らくなかった。日本政府が初めて大規模に国債を発行したのは1904年開戦の日露戦争の戦費調達のためで、ロンドン市場で起債されたが、その頃も格付けが必要とされることはなかった。当時は発行体も投資家層も限られており、投資家は発行体に関して投資判断に必要な情報を自分で得ることができたため、第三者の意見である格付けは不要だったからである。

民間会社に関しては、当初は株主が無限責任を負う形態であったが、1602年に設立されたオランダの東インド会社は、その株主の有限責任性により、一般に近代株式会社の嚆矢とされている。しかし、欧州でも米国でも、その後すぐに株式会社が隆盛期を迎えたわけではない。そもそも大規模な資金を必要とする産業が育っていなかったからであり、勃興しつつあった製造業等の産業は、会社設立に特許等の手続を要する株式会社形態を避けて、昔ながらの（特許を必要としない）パートナーシップのかたちで済ませていた。

この状況が変化したのは、新興の米国においてであった。19世紀を通じて北アメリカ大陸に領土を拡張していくなかで、鉄道敷設が進められた。鉄道事業のための資金調達は金額規模が大きかったため、米国の各州は事業者を誘致する目的で株式会社に関する規制を緩和していった。1837年にコネチカット州で、つど法律をつくることなく登記だけで株式会社が設立できるようになり、その後各州が追随した[1]。

ここで、鉄道会社は大規模な資金を必要としたということが格付けに関して重要である。株主を有限責任とし、設立手続も簡単になった株式会社は多くの株式投資家の資金を集められるようになったが、それでも鉄道建設資金に足りない分は、社債の発行によって調達されるようになった。米国では1850年代から、鉄道建設資金のための民間会社による社債発行が行われていた。

国債の発行体である各国政府とは異なり、新規に設立された民間会社の信用力を把握するのは、投資家にとって困難であった。加えて、

1　この動きは欧州に波及し、英国でも1844年に自由に株式会社が設立できるようになり、さらに1856年の株式会社法により株主の有限責任が一般化した。

鉄道建設の事業は時間的に長期にわたり、空間的にも遠方にまで及ぶ。ここに、第三者である専門家の意見を投資判断の参考にしたいという需要が発生した。

投資家のこのような潜在的な要望に対して、1909年にジョン・ムーディー（John Moody, 1868-1958）[2]が、"Moody's Analyses of Railroad Investments"（『ムーディーの鉄道投資分析』）を発行し、そのなかで、証券を安全性の程度によって9段階の符号（AAA、AA、A、BBB、BB、B、CCC、CC、C）で表現するというアイデアを実用化した。これが格付けの嚆矢とされている[3]。

このアイデアは投資家に受け入れられ、1916年にはPoor's Publishing Companyが、1922年にはStandard Statistics Companyが、それぞれ最初の格付けを発表した[4]。次いで1924年にFitch Publishing Companyも格付けを発表した。

このように、米国においては比較的早い段階から、複数の格付けが債券市場に存在した。ただし、格付けが付与されるのは債券が発行されてからだったため、債券の発行市場（Primary Market）における起債の条件に格付けが影響することはなく、もっぱら流通市場（Secondary Market）において格付けは利用された。

1929年に発生した大恐慌に伴い、約3分の1の債券がデフォルト（支払不能）に陥った。格付け会社が多くの債券を格下げしたが、そのタイミングが遅い事例も多く、投資家の行動の指針とはなり得な

2　ジョン・ムーディーはこれ以前に"Moody's Manual of Industrial and Miscellaneous Securities"を1900年に発行していた。彼の経歴については、ムーディーズのウェブサイト（About us）を参照。

3　以下、米国における格付け会社の歴史について、森田隆大『格付けの深層』に多くを負っている。

4　この2社は1941年に合併してStandard & Poor's Corporationとなる。

かった。これは本来は「格付けの失敗」とされるべき事象である。しかし実際には、高い格付けの債券ほどデフォルトが少なかったことが確認されたことで、格付け評価の有効性が認められ、かえって格付けに対する信頼と期待が高まる結果となった。1930年代には、米国で行政・規制当局による格付けの使用[5]が始まった。

このことにより、流通市場だけで利用されていた格付けは発行市場でも要求されるようになった。しかし、格付けの役割は広がっても、格付け会社の収益は大きく拡大することはなく、1970年代まで人員構成も小規模なまま[6]であった。格付け会社の社会的な影響力も小さく、大手メディアが格付けに関して報道することもなかった。

しかし一方で、規制当局による格付けの利用は拡大し続けた。1975年にはSEC（Securities and Exchange Commission）[7]が、規制目的に使える格付け会社を認定することを開始した。このことで格付け業務に対する関心が世界的に高まり、同年に前後して、カナダ、英国、日本等で格付けを新規に発表する事業者が現れた[8]。

1980年代に入ると、米国の規制当局の格付け利用がさらに広がったことで、格付け会社の業容は急激に拡大する。米国以外にも、英国、フランス、日本等で行政・規制目的で格付けの利用が広まった。これを受けて、スタンダード＆プアーズが1984年に英国に、ムーディーズ

5　1931年に連邦通貨監督庁が、認可銀行の保有する債券の計上価格基準に、格付け水準による差異を設定し、その後、多くの州の規制当局が追随した。

6　1978年の時点で、ムーディーズの事業会社格付け部門のアナリスト数は6名で、約800社を担当していたと言われている。

7　米国における証券取引委員会。

8　カナダのCanadian Bond Rating Service（1972年）、米国のBank Watch（1974年）、日本の三国事務所（1975年）、カナダのDominion Bond Rating Service（1977年）、英国のIBCA（1978年）、日本の日本公社債研究所（1979年）が、それぞれ初めての格付けを発表した。

が1985年に日本に、それぞれ初めての海外拠点を開設した。以後、最大手であるこの両社が主導するかたちで、格付け業務の規模も内容も、1990年代にかけて大きく拡大していく。

日本においては[9]、明治期に社債発行が法制化されて[10]から、大正・昭和初期にかけて、鉄軌道業、海運・造船業、電力業、紡績・織物業、その他の製造業等の起債が順調に増加した。しかし社債投資家（社債権者）保護のための情報開示義務や財務制限条項等が規定されていなかったため、1920年頃からデフォルトする社債が相次いだ際に問題とされた。これを受けて、社債引受会社[11]が中心となり、社債権者保護のための制度が導入された[12]。

このように社債を自由に発行できた時代は、間もなく訪れた戦時下で金融市場が統制される[13]ことにより、終焉を迎えた。第二次世界大戦の終戦後も、社債を自由に発行できる環境には戻らなかった。経済復興のため間接金融[14]主体の体制となり、社債発行による資金調達はその比率を大きく下げた。社債の発行は日本銀行が事前に適格債と認めたものに限られ、ほとんどが担保付きとなり、大半は金融機関で消

9　日本の債券市場の歴史に関しては、『わが国債券格付けの歩み』（1995年・日本公社債研究所）が詳しい。

10　1890（明治23）年に公布された商法において、社債の発行が規定された。

11　発行会社に代わって社債を販売し、売れ残った場合にその分を引き取る。現在は証券会社が務めるが、当時（戦前期）は銀行が引き受けることが大半であった。

12　この動きは社債浄化運動と呼ばれ、1933（昭和８）年に担保附社債信託法が改正公布されたことで成果を見た。

13　1937（昭和12）年に勃発した日中戦争により、同年に施行された臨時資金調整法に基づいて、社債の発行は大蔵省・日本銀行・日本興業銀行（当時は国営）を中心とする起債当局の統制下に置かれた。

14　投資家が株式や債券を購入することで発行体が直接資金を受け取るのを直接金融と呼ぶのに対して、金融機関が介在して、投資家の資金を預金として集めた金融機関を通じて資金供与するのを間接金融と呼ぶ。金融機関を通じて重点産業に厚く資金を振り向ける等の政策の遂行に適している。

化された。上述の引受会社（証券会社）とは別に、社債の受託銀行は発行の事務や発行後の担保管理を行い、さらにデフォルトしそうな社債は受託銀行が責任を持って買い取った。起債においては政府保証債や電力債が優遇され、一般事業債の発行は制限された[15]。

このような社債発行の仕組みは、起債自体が制限されてしまうこと以外にも、デフォルト・リスクを負担する受託銀行に支払う発行手数料・担保管理手数料等が高めになるため、社債発行体企業にとって不利であった。また、受託銀行以外の投資家はまったくデフォルト・リスクを負わないことから、一般投資家のリスクやリターンに関する意識が育たなかった。

このような日本の債券市場での起債を避け、1960年代に入り、米国や欧州といった海外市場で社債を発行する日本企業の例が少しずつ増えてきた。外債は総じて発行コストが小さく手続が簡単で、多様な市場があり選択肢が多かった。1980年代になると、国内外を合計した社債による資金調達は企業の外部調達資金全体の２割程度になっており、高度成長期の約２倍の比率に増えていた。国内でも社債市場の自由化を求める発行企業の要望を受けて、1979年には普通社債が無担保化され、その後、適格会社の拡大も徐々に進んだ。戦後初めて完全無担保普通社債が国内で発行されたのは、1985年であった。

海外市場で起債された日本企業の社債に対しては、ムーディーズやスタンダード＆プアーズから格付けが付与されていたが、国内社債市場の規制緩和に伴い、ようやく日本でも第三者による格付けを求める声が高まってきた。また、1983年に設置が表明された日米円・ドル委員会における米国からの要請[16]もあり、日本における格付け会社（当

15　社債を発行したい企業は年度初に発行希望額を引受銀行団（「起債会」）に提示したが、実際の社債発行額が希望額の３割に満たない時期もあった。

時は大蔵省によって「格付機関」と邦訳された）設立が検討された。複数の格付け会社が必要とされたことから、日本に進出してきたムーディーズとスタンダード＆プアーズの２社に加えて、1985年に日本公社債研究所、日本格付研究所、日本インベスターズサービスの３社の日系格付け会社が設立された[17]。

ここまで、米国と日本の格付け会社の歴史を簡単に紹介したが、ここで３点を指摘しておきたい。

一つめは、格付けとは、その起源において、投資判断に役立つ専門家の意見を求める投資家の要望に応えるべく登場したということである。最初の格付け会社であるムーディーズの正式な社名が、Moody's Investors Service（投資家へのサービス）であることにもそれは表現されている。格付けは投資家と発行体の両方が利用するものではあるが、投資家に専門家の意見を提供すること、中立な第三者としての意見を述べること、これが格付けの原点である。

二つめは、日本における債券投資の特殊性である。当初は自由な社債市場が芽生えた日本の金融市場であるが、1930年代後半から第二次世界大戦を経て1980年代に至るまでのほぼ半世紀にわたる長い期間、社債の発行は規制・管理され、一般の社債投資家がリスクとリターンの感覚を経験によって熟成する機会が乏しかった。格付けが導入された経緯も、金融当局の主導によるものであり、投資家の側が求めたからではなかった。また、長い規制と管理の時代において社債の発行が

16　金融の自由化・国際化を進めるなかで、ユーロ円債（非居住者が海外市場で発行する円建て債券）発行のニーズが高まっていたが、ユーロ円債市場は自由な市場であるべきで、同市場への参加者は、日本の大蔵省の「適債基準」ではなく第三者による格付けを基準として選定されることが求められた。

17　大蔵省は従来の国内債の適債基準に格付けを導入するにあたり、1987年に、この５社にフィッチを加えた６社を「適格格付機関」とした。

一部の優良企業に限定されていたことから、起債のための格付けを取得すること自体を健全な財務体力を持っていることの「お墨付き」を得たと見る風潮も残っており、低い格付け水準でもあえて格付けを取得しようとする発行体がきわめて少ない。このことがいまでも日本に低格付けの債券を取引する市場[18]が育っていないという特殊性につながっている。

三つめは、日本における銀行と社債発行企業との特殊な関係である。事業会社の資金調達において間接金融が主体であるため、企業は銀行との融資取引への依存が強い。企業が最も緊密に取引する銀行をメイン・バンク[19]というが、メイン・バンク側から見ても、その企業が経営上の危機に陥った場合には、自行の債権保全上も支援し続けることが合理的となる。メイン・バンクが仮に融資を引き上げようとすれば、その企業は経営が破綻し、結果的にメイン・バンクの貸出資産が大きく毀損してしまう可能性が高いからである。こう考えるメイン・バンクが取引先企業を支援し続ける姿勢を明らかにすれば、他の取引銀行もメイン・バンクの要請に従いその企業を支援するのが合理的な判断となる[20]。結果的に、日本においては歴史的に大企業のデフォルトの事例が極端に少ない。クレジット分析に際しては、このような日本独特の金融慣行を理解し、定性分析に織り込むことが重要と

18 投機的等級（speculative grade）の格付けの債券をジャンク債（junk bond）とも呼ぶことから、ジャンク債市場（junk bond market）と呼ばれる。

19 取引企業はメイン・バンクとの間で、融資を受ける以外にも、幹部となる人材の受け入れ、為替取引等のフィー・ビジネス、従業員の個人資産の運用等、幅広く取引する例が多い。

20 企業側は、危機において銀行から支援を受ける確実性を高めるため、平常時から銀行融資を必要額以上に受けて銀行の収益に貢献しようとする傾向がある。その結果、日本の事業会社の財務レバレッジは他の先進国（特に米国）の企業よりも、常に高めである。

なる。一方で、社債市場の役割が大きく相対的に銀行融資の重要性の低い米国のような金融市場から見れば、日本の金融慣行は透明性に欠け、理解しにくいとされる。この点は、格付け分析上も大きな論点となっている[21]。

第２節　格付け会社のビジネスモデルの変遷

債券投資家の要望により誕生した格付けビジネスは、当初は債券投資家から収入を得ることで収益を得ていた。具体的には、債券の信用力分析の結果として格付けを出版物の形式で発表[22]し、それを投資家に購入してもらう形式で収入を得ていた[23]。その後、格付けの利用は次第に増えたが、出版事業を収入源とする格付け会社の収益は高まらず、一方でクレジット分析に優れたアナリストの確保にも苦労し、格付け会社は経営に苦慮する時期が続いた。

1970年代に入り、ムーディーズ、フィッチ、スタンダード＆プアーズの各社は相次いで、発行体企業から格付け手数料を取る[24]ようになり、格付けのビジネスモデルが大きく転換した[25]。

21　筆者が格付け会社に在籍した14年間においても、社債のデフォルトが少ないことから日本企業の格付けを高くすべきだという意見と、取引銀行からの支援を不確実と見て格付けを低く抑えるべきだという意見の両方が存在しており、どちらかが主導権を握ることが交互に繰り返されていた。

22　1911年版のムーディーズの「鉄道投資分析」は、約4,000ページの出版物。

23　このような経緯から、格付け事業は出版業と相性が良い。事例として、スタンダード＆プアーズは1966年に出版事業大手会社のマグロウヒルに買収された。

24　長期格付けの手数料の当時の水準は、発行債券の額面の２～３bp（ベーシスポイント）、すなわち0.02～0.03％であった。

25　この時期にコピー機が広く普及し、出版物が簡単に複製できるようになったことが背景にあるとされる。

前節で見たように、格付けサービスは投資家の要望に応えるために始まったものである。したがって、格付け会社が投資家と発行体の利害の狭間に立たされた場合には、投資家の利益を優先して行動した。具体的には、当初は情報開示が制度上求められていなかった発行体企業から充分な情報が得られない場合、格付け会社はあくまで投資家の立場から、より安全で保守的な判断をする。つまり、低めの格付けを付与していた。

格付け会社が発行体からの収入に依拠するようになれば、それにより潜在的にせよ、利益相反の問題を抱えることになる。発行体は、格付け依頼を取り下げる意向を暗示することで、格付け会社に対して高い格付けを付与するよう圧力をかけることが可能になる。このことが、発行体に付与される格付けの水準に影響を与える可能性は、本質的に排除できない。しかし現在に至るまで、発行体からの格付け手数料に依存しないビジネスモデルへの再転換は、なされていない。

なお、現在でも、発行体から格付け手数料を受け取っていない事例は存在する。発行体が格付け会社に依頼して取得した格付けではない、という意味で、**「非依頼格付け」**と呼ばれるが、一般には**「勝手格付け」**と呼ばれることが多い。つまり、発行体の意向に関係なく、格付け会社がいわば「勝手に付けた」格付け、という意味である。多くの国の政府（国債）には格付けが付与されているが、これらは非依頼格付けであり、政府予算から格付け手数料が支払われているわけではない。また、民間企業に関しても、非依頼格付けの例はある。格付け会社が、債券投資家の要望を受けて、ある産業セクターの信用力の動向をどう見ているかを市場に示すには、そのセクターに属する企業のなるべく多数に格付けを付与して発表したい[26]。そのため、企業からの依頼がなくても、そのセクターの代表的な企業には格付けを付与して[27]公表することがある。

第3節　格付け会社に対する規制の開始

行政上の目的や、規制上の目的のために、金融当局が格付けを利用する場面は増加してきた。一方で、格付け会社の行動が、債券投資家の要求する方向と乖離してしまうことで、格付け会社に対する市場参加者の批判が高まる事件も何度か生じた。それらは**「格付けの失敗」**と呼ばれる。

最初の事例は第1節で紹介した1929年の世界恐慌に際して格付けが危機に先んじて下げられなかったことへの批判であるが、その後も何度も「格付けの失敗」とされる事件が起こっている。その大規模なものは、1997年からのアジア通貨危機に際してのソブリン格付け（政府の格付け）に関するものと、2001年のエンロン（Enron Corporation）に関するもの、それと2007年のいわゆるサブプライム・ローン問題に関するものである。

アジア通貨危機においては、タイ、インドネシア、韓国、マレーシア等の国々で自国通貨が大きく切り下げられたことで、それぞれの国の経済成長を支えてきた外貨が流出した。自国通貨建ての対外債務は

26　ムーディーズでは、非依頼格付けのことをInvestor Initiated Rating（IIR）と呼ぶ。投資家の要望によって付与される格付けという意味である。

27　ここで言う代表的な企業とは、そのセクターの最大手もしくは第一人者の企業だけでなく、主要企業のなかで最も市場地位の低い企業をも含む。第一人者の企業と最下位の企業の信用力水準がそれぞれ判明すれば、他のプレイヤーはそれらの間のどこかに位置するということが投資家にわかり、そのセクター全体の信用力の分布の範囲を示せるからである。

膨張し、銀行の資産内容の悪化が信用収縮につながったことで、通貨危機は経済危機へと拡大した。それを受けて、格付け会社各社は多数の政府、銀行、事業会社の格付けをきわめて短期間のうちに大幅に引き下げた。

これが債券投資家や各国政府関係者から批判されたのは、危機を予見して格下げを先行させたのではなく、格下げのタイミングが遅かったという点、さらに危機が明らかになってからの格下げが急激であり大幅すぎた、という点である。結果として投資家の損失を予防する役には立たず、反対に、急激かつ大幅な格下げが危機の拡大につながったと批判された。

2001年には大手エネルギー会社であるエンロン、さらに2002年には通信事業大手のワールドコムが、それぞれ会計上の不適正な表示が原因で、経営破綻した[28]。

これらの事例でも、対象発行体の破綻の直前まで、ムーディーズ、スタンダード＆プアーズ、フィッチ３社の付与した格付けは投資適格等級にあった。投資家への警鐘として役立つことはなかったため、格付け会社は強く批判された。

さらに2007年には、サブプライム・ローン問題が顕在化した。信用力が劣る個人への住宅ローンをサブプライム・ローンと呼ぶが、サブプライム・ローンは住宅という担保物件があるから融資が可能になっている。したがって、住宅価格が下落しないことが融資の安全性の前提になる。2004年からこのようなローンが米国で急増していたが、その背景には米国で住宅の価格が上がり続けていたことと、サブプライム・ローンを裏付けとする証券化商品[29]が開発され普及したことが

28　エンロンは金融派生商品（デリバティブ）取引の表示に不正があり、監査法人もそれに一部加担していたことが後に明らかになった。

あった。格付け会社各社はサブプライム・ローン証券化商品に高い格付けを付与したが、それを大量に保有した金融機関は、不動産価格の大幅な下落によって裏付け資産であるサブプライム・ローンの債務不履行が多発したことで損失を被り、それが翌年のリーマン・ショックからの世界金融危機[30]につながった。

この際も、格付け会社は事前に警告を発する役割を果たすことなく、突然に大量かつ大幅な証券化債券の格下げを行った。個別のサブプライム・ローン案件を大量に実行したのは金融機関であり、その証券化債券を大量に保有したのも金融機関であったため、本来であればそれらの金融機関の融資姿勢や資産運用の姿勢も批判されるべきであったが、それでも証券化債券に高い格付けを付与した格付け会社は、結果として世界金融危機の影響が大きくなったため、強く批判されることになった。

このように、格付け会社は、特に20世紀の終わりから今世紀の初めにかけて、比較的短期間に繰り返し「格付けの失敗」を犯し、強い批判を浴びた。しかし、金融市場において格付けが利用されなくなり、格付け会社が存在しなくなることはなかった。むしろ反対に、不祥事のたびに格付けはその存在感を高め、格付けの利用が広まったとも言える。その理由は、対象となる発行体企業や政府の信用力の程度を示すという格付けの機能を代替するものがないことが確認され、経済・

---

29 多数のサブプライム・ローンを買い集めて新規設立の特別目的会社（SPC）に保有させ、SPCはそのローンの束を担保に債券を発行して買取資金を調達する。債券は、単純化して言えば「大数の法則」によりデフォルト・リスクが制御され、高い信用力を得られるとされた。

30 不動産担保ローンのままであれば回収に長期を要するが、証券化のためのSPCに売却すれば即座に回収できるため、ローンの審査が甘くなった。また、証券化商品には高い格付けが付与されたため、同商品を大量に保有する金融機関が増えた。

金融の危機が発生するつど、その危機に対応して再発の防止を図っていくためにも、格付けが活用されることが増えたからである。

各国の金融当局としては、高まる格付け会社への批判の声に応えて、格付け会社の活動を何らかのかたちで規制し、管理していると示すことが求められた。2008年に証券監督者国際機構（IOSCO[31]）が「信用格付機関の基本行動規範[32]」を改訂した。これは格付け会社の自主ルールに含まれるべき内容を列挙したものであるが、実際には各国の金融当局がこの基本行動規範に沿ったかたちで格付け会社への規制内容を定めている。

IOSCOの基本行動規範の内容は、以下のとおり大きく４項目に分けられる。

1．格付けのプロセスの質と公正性
2．格付け会社の独立性と利益相反の回避
3．格付け会社の一般投資家と発行体に対する責任
4．行動規範の開示と市場参加者への情報公開

これらを見ると、格付け会社が付与する格付けの内容（格付け水準）自体については、何も規制していないことがわかる。格付けは民間会社の意見であるため、各国が憲法によって保障する言論の自由が尊重された結果だとも言えるが、別の見方をすれば、今後も「格付けの失敗」が生じた場合に、その責任を規制当局が問われることを回避するためだと見ることもできよう。

また、前節で述べたビジネスモデルの変更により、格付け会社が発

31 International Organization of Securities Commissionsの略称。この時点（2008年）で、米州・欧州・中東アフリカ・アジア諸地域の49の金融当局が加盟していた。
32 IOSCO “Code of Conduct Fundamentals for Credit Rating Agencies” (revised May 2008).

行体から受け取る格付け手数料を収入の柱としている限り、付与する格付けが発行体の利益に沿った水準のものになる、あるいは格付けを下げるべきタイミングで適切に下げていくことをしにくくなる、等の利益相反の可能性は、根本的になくならない。エンロン、ワールドコム、サブプライム・ローン証券化商品への格付けは、いずれも発行体との関係のあり方が問題とされた事例である。しかし、IOSCOの基本行動規範には、この潜在的な利益相反の可能性に関連して、格付け会社のビジネスモデルの変革を促す内容は含まれなかった。したがって、この潜在的な利益相反の問題は、今日に至るまで格付け会社をめぐる最大の問題として存在し続けている。

このようなIOSCOの基本行動規範の内容を踏まえて、各国の金融当局は格付け会社への規制内容を定めた。米国や欧州での議論の内容を検討した上で、日本では金融商品取引法が2009年に改正され、2010年10月から信用格付業者制度が始まった[33]。これにより、格付け会社への本格的な規制が開始された。日本における規制の４本の柱とされる項目は、

1．誠実義務
2．情報開示義務
3．体制整備義務
4．禁止行為

であり、IOSCO加盟国のなかでも最も忠実に基本行動規範に沿った内容になっている[34]とされている。規制が導入されたことで、日本に

33 制度開始当初に登録されたのは、株式会社日本格付研究所、ムーディーズ・ジャパン株式会社、ムーディーズSFジャパン株式会社、スタンダード＆プアーズ・レーティング・ジャパン株式会社、株式会社格付投資情報センターの５社であった（金融庁ウェブサイト）。

おける格付け会社の業務が具体的にどのように変化したかは、次章で紹介する。

34　金融商品取引法研究会研究記録第36号「格付会社への規制」（2012年・日本証券経済研究所）より。

第10章

格付けと規制

前章で紹介した格付け会社の歴史において、格付けの存在が大きくなっていく一方で、社会の要望に格付け会社が応えられない事象が繰り返し発生した。各国の金融当局は格付け会社に対する規制を導入したが、果たしてそれは格付けの質を高める効果を発揮したのだろうか。

本章では、そもそも正しい格付けというものが存在するのか否かを考察した後、導入された具体的な規制の内容とその効果につき、批判的に検証する。

第1節　正しい格付けとは何か

2008年に発表されたIOSCO（証券監督者国際機構）の「信用格付機関の基本行動規範」には、格付けの内容に関する記載はなかった。このことに関連して、そもそも「正しい」格付けとは何か、果たしてそれを実現することは可能なのかを考えてみたい。

格付けが表しているのは信用力の水準だが、信用力が目に見えるかたちで表現されるのは、その企業（債券）がデフォルト（支払不能）を起こしたか否か、その1点においてだけである[1]。いままでの歴史上、「格付けの失敗」とされる事例でも、格付け対象債券がデフォルトを起こした際に、その格付けが充分に低い水準であったか、また、充分早いタイミングでその水準まで下げられていたか、が問題とされた。それらが不充分であったと投資家から見られた場合に、その格付けは失敗であったと非難されたのである。

では反対に、非難されない、いわば「正しい格付け」であると評価されることは、そもそもあるのだろうか。

歴史が長く格付け付与の実績も豊富な格付け会社は、過去に起きたデフォルトの際に自社の格付けがどの水準であったか、また、結局デフォルトを起こすことになった発行体（債券）が、当初格付けされた時点ではどの水準の格付けであったか、等をまとめた**「デフォルト・スタディ」**と通称されるレポートを定期的に公表している。ここでは、ムーディーズのデフォルト・スタディ[2]から引用してみる（図表10－1）。

この表は累積のデフォルト事例の実績を表示している[3]。具体的に見てみると、当初Ba3（ムーディーズ以外の格付け会社ではBB－）と格付けされた債券のうち、１年以内にデフォルトした事例は1.29％だった。これと２年めにデフォルトした実績を合計して、格付けを付与されてから２年以内にデフォルトを起こした事例は、当初Ba3が付与されたうちの3.61％だった、というように読んでいく[4]。５年以内の累

1　株式においては、業績の良し悪しが配当額の大小に現れることがあるのに対して、第２章で説明したとおり、債務においては、いくら業況が良い場合でも、当初に約定された以上のリターンが債権者に支払われることはない。

2　Moody's Investors Service "Annual default study: Following a sharp rise in 2020, corporate defaults will drop in 2021"（2021年１月28日）。同社のウェブサイトから無料で入手できる。

3　引用した表（前注のレポートの47ページのExhibit 43）には、1983年から2020年までの間に、全世界でムーディーズによって格付けされた債券のうち支払不能に陥った事例の比率が、当初付与された格付け符号別に、付与されてからの年数別に累積で示されている。

図表10－1　ムーディーズのデフォルト実績の例

格付け水準別の累積デフォルト実績表

経過年数	1	2	3	4	5
Aaa	0.00%	0.01%	0.01%	0.04%	0.06%
Aa1	0.00%	0.00%	0.00%	0.05%	0.09%
Aa2	0.00%	0.01%	0.11%	0.22%	0.33%
Aa3	0.04%	0.12%	0.16%	0.25%	0.38%
A1	0.06%	0.19%	0.38%	0.58%	0.78%
A2	0.04%	0.14%	0.30%	0.49%	0.70%
A3	0.05%	0.17%	0.36%	0.53%	0.79%
Baa1	0.11%	0.29%	0.49%	0.72%	0.93%
Baa2	0.14%	0.36%	0.61%	0.94%	1.25%
Baa3	0.23%	0.58%	1.03%	1.53%	2.14%
Ba1	0.42%	1.38%	2.51%	3.62%	4.71%
Ba2	0.68%	1.80%	3.13%	4.51%	5.90%
Ba3	1.29%	3.61%	6.37%	9.44%	12.03%
B1	1.93%	5.21%	8.80%	12.22%	15.62%
B2	2.98%	7.59%	12.32%	16.69%	20.45%
B3	4.64%	10.32%	16.18%	21.31%	25.86%
Caa	7.81%	15.29%	21.87%	27.67%	32.91%
Ca-C	34.52%	46.62%	54.99%	61.59%	64.65%

（出所）　ムーディーズの公開資料から抜粋

積デフォルト実績は、全体の12.03％と、ほぼ８社に１社程度、８年以内であれば19.07％と、ほぼ５社に１社程度であったことが示されている。

この数値を用いて具体的に考えてみよう。ある時点で、同時に５社に格付けを付与したとする。これらをＤ社、Ｅ社、Ｆ社、Ｇ社、Ｈ社と呼ぶことにする。これらの５社の信用力の水準は同程度で、すべて

4　格付けは随時見直されるので、実際にデフォルトする時点では、当初付与された格付け水準よりも低い格付けとなっていることが大半である。図表10－１の表は、当初付与された格付け符号に従って表示されている。

6	7	8	9	10
0.09%	0.12%	0.13%	0.13%	0.13%
0.13%	0.14%	0.14%	0.16%	0.20%
0.41%	0.50%	0.59%	0.70%	0.83%
0.50%	0.63%	0.75%	0.83%	0.91%
0.98%	1.15%	1.31%	1.43%	1.58%
1.01%	1.34%	1.67%	2.00%	2.34%
1.03%	1.31%	1.63%	1.94%	2.21%
1.18%	1.44%	1.67%	1.95%	2.26%
1.58%	1.93%	2.29%	2.66%	3.06%
2.76%	3.30%	3.89%	4.49%	5.06%
5.80%	6.64%	7.36%	8.07%	8.86%
7.09%	8.25%	9.48%	10.85%	12.22%
14.52%	16.91%	19.07%	21.08%	23.09%
18.64%	21.61%	24.32%	26.67%	28.59%
23.86%	26.67%	28.91%	31.21%	33.44%
29.79%	33.14%	36.34%	39.05%	41.26%
37.41%	41.13%	44.48%	47.59%	50.22%
65.70%	67.56%	69.04%	70.19%	70.73%

にBa3の格付けが新たに付与されたとする。それぞれの債券を多くの投資家が買って、８年が経った。５社のうち、不幸にしてデフォルトを起こしたのが１社（D社）で、残りの４社（E社、F社、G社、H社）は健在だったとする。

全体として見れば、過去の実績（当初Ba3がつけられた債券のうち、８年後までに19.07%がデフォルトした）とほぼ同水準の結果となった（５社のうち１社がデフォルトした）のだから、格付け会社の成績として満足できる水準だと言えそうでもある。しかし、投資家や発行体といった実際の債券市場関係者にとってはどうだろうか。

D社債券を買った投資家は、結果的にデフォルトの憂き目に遭ったのだから、当初からもう少し低い格付けにしておいてくれれば買おうとは思わず、投資元本を失わずに済んだのに、と格付け会社を恨めしく思うかもしれない。Ba3よりも低い格付けは8段階（B1、B2、B3、Caa1、Caa2、Caa3、Ca、C）もある[5]のである。

では、デフォルトしなかった残り4社（E社、F社、G社、H社）に関しては、市場関係者はどう思うだろうか。こちらは、投資家はともかくとしても、発行体としては、8年も経っても健全に経営を続けているのだから、当初のBa3という格付け水準が低すぎたのではないかと不満を持つことが往々にしてある。

つまり、全体（この場合は5社）としては格付け水準に相応な実績であったとしても、個別の投資家や発行体にとっては、格付け水準に不満を持たないことのほうが少なくなってしまう。

なお、上の例では、最初に付与された後の格付けの変更に関しては説明を省略したが、途中で格付けを変更することに関しても同様に不満が出る。格下げされそうになれば、発行体はそれに抵抗する。格付けが下がれば、銀行等の債権者はその企業への貸出の条件を厳しくする（典型的には、貸出金利の水準を上げる）ため、その企業の利益はさらに減少して業績は厳しくなる[6]。そのため、もし最終的にデフォルトに至った場合には、格下げによって債権者の態度が硬化して資金調

5　CaやCを付与される企業は、その時点ですでにデフォルトに近い状態である場合が多い。なお、CaとCの違いは、デフォルトした後のデットの元本の回収可能性の程度の差である。

6　より明確な例としては、格付け対象企業の調達資金に関する契約に、各種の「財務制限条項」（financial covenants）が付されていることがある。その条項のなかに「格付け維持条項」が含まれている場合、格付けがあらかじめ定められた水準を下回ると、貸出金利の上昇・担保の供出・追加貸出の停止等が行われ、その企業の利益や財務に打撃を与え、追加の資金調達が一層苦しくなる。

達が困難になり、それが資金不足を招いてデフォルトの原因となったと発行体が格付け会社を非難することが多い。

他方で、投資家としては、最終的にデフォルトした発行体の格下げについては、もっと早いタイミングで下げるべきだったのではないかと不満を持つことが多い。つまり、発行体と投資家のどちらをも満足させる格付けアクションはないということになってしまう。

さらに、格下げしても結局いつまでもデフォルトしない場合には、発行体、投資家双方から非難されることになる。かといって、下げるべき格付けを下げないのでは、それは典型的な「格付けの失敗」となってしまう[7]。

以上のように考えてみると、正しい格付けというものが、いかに実現困難であるかが理解してもらえるのではないかと思う。ましてや、外部者である規制当局が、何らかの基準に則って正しさを測ることは至難の業である。規制内容に格付け自体の正当性の検証が含まれなかったのは、このような意味で当然だったとも言える。

さらにもう一つここで指摘すべきは、日本市場におけるデフォルトの少なさである。格付けが付与されている発行体が経営破綻した事例は、日本の場合はきわめて少なく、上に紹介したムーディーズのデフォルト・スタディのように、世界中で過去に起こったデフォルト事例を統計的に表現できるほどの事例数はない[8]。格付けとはデフォル

7 「格付けの失敗」には2種類がある。下げるべき格付けを下げない例（ムーディーズではType 1 Errorと呼ばれる）と、上げるべき格付けを上げない例（同じく、Type 2 Error）である。前者は、対象となる企業が破綻（デフォルト）することで失敗が顕現した場合、債券投資家やメディアの批判を浴びることになる。これに対して後者は露見することがないため、格付け会社が自律的に正していく必要がある。

8 規制により、日系・外資系を問わず、日本の登録格付け会社は格付け対象のデフォルトの事例を、その有無にかかわらず定期的にレポートにまとめて公表はしている。

ト状態からの距離を表現するものであるという定義に従い、このデフォルトの少なさを、メイン・バンク制も含めて日本企業の信用力水準の高さだと考えれば、日本の発行体には相対的に高い格付けを付与すべきだという考えに行き着く。実際に、日本の企業に対する日系格付け会社と外資系（米国系）格付け会社の格付け水準を比較すると、前者のほうが高位の符号を付与している例が多い[9]。この事実も、正しい格付けとは何かという問いに的確に答えることのむずかしさを示している。

第2節　規制の具体的内容

では、実際に格付け会社に対する規制への対応として導入された具体的な項目としては、どのようなものがあったのだろうか。ここでは、筆者の経験から、いくつかを紹介してみたい。すべての格付け会社に共通するものと、個社の事情によるものの双方が含まれるが、実態としての格付け会社の規制への対応ぶりがわかるはずである。

▶アナリスト・ローテーション（定期的な担当替え）

同じ発行体を長期間担当していると、過度に発行体の意向を勘案し

9　この論点に関しては、そもそも格付け符号は格付け会社各社それぞれの定義によるものであって、水準の高い低いを他の格付け会社の格付けと比較できないという考え方もある。また、日系格付け会社の場合は、日本企業のなかで最も信用力の高い企業に最上位の格付け（AAA）を付与する傾向があるのに対して、グローバルに活動する格付け会社の場合は、日本以外の地域の企業との比較も行うため、必ずしも日本企業に最上位の格付けが付与されず、全体としても格付け水準が相対的に低くなるという要因も指摘される。

た行動をとる可能性があるため、アナリストは一定期間で担当を交代するというルールである。日本では、同じ発行体を５年を超えて担当してはならず、担当を外れてから２年間経過すれば再度担当できるとされている。

欧州にも同様の規制があるが、格付け会社の発祥の地である米国ではアナリスト・ローテーションは導入されていない。米国では債券発行体数が多く、一人のアナリストが一つの業種だけを担当していることが多い。また、もともと入社の時点から、ある特定の業種を担当するアナリストとして、その業界を分析するための実績を持った人材が入社してくる例が多い。そのようなアナリストにとっては、ローテーションにより従来の業種から完全に離れて、新しい業種を一から学び直すのは負担が大きすぎる。格付け会社の経営側から見ても、人的資源の無駄が大きくなってしまう。このような現実的な理由から、米国ではアナリスト・ローテーションが必須のルールとはされていない。

日本や欧州では、１業種当たりの発行体数が多くないため、もともとアナリストは複数の業種を担当していることが多い。したがって、一部の担当業種から少しずつ担当を交代していくことは実務的に可能である。しかし、その業種のベテランのアナリストが担当を離れてしまい、その知見を活かせなくなってしまう損失は小さくない。新しく担当となったアナリストが経験を積むまで、どうしても分析が浅くなってしまう時期が発生する可能性がある。また発行体にとっても、長い時間をかけて自社特有の強みや産業の特徴を格付け会社に理解させてきたのに、また新たなアナリストに説明し直す負担は大きい。

最近では、一つの業種を二人以上のアナリストで分担し、一人のアナリストの交代によるショックを小さくする等の工夫を凝らしていると聞くが、その方法にも各アナリストの負担を増やしてしまうという短所がある。5年、2年といった画一的なルールではなく、実態に即して柔軟に運用できるほうが望ましいと筆者は考えている。

▶アナリストのトレーニング（研修）

格付け会社のアナリストとして、コンプライアンスの観点から適切な行動をとることは、2010年以前においても重要であったが、そのための研修を充分に行っていたか否かに関しては、以前はやや管理が緩い部分があった。格付け会社にアナリストとして入社するのは、他の金融機関等において信用力分析の経験を積んでから中途採用で一人ずつ入ってくることが多く、一律に研修を受講させにくいという事情もあった。数カ月に一度開催される研修まで待たずに、入社直後からアナリストとして活動を開始することもあった。

しかし規制導入後は、入社後90日経過後に、アナリストとしての行動規範、さまざまな格付け分野に対する信用力分析の基礎知識等を問う試験を、外部の試験実施専門会社に運用を委託して中立性を確保した上で受験[10]させ、それに合格した後に業務に就くこととなった。会社として相当なコストを掛けていることになる。一方、アナリスト本人としても、知識の整理になるので有益だと思われる。

▶対象を限定した情報開示（limited disclosure）の回避

格付けはインサイダー情報になり得るので、常に一般に開示されている。また、格付けが変更される場合も同様であり、その発表は格付け会社の出すプレス・リリースにより、市場に対して同時に一斉に周知される。途中段階で一部の外部者に格付け変更の情報が流出するこ

10　一人ずつパソコンに向かって回答する形式のため、受験の日取りは比較的自由に選べる。

とは、格付け会社として厳に慎まなくてはならない。これは2010年の規制導入以前から格付け会社が最も重視してきたことである。

このようなlimited disclosureを回避しようとする空気は、規制が導入されると極端なまでに高まった。

後述のとおり、格付け会社のアナリストは、最近の格付け判断の根拠となった考え方や以後のあり得べき格付けアクションの可能性の高さ等につき、求めに応じて個別の債券投資家に説明することがある。また、格付け会社内の投資家対応の部署がアレンジして、重要な少数の投資家（顧客）を集めて、アナリストと格付けに関して踏み込んだ議論をする場を設定することもある。格付け会社の対顧客業務として、いずれも重要なものである。このような場においてさえも、規制導入直後の時期においては、limited disclosureだと指弾されることを恐れて、限定された発言内容にするよう格付け部門のマネージメントが求めることがあった。極端に言えば、すでにプレス・リリースによって広く発表された内容に限定した説明をせよというのである。これでは、投資家からすれば、格付け会社の投資家向けサービスを有料で利用している意味がなくなってしまう、まさに本末転倒な状況である。プレス・リリースには書かれていない、より深い格付けに関する情報を得たいがために、投資家は格付け会社とサービス契約を結んでいるのである。

規制導入からそれなりの時間が経過した現在では、このような過剰な反応は見られなくなっているようであるが、規制に対して当時の格付け会社がどのような対応をしたのかを示すため、あえて紹介した。

▶記録の保持

ここでいう記録とは、格付け会社と発行体との情報のやりとりの記録のことである。規制導入以前は、発行体から受け取る情報の管理は各アナリストに任されている部分が大きく、長く在籍しているアナリストはオフィスで書類の山に埋もれている例も見られた。

規制により、必要な際に誰もがアクセスできるよう、発行体から受け取った非公開情報は電子化して保管することになった。発行体企業がIR情報として公表している資料は保管が不要なのだが、非公開情報だけでも相当な量がある。第12章で後述のとおり、少なくとも年に一度は「年次レビュー・ミーティング」として、発行体の経営方針や財務方針を確認する場を設けるのだが、その際には、公開のIR情報よりも踏み込んだ内容の、格付け会社向けに別途作成した資料を受け取り、それに基づいて説明を聴くことが多い。それを電子情報のかたちで受領できれば保管は簡単であるが、そうでない場合もあり、またミーティングの説明の際にアナリストが資料に手で書き込んだ情報も残す必要があるため、結局はミーティングの後に１ページずつ複合機でPDF化した上で保管していた。発行体からの資料とは別に、ミーティングでのやりとりを記載した議事録も必要である。それらをすべての発行体に関して毎年保管するのであるから、合計して相当なデータ量となっているはずである。

保管データ量の膨大さは、コストを掛けることで解決できるが、問題は、これだけ作業しても、完全な結果は得られないことである。規制の意図は、格付け付与に必要な情報を充分に得た上で格付けしているのか、非公開情報を適切に管理しているのか、また、発行体とアナリストの間の不適切なやりとりがないかを検証できる体制を整えることである。

規制の意図の前二者は検証できる体制となっていると評価できるが、最後の三つめは評価が困難である。規制の導入以前から、アナリストは一人では発行体と面会してはならないという社内ルールが徹底されてはいた。電話による場合も、電話会議のかたちで複数のアナリストが参加するようにしていたが、事前に予告のない電話はアナリストが一人で対応することもあった。電話の内容はすべて録音され、(一定期間は)保存されていたはずではあるが、発行体との会話をすべて記録に残して後日の検証に耐えるように徹底するのは、実際には困難である。

▶利益相反(conflict of interest)がないことの確認

利益相反が問題となり得る場面は大きく二つある。一つはアナリストが個人として行う投資行動であり、もう一つは格付け業務を行う際の対象企業との関係である。

規制の導入前から、格付け会社のアナリストの個人資産の運用方法については、それを制限する社内ルールが存在した[11]。個人投資家向けの社債は少ないが、格付け会社のアナリストが関連する社債を保有してはならないのは当然である。また、株式に関しても同様である。自分が直接関係しない株式、たとえば事業会社部門のアナリストが金融機関の株式を持つことは許されているが、推奨はされない。格付け会社に入社する前から保有している場合は、売買していないことを3カ月ごとに報告する等の義務が課されていた。

もう一つの利益相反の可能性は、自分または近い家族が格付け対象企業に関係が近いことである。そのようなことを防ぐため、規制導入後は、格付けを議論する格付け委員会が開催される際には、毎回、利益相反がないことをコンピュータ・システム上で申告するようになっ

11 アナリスト以外の格付け会社の社員についても、ほぼ同様の社内ルールがある。

た。格付け委員会を主宰するアナリストは他のアナリストに出席を求める際に、対象となる発行体名を特定してシステム入力を依頼し、その入力をシステムで確認した上で、格付け委員会のための資料を事前に送付する。

導入当初は手間が増えたと疎ましく感じられたが、格付け委員会を主宰するアナリストとしては、実は好ましい点もある。

格付け委員会に出席を依頼するアナリストの構成は、格付け委員会の議長とリード・アナリスト（主担当アナリスト）が決める。別の地域のアナリストを呼ぶ場合には、議論されるべき業界・発行体に関する知見が高いアナリスト、また全般に経験の豊富なアナリストを呼ぶことが多い[12]。しかし規制導入以前は、声をかけられた海外拠点のアナリストが、さらに別のアナリストをその格付け委員会に呼ぼうとすることが往々にしてあった[13]。もちろんそのような場合には、事前に主担当アナリストや議長に許諾を求めて来はするが、せっかくの申し出なので主担当アナリストや議長が拒絶することはない。こうして、当初予定していたよりも実際の参加者が多いかたちで格付け委員会での議論が行われると、その議題に関して相対的に知見の少ない参加者が増えたことが原因となって、議論の深みが不足したり、最後の投票結果が予期せぬものになったりすることが実際にあった。知見に自信がない場合、アナリストの本能として、保守的（conservative）な判断を下す傾向があるからである。

それが規制の導入に合わせて事前に利益相反がないことの確認をとるようになったため、当初予定したよりも参加アナリストが増えるこ

12　第13章の第２節および第３節を参照。

13　自分にかかる責任を分散するため、自分と専門分野が近いアナリストを格付け決定の場に加えようとするのは、アナリストとしての一種の本能である。

とがなくなり、格付け委員会を主宰する立場としては不確定要因が減ってやりやすくなった。規制の導入による副次的な効果と言えるかもしれない。

ちなみに、実際に格付け委員会が開始される際にも、議長から口頭で全参加者に対して、利益相反のないことを再度確認し、議事録に残すようになっている。

▶営業部門と格付け分析部門の遮断

格付け会社が発行体から受け取る格付け手数料を収入の柱とするようにビジネスモデルの変換が行われたことはすでに説明したが、その後も、格付け会社が発行する各種のレポート類を投資家向けに販売する事業は継続して手掛けられている。つまり、格付け会社の営業部門には、対発行体営業と対投資家営業の二つの部門が存在する。

筆者の在籍した格付け会社では、対投資家部門が別会社化されていたが、2010年の規制導入により、格付け部門の社員（アナリスト）は対投資家部門との間の行き来が制限された。入居する建物の入館カードの情報が分けられたため、物理的に入館できなくなったのである。ニューヨークの本社の人間に聞いても、対投資家営業部門との行き来を物理的に制限している例はないと驚いており、なぜ東京だけでそのような対応がとられたのかは不明である。

ちなみに、対発行体営業部門のほうは、規制導入後も格付け部門と同じオフィス内にいた。発行体の意を受けた格付け判断をしてしまうことが最も問題とされたことを考えると、発行体との格付け手数料交渉をしている部署が格付けアナリストと同居しているほうが潜在的に問題が大きいとも言えるが、なぜ一見あべこべな対応となったのかも不明である。

▶「格付け手法」レポートの整備

サブプライム・ローン債券が高い格付けを得ていた根拠がブラックボックス化していたとの批判を受け、規制により格付けのプロセスを透明化し公表することが求められた。これにより、格付け会社各社は証券化（ストラクチャード・ファイナンス）部門だけでなく、事業会社部門・金融機関部門も含めてすべての格付け部門に関して「格付け手法」のレポートを作成し、契約している顧客に対してだけでなく、広く一般に公開するよう指導された。

実は「格付け手法」（rating methodology）と呼ばれるレポートは、規制の導入前から格付け会社によって随時発表されていた。しかしその内容は、格付け分析において重視されるいくつかの主要な論点について説明を加えたものにとどまり、そのレポートを読んだ投資家が実際の格付けがどのように構成されているのかまでを理解できるものではなかった[14]。

これに対して規制導入後に整備された「格付け手法」は、従来と同じ名称ではあるが、対象となる発行体の決算書と照らし合わせて読めば、結論としての格付けの水準までがある程度わかることを目指して作成された。

2010年からの規制導入に際して、格付け業務に最も大きな影響を与えたのは、この「格付け手法」であると筆者は考えている。この問題については、第11章で説明することにしたい。

14　格付けはscienceよりもartに近い、とする意見が格付け会社内にあり、実際にそのように説明したレポートも発行されていた。

第3節　規制導入後の格付け会社への批判

2007年のサブプライム・ローン問題をきっかけとして、翌2008年に発表されたIOSCOの基本行動規範を実現すべく、各国で格付け会社への規制が導入された。では、規制によって格付け会社への批判はなくなったのであろうか。

その答えは、端的に言って否である。2011年に本格化したいわゆる欧州ソブリン危機に際しても、欧州各国の国債に対する格付けに関して、その下げるタイミングや下げ幅が問題とされた[15]。

第1節で述べたとおり、格付けの変更に関して、特に格下げに関して、当事者である発行体が納得することは原則としてあり得ないと筆者は考えている。規制の導入により、格付けプロセスの透明性が以前よりも高まったとしても、その部分は今後も本質的には変わらないだろう。事実、格下げを不満とする発行体の例[16]は現在でも多い。

規制が定着しても、将来にわたって、格付け会社が社会的な批判を浴びる可能性はなくならないと筆者は見ている。すべての関係者（ステークホルダー）を満足させる格付けはあり得ない。発行体企業は一般的に格付けが高いことを望む[17]が、債券投資家はそうではなく、リスクの大きさに応じた格付けを求めている。格付け評価が適正であっ

15　イタリアにおいては、米国系格付け会社の現地拠点を警察が強制捜査した（金融商品取引法研究会研究記録第36号「格付会社への規制」）。

16　格下げされた直後に格付けが取り下げられる例は多い。ただし、格付け取下げの際に発行体側がプレス・リリースを出す例は稀であるため、公式には取下げの理由は不明であることが多い。

17　発行体の経営者の側から、自社にはもっと低い格付けが相応なのではないかと問われたことは、筆者の知る限り1例しかない。

たか否かが話題になるのは、格付け対象である発行体がデフォルトを起こした際が最も多いが、たとえその発行体の格付けを低い水準まで下げた上でデフォルトを迎えたとしても、投資家としては、その下げるペースが遅かったのではないか、市場に警告を与える機能が働かなかったのではないかという不満を持ちがちである。反対に、危機が表面化する前に格下げを始めていたとすると、それは当該発行体にとっての不満となる。

　これらは格付けおよび格付けの変更に含まれる本質的な部分に関係する不満であるため、金融当局による規制によって防ぐことはできないと考えられる。

第11章

規制により導入された「格付け手法」

格付け会社に対する金融当局の規制の主眼は、格付け分析の考え方と手順を説明する「格付け手法」を格付け会社に公表させたことである。この規制の導入により、格付け分析のプロセスが変化したのみならず、格付け会社の企業文化自体が大きく変化した。

本章では、最初に規制導入以前の格付け分析のプロセスを紹介し、格付け手法が整備された経緯、そして各社の「格付け手法」の内容の特徴を説明する。

第1節　規制導入以前の格付け検討プロセス

第9章の第3節で紹介したIOSCOの「信用格付機関の基本行動規範」の4項目めに、「行動規範の開示と市場参加者への情報公開」がある。この後半の「市場参加者への情報公開」の一つとして、格付け会社が使用するメソドロジー（格付け手法）の説明を、ウェブサイト上に公開することが求められている[1]。日本の金融庁による格付け会社への規制においても、「格付付与方針等・格付提供方針等」の公表が義務づけられている。

このような規制導入以前は、格付け会社が自社の格付けがどのような考え方に基づいて付与されているのかを開示することは、求められていなかった。投資家から格付け検討の内容を説明したレポートを要求されることはあったが、その声に対しては、業種別に格付け分析上のポイントのいくつかを解説する何冊かのレポートを「格付け手法(rating methodology)」と称して、投資家向けの有料サービスとして購読者に向けて提供することで済ませていた。格付けは民間会社の意見にすぎないという社会における位置づけから、このような対応が許容されていたのである。別の見方をすれば、格付けというものに対する社会の関心が、現在よりも大幅に低かったとも言える。

結果として、格付け会社のなかでどのような分析が進められているかは外部からはわかりにくく、そのプロセスは、いわば「ブラックボックス」となっていた。

では、規制導入以前のこの時期には、格付けは実際にはどのようにして検討され付与されていたのだろうか。

格付けは、絶対評価と相対評価の両方の要素を持つとされる。投資適格とされる高い格付けは、時代の変化やその時々の経済環境の変動にかかわらず、常にデフォルトからは遠い距離を保っているべきである。その意味で、格付け符号には絶対評価が反映されている。一方で、格付けには相対評価、つまり、「どちらの債券のほうが信用力が高いと言えるか」という、relative rankingを示すという機能もある。さまざまな業種の企業の債券を運用している大規模な投資家は、業種を問わず同一のスケール（符号の順序）で信用力の序列を示してくれ

---

1 A CRA should publish in a prominent position on its home webpage links to (1) the CRA's code of conduct; (2) a description of the methodologies it uses; and (3) information about the CRA's historic performance data. (IOSCO "Code of Conduct Fundamentals for Credit Rating Agencies" (revised May 2008))

る格付けの機能に期待している。

クレジット評価が正しかったかどうかを知るための事象は、デフォルトを起こしたか否かの一つしかないが、デフォルトは比較的まれであり[2]、それに至る経緯には個別性が強い。したがって、絶対評価を主体に格付けの検討を進めることには無理があり、おのずと相対評価を格付け分析の中心に据えることになっていた。

信用力分析には定量分析と定性分析があるが、定量分析においては相対比較が行いやすい。定性分析においては、どちらの企業の生み出すキャッシュ・フローのほうが安定していると見なせるのか、その分析が重要であり、議論の焦点となる。

ここで、図表11－1を参照しながら、格付け会社におけるクレジッ

図表11－1　格付け分析の順序と概要

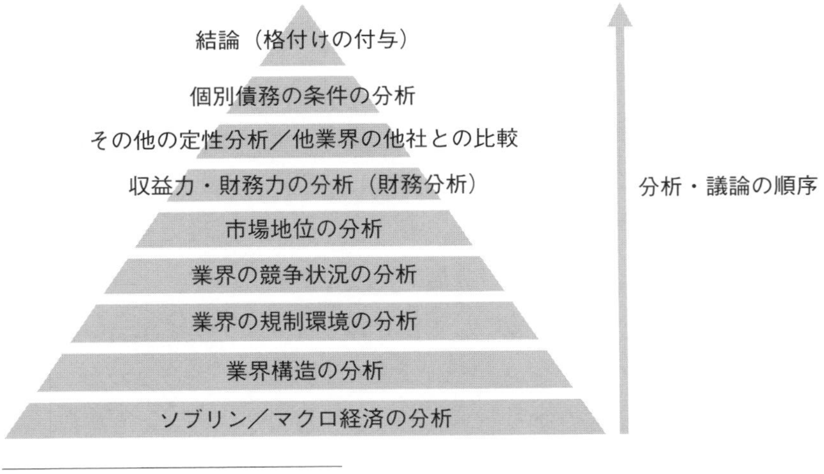

2　ムーディーズの実績によれば、当初投資適格等級の格付けを付与された債券がデフォルトを起こした実績は、当初の格付け付与後３年間の累積で0.42％、５年後までの累積で0.87％である（Moody's Investors Service "Annual default study: Following a sharp rise in 2020, corporate defaults will drop in 2021"（2021年１月28日））。

ト分析の議論の進め方を説明する。

まず、その発行体が事業を行っている国や地域のマクロ経済環境を把握し、評価する。別の地域や時期と相対的に比較することで、評価を定めていく。複数の地域で事業を行っている場合は、どこのマクロ経済環境に最も影響されるのかを見極めた上で、その他の地域の状況も加味する。

次に、業界の構造と特徴を把握する。どの要素がその業界の盛衰を決める鍵となっているのか、キャッシュ・フローはどの程度まで変動する可能性があるのかを見る。ここでも、他の業界と比較対照してみることが理解を助ける。

さらに、業界に関連する規制のあり方も確認する。格付けは将来に向けての見方を示すものであるから、規制がどの方向に変化する可能性があるかも重要なポイントである。発行体の紹介により規制当局と面談して、その方針を確認することもある。また、規制に関しても他の類似の業界の事例が参考になる。

業界の特徴が把握できたら、次は業界内における分析対象企業の位置づけを検討する。業界環境の変化は、業界内のトップ・ティアのプレイヤーへの影響が小さい場合でも、下位の企業には大きな打撃となることがある。ここでも相対評価が重要である。

併せて、業界の競争環境に対する評価も行う。プレイヤーの顔ぶれが安定しているのかどうか、それは参入障壁が高いからなのか、参入障壁は規制によるものなのか事実上のものなのか、それとも業界の成長性に疑義を持たれているから新規参入がないのか、それぞれの論点につき、他の業界の事情と比較対照して、評価を定めていく。

なお、ここまでに示したような相対評価をする場合に、できるだけ数字を用いて優劣を評価していくことが重要である。定性分析であっても、財務数値における定量分析と同様に、数字に基づいた議論が説得力を強める。財務数値以外に、事業に関してどこまで説得力のある数字を見つけられるかが、アナリストとしての力量の見せどころだとも言える。

以上のように組み上げられた定性評価を、財務数値に基づく定量分析により補完・補強して、リード・アナリストとしての格付けの結論に至る。定量分析は「定性分析の結果を補完するもの」と書いたが、事業に関する定性評価が的確であれば、事業の実績を表している財務の数値に、その評価が表現されているはずである。定性評価と財務数値の定量評価とが、大きく食い違うことはあり得ない。その意味で、定性分析と定量分析は互いに補完し補強し合うものなのである。

ただし、対象企業の成長ステージによっては、過去の実績である財務数値が表現していることとタイムラグが生じる場合があり、注意が必要である。設備形成のための投資が先行したため、財務が脆弱ではあるが、設備投資の効果がこれから現れて、業界内での市場地位が高まっていく、という事例などである。この場合は特に、事業の競争力に関する定性評価が重要となる。

事業の強みと安定性に対する定性評価に、財務数値に関する定量評価を組み合わせて補強した一連の見方を、**「クレジット・ストーリー」**と呼ぶ。初期の段階では仮説としてのクレジット・ストーリーを置いてみた上で、発行体との議論、必要な実査、関係者へのインタビュー等を経るなかで、説明を修正し強化していく。その過程で重要なのが、他の格付け事例との相対評価である。

リード・アナリストが組み上げたクレジット・ストーリーは、格付け委員会において他のアナリストとの議論を経ることで、さらに補強あるいは修正されて、結論としての格付けが定まっていた。議題となる発行体によっては格付け委員会における議論の内容が多岐にわたり、長時間に及ぶことも多々あった。さまざまな角度からの比較分析が望ましいと判断された場合などである。

さて、このようにして格付け会社の内部で鍛えられたクレジット・ストーリーは、格付け付与の後、投資家や発行体と議論する際にも役立つ。一つの格付けを付与するまでに、他の多くの既存の格付け（同業他社に限らず、意外な類似点のある業種の他社や世界の他の地域の他社まで含めて）が参照され、それらとの優劣の理由が議論された[3]ことを、アナリストは説明できるからである。

このように説得力のある格付けに仕上がっていれば、レポートにまとまったかたちでの格付け手法が開示されていないことに投資家はあまり不満を感じなかったのかもしれない。あるいは、一つのレポートにまとめられるほど簡単な手法で格付けされているわけではないのだと理解してくれていたのかもしれない。「格付け手法」としてまとめられたレポートが存在しなくても、あるいは存在しなかったからこそ、投資家との対話が内容の深いものになっていた[4]と言えると筆者は考えている。

3　絶対評価は困難であるため、相対評価を主体にせざるを得ないと先述したが、相対評価を極めることで、絶対評価に近づくことができる、とも言える。他の格付けとの比較のなかで、どのような特質が投資適格等級の格付けに求められるのか、何が欠けることで投機的等級の格付けとされるのかが、次第に明確になっていくからである。長い年月にわたり、さまざまな業種にかかわる多種多様な格付けがあり、それらとの相対評価ができることが、業歴の長い格付け専業会社の強みである。

4　本節においては、「格付け手法」導入前の格付けプロセスがもたらす優れた点のみを指摘したが、もちろん「格付け手法」により各格付け要因が明確になり、格付けの透明性が大幅に向上したという効果はある。格付け委員会における議論の質が低下したのであれば、その原因は「格付け手法」導入だけにあるのではなく、各アナリストの自覚の問題もあろう。

第2節　規制に対応した「格付け手法」の整備

2008年のIOSCOの基本行動規範に対応すべく、格付け会社各社において「格付け手法（rating methodology）」の整備が急ピッチで進められた。格付け会社各社においてそれぞれ特色のある「格付け手法」ができあがったが、それらの比較検討は次節において行う。本節では、筆者が経験したムーディーズにおける「格付け手法」作成のプロセスを紹介することで、新しい「格付け手法」の登場が格付け分析上のどのような問題につながっていったのかを説明する。

格付け会社が付与した格付けは、「格付け手法」の整備以前から多数存在した。そのため、「手法」作成にあたっては、当初は「すでに存在する格付けを、なんとかうまく説明するもの」が目指された。しかし、前節で触れたとおり、従来の格付けは、個別のクレジット・ストーリーに沿って、さまざまな議論を経て、いわば「手づくり」でつくられたものが多く、定性分析の部分を正確に説明しようとすると、その原稿がきわめて大部になる傾向が強かった。

一方で、新しく導入される規制の側では、投資家から見て格付けの「透明性（transparency）」を高めるものが要求された。紆余曲折を経て、「一般投資家が、発行体の財務諸表（決算書類）を参照しながら、格付け手法の記述に沿って数字を当てはめていけば、一通りの結論としての格付けまで導き出せる」ものが目指された。その方針が示された際、そんな魔法のようなレポートを果たして作成することが可能なのかと、衝撃を受けたことを筆者は記憶している。

このような経緯で、ムーディーズの格付け手法は、業種別につくられているが基本構造は共通で、以下のように構成されることになった。すなわち、前半の定性分析と後半の財務数値の定量分析のウェイトを合計100%になるように評価項目別に配分し、それらの項目ごとにAaa、Aa、A、Baa、Ba、B、Caaと評価して、その加重平均として、ひとつの格付け符号が得られる、というもの[5]である。各項目ごとに評価基準が数字で示され、そのレンジに実際の数値が収まる評価を入れていけばよい。手元に財務諸表があれば、一応の結論としての格付け符号まで得られる、という目標は達せられたと評価できる。

各業界に関して、そのなかで最も経験の長いアナリスト、もしくはその業界に属する発行体を最も多数担当しているアナリスト[6]が中心となって、格付け手法のドラフト作成作業が行われた。もともと個別の格付け委員会において、あるいは格付け委員会の準備の際に、世界の他の地域で同業種を担当するアナリストと議論することはあったが、この格付け手法の作成に際して繰り返した議論が最も内容の深いものであった。その議論のいくつかを紹介する。

各格付け要因についての評価点数の単純な加重平均により結論が得られると紹介したが、この方法には筆者には賛成できない点があった。完成した格付け手法では、いずれも、各評価項目のAaaに1点、Aaに3点、Aに6点、Baaに9点、Baに12点、Bに15点、Caaに18点を配点して[7]、加重平均で点数を算出し、それを今度は1点刻みで、四捨五入して1点ならAaa、2点ならAa1、3点ならAa2、4点ならAa3、……10点ならBaa3、11点ならBa1、と読み替えていく。ここ

5　ムーディーズの格付け手法の構造を模式化した図表を次節に掲載する（図表11－2）。

6　筆者は“Global Passenger Railway Companies”（2008年12月）の共著者を務めた以外に、いくつかの格付け手法（製造業全般、旅客航空業、海運業、電力・ガス事業等）の作成に関与した。

7　最近の格付け手法では、加えてCaまで評価の刻みが増えている。

で、良い評価を得た項目と悪い評価項目の配点の差が小さい点に筆者は違和感を持っていた。信用力分析はデフォルト状態となる可能性からの距離を測るものである。一つでもデフォルトにつながる要因があればデフォルトしてしまう以上、評価上の決定的な弱点は、たとえ一つしかなくても、大きく扱われるべきだと考えたのである。上に紹介した配点で言えば、BやCaaと評価される項目に関しては、等差数列的に15点や18点を配点するのではなく、もっと極端に大きな数字（極端に低い評価）を割り当てるべきだと主張した。

この点に関しては、その格付け手法の作成を主導していた海外のアナリストも賛同したため、本部に掛け合ってみたが、結局は上記の単純な等差数列的な配点に落ち着いてしまった。「極端に重い配点」の具体的な数値の正当性をうまく説明できないから、という理由であった。市場（投資家）にとって、とにかくわかりやすいことが優先されたのである。

また、前半の定性評価の部分においても、極端に大きい数値に関して、その評点が抑えられてしまう傾向が見られた。結果として、格付け手法全体の傾向として、中位の格付け水準に位置する発行体の優劣については説明しやすい一方で、極端に高い格付けや極端に低い格付けについては、説明がうまくできない結果になったように思われる。別の言い方をすれば、このような格付け手法が適用されたことで、極端に高い格付けや極端に低い格付けは付与されにくくなり、結果的に格付けの分布が中位付近に集まるようになったということである。

別の論点として、後半の財務数値を用いた定量分析の部分においては、その業種の企業を評価するのに適切な財務指標を選定することが議論の焦点となった。財務レバレッジを評価する指標には、債務全額を用いるもの（グロスのレバレッジを見るもの）と、預金その他すぐに現金化できる金融資産の額を控除した債務の額を用いるもの（ネットのレバレッジを見るもの）とがある。債券による資金調達が少なく銀行借入が主体の日本の金融業界においては、事業会社は銀行との関係の維持を重視するため、資金的な余裕がある場合でも借入金をこまめに返済することはせず、現預金や有価証券によって短期運用をしている場合が多い。したがって、その事業会社の債務返済能力を評価する際には、返済できるのに計上されたままになっている分を除いたネットのレバレッジを見たほうが実態に近い。日本の金融機関の出身者はそのように考える傾向がある。

他方で、米国では信用力水準の高くない企業も含めて、債券発行による資金調達が主であり、銀行借入は従という位置づけである。また、株式会社は株主のものである以上、余剰資金（現預金）も株主のものだという感覚が強い[8]。したがって、現預金や短期運用の有価証券を、当然に債務返済に充てられるものだとする筆者のような考え方に対しては、違和感が大きい。

筆者もこのような米国流の考え方を知識としては持っていたが、具体的な格付け手法作成の過程で正面から議論したことで、理解を深めることができた。興味深いのは、欧州の拠点にいるアナリストには、筆者の主張に理解を示した者が多くいたことである。米国のアナリストにとっても、「株主資本主義」のあり方について、何らかの学びの機会になったのではないかと思いたい。

最初の格付け手法ができあがってからも、数年ごとに更新作業が行われている。更新するたびに、傾向として、より単純に、よりわかりやすく適用しやすい方向に、変更されている。特に前半の定性評価の

8　余資があれば、配当等のかたちで株主に還元すべきであると考える。

部分に関しては、当初は財務諸表以外を参照する評価項目がいくつもあったが、それらは徐々に減少し、現在では原則として財務諸表（アニュアル・レポートや有価証券報告書等）のなかに記載されている情報だけを見れば評価できるようになってきている。また、その業界の最近の動向や実際の適用例[9]は省略されるようになり、一つの格付け手法の総ページ数は、当初の50～80ページから、現在では十数ページにまで減少している[10]。

その間、規制当局から格付け会社に対して、格付け手法の内容に関しては何も言われていない。定性評価の内容をシンプルにし、また定性評価の項目数を削減する方向への変化は、格付け会社自身の方針によるものだと考えられる。

第3節　各社の「格付け手法」の特徴

規制を受けるようになった格付け会社各社は、それぞれに特徴のある格付け手法を作成し、自社のウェブサイトに公表している[11]。ここでは、各社の格付け手法を比較して、どのような考え方の特徴が現れ

9　その格付け手法を適用してみた結果、実際の発行体は各項目でどう評価され総合点はどう出るのかは、投資家にとって貴重な情報であるが、その内容は有料レポートに移動した。適用例は発行体各社の最新の決算数値をもとにして試算されるものであるため、その記載を省略することは、格付け手法のレポートの「賞味期限」を延ばし、格付け手法のレポートの更新（改訂）作業の頻度を下げる効果もある。

10　このことは、格付け会社にとって、格付け手法のレポートの更新（改訂）に際しての作業量を大幅に削減する効果がある。

11　購読者（有料サービスの顧客）以外でもアクセスできるため、本書の読者には実際に各社の格付け手法をご覧になることをお勧めする。ただし、格付け会社によっては、無料であっても「登録」を事前に求める場合がある。

ているのかを見てみたい。ムーディーズ、スタンダード&プアーズ(S&P)、格付投資情報センター（R&I)、日本格付研究所（JCR）の4社の事例を対象とする。なお、格付け対象を事業会社とする格付け手法に限定して議論する[12]。

最初にムーディーズの例を紹介する（図表11－2）。

ムーディーズは業界別に多数の格付け手法を作成しているが、共通して言えるのは、前半に定性要因を、後半に定量要因を配しており、定性評価としては「事業プロファイル」が重視されていることである。その内訳は、売上高の規模、事業展開する地域の広さ（地域数)、事業セグメントの数、グローバル市場におけるシェアなどであり、定

図表11－2　ムーディーズの「格付け手法」のスコアカードの例

自動車製造業界のスコアカード

格付け要因	要因のウェイト	サブ要因	サブ要因のウェイト
事業プロファイル	40%	過去3年間の全世界の販売台数シェア推移	10%
		市場地位と製品の幅／強さ	30%
収益性と効率性	20%	EBITAマージン	20%
レバレッジとカバレッジ	30%	有利子負債／EBITDA	10%
		(現金+市場性のある有価証券)／有利子負債	5%
		リテインドキャッシュフロー／有利子負債	5%
		フリーキャッシュフロー／有利子負債	5%
		EBITA／支払利息	5%
財務方針	10%	財務方針	10%
合計	100%	合計	100%

(出所）ムーディーズの公開資料から作成

12　他のカテゴリーとしては、政府（ソブリン)、金融機関、ストラクチャード・ファイナンスがあり、それぞれのカテゴリーのなかに複数の格付け手法がある。

性要因とは言ってもできるだけ数値で把握できるようにすることが目指されている。定性要因にはもう一つ、「財務方針」がある。これは数量で把握することはできないため、株主還元政策・目指している信用力水準へのコミットメントの強さ・買収への積極性等を含む財務方針全般への評価となっている。

定量評価項目は、収益力をEBITAマージン（営業利益率）で、財務レバレッジを有利子負債／EBITDAなどで測っている例が多い。特に財務レバレッジは、似た指標[13]を複数採用して合計のウェイトが全体の20％を超えていることが多く、きわめて重視されている。なお、収益やキャッシュ・フローに関する評価項目は、直近期の数値だけでなく、数年間の平均値を評価するようにしている[14]格付け手法もある。

ムーディーズの一つめの大きな特徴は、**格付け手法のレポートが、発行体の属する業界別に分かれている**ことである[15]。したがって、レポートの数自体が、他の格付け会社に比べてきわめて多い[16]。それでもすべての事業会社の発行体をカバーすることはできず、業界別に作成された格付け手法を適用できない発行体を対象に、言わば「その他の事業を手がける発行体」向けに、「製造業界の格付け手法」等も作

13　有利子負債／リテインド・キャッシュ・フロー（retained cash flow）が用いられる例が多い。

14　市況の動向に業績が左右される程度の大きい業種や、大規模な設備投資が長い周期で行われる業種の場合、数年間の平均を見ることが多い。なお、市況の変動の大きい業種の企業の格付けの考え方については、第13章の第１節を参照。

15　S&Pは「事業会社の格付け手法」、R&Iは「事業法人等の信用格付の基本的な考え方」、JCRは「コーポレート等の信用格付方法」と題して、それぞれ事業法人全般の格付け手法を示す方式を採っている。

16　事業会社に関するものだけでも、最多で80以上が存在した。なお、統合を進めることで、格付け手法のレポート数は減少の傾向にある。また、各格付け手法において、当該業界の状況をムーディーズがどのように見ているか、また業界のクレジット上の特徴は何か等を最初に記述しているので、ページ数も比較的多い。

成し、遺漏を防いでいる。しかし、個別の格付け手法を適用されず、「その他」とされた発行体はどのように感じるだろうか。格付け会社から見て、個別に詳細に検討すべき重要な業界ではない、と言われたと感じる可能性がある。他の３社の方法（一般的な格付け手法のみを示し、個別の業界に関する格付け手法はつくらない）であれば、そのような懸念はない。

ムーディーズの格付け手法の二つめの大きな特徴は、**各項目の該当欄に当てはまる点数にウェイトをかけて合計すれば、一応の格付けの結論まで得られる仕組みを採用している**ことである。このことで読者は、より実感を持って格付けプロセスの仕組みを理解することができるという利点がある。ただし一方で、読者（投資家）の誤解を助長してしまう危険もある。その潜在的な誤解としては、大きく二つあると考えられる。

一つは、過去の実績に基づき格付けは検討されているのだという誤解である。過去の実績である財務諸表（アニュアル・レポートや有価証券報告書）を手元に置いて参照しつつ点数をつけていく、という読み方をすれば、おのずと読者（投資家）は「格付けとは過去の数値によって決定されるものだ」と無意識のうちに考えるようになってしまう。しかし、実際に格付けを議論する格付け委員会では、過去数年（３年から５年程度）の実績も検討するが、議論の焦点はむしろ発行体の将来の姿であり、主担当アナリストが将来予測の数値をどのようなクレジット・ストーリーに従って組み上げたのかがきわめて重要な検討の材料となる[17]。

もう一つは、項目別に点数をつけていく（このことを「マッピング」

17　格付けとは本来、発行体企業が将来にわたって負債を返済する能力についての評価である。

するという）ことで一応の結果が得られてしまうため、その一応の結果（grid indicated rating：「格付け手法」が示唆する格付け）が最終的な結論としての格付けだと誤解してしまうことである。実際には、マッピングの結果として得られる格付け符号（上記のgrid indicated rating）は、あくまで検討の途中段階の仮のものである。最終結論としての格付けに至るまでに、さまざまな議論によって修正される[18]べき「たたき台」にすぎない。しかし、格付けと同じ符号によって示されているため、外部の読者からはこれが最終的な結論としての格付けに見えてしまう。

以上二つの誤解により、ある発行体が新たに発表した決算数値をもとにマッピングした結果が現状の格付けから外れた場合に、なぜ格付けが変わらないのかと問い合わせてくる投資家がいる。そのような質問に対しては、一時的な業績の変動があっても将来の信用力水準に関する見方が変わらない場合には格付けは変更されないということと、もともと格付け手法が示唆する格付けから上下２ノッチ外れることは充分に許容されているということを説明することになる。

ムーディーズの格付け手法の三つめの特徴は、**業種によって格付けに上限を設けないという考え方が反映されている**ということである。このことは、次のS&Pの格付け手法の特徴と比較することで説明する（図表11－３）。

S&Pの格付け手法は、ムーディーズと異なり業種別に多数を揃えることはせず、事業会社全般に対して適用できるものとなっている。 大部のレポートであり、格付けプロセスの構成、各評価項目の適用に

18　ムーディーズ社内では、grid indicated ratingから上下に２ノッチ離れた結論になることは特殊なことではないとされ、さらに３ノッチ離れても、説明がつけば許容される、という運用がなされている。

図表11－３　S&Pの格付け分析のプロセス

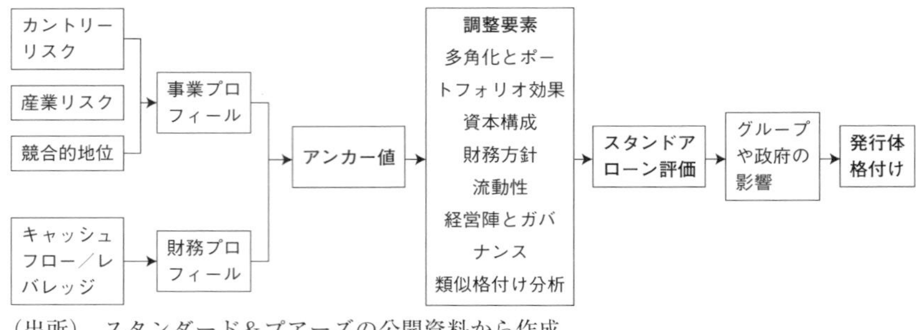

（出所）　スタンダード＆プアーズの公開資料から作成

関する考え方等が詳細に説明されている。ただし、**ムーディーズの例とは異なり、一応の結論としての格付けを導出することまでは目指されていない。**

また、この格付け手法（「事業会社の格付け手法」）を補うものとして、格付けの重要な構成要素の一つである「産業リスク」（図表11－３参照）に関する考え方を詳述した「産業リスクの評価方法」も公表されている。

S&Pの格付け手法の特徴は、この「産業リスク」にある。先ほどのムーディーズの格付け手法の特徴の三つめと対照するかたちで説明すると、ムーディーズは以前から、いかなる業種の発行体であっても、その業種の事業リスクをマネージできていれば、格付けには上限がない、という考え方を採ってきた。

具体例として、乗用車製造業は、2008年のリーマン・ショックに端を発した世界金融危機に伴う不況期に、米国において最大手の事業者を含む複数の企業が経営破綻したことに見られるように、元来事業リスクの大きい業種である。しかしムーディーズは、乗用車製造業の発行体であっても、最上位の格付け（ムーディーズの場合はAaa）を付与してきた[19]。

格付け手法のレポートにおいても、事業リスクの大きさが格付けに上限をもたらすことを示唆する書き方はされていない。どの業界に関する格付け手法も、すべて最上位の格付けまでが可能であることを前提に書かれている。また、そもそも業種により別々のレポートとなっているため、ムーディーズが各業界の事業リスクを相対的にどのように評価しているのかを知ることはむずかしい。

これに対して、**S&Pの場合は、対象となるあらゆる業種の事業リスクをまず6段階に分類する（「産業リスクが非常に低い」から「産業リスクが非常に高い」まで）ことから分析が始まる構成になっている。**さまざまな業種の事業リスクの大きさを相対的に比較してみるという発想がS&Pにある[20]ことは間違いないと言えよう。

また、両社の格付け手法に関して共通する懸念点としては、**長い期間における業績の安定性という要因を、どこまで格付け評価に織り込めているのか**、という点である。

ムーディーズの格付け手法においては、前述のとおり、業界自体に市況の変動性が強い場合、直近の財務数値のみを参照するのではなく、5期間の数値の平均を見るようにしている格付け手法もある。ただしそれは業種自体の特徴を勘案しているのであって、個別の企業が安定した経営の実績を積み上げているかどうかを評価しようという意図からではない。また実際には買収や事業の売却等もあり、5期間の数値を見ると変動が大きくなっていることが多く、その期間の数値だ

19　トヨタ自動車に対して、1992年から1998年までと、2003年から2008年まで、それぞれAaaを付与していた（第14章第1節を参照）。

20　事業リスクの評価が極端に低い場合に、他の項目の評価によって挽回して最上位の格付け（AAA）を獲得することは、実際には困難だと思われる。その意味で、業種により格付けの上限が事実上存在していると考えられる。

けを見て経営自体の安定性を比較するのは困難である。そのため、10年間、20年間といった長期にわたり、たとえば一度も赤字決算をしていない発行体と、何度も赤字を出して危機に瀕した経験のある発行体とがあったとしても、格付け手法のレポートを当てはめるだけではその相違を把握できない。

6年以上も過去の実績は、現時点から将来への信用力を評価する格付け分析には関係ないという考え方もあり得るかもしれないが、筆者は賛成しない。幾多の経営環境悪化の局面を乗り越えてきた企業には、それを支える多くのステークホルダーとの継続的な関係があったはずであり、それこそが信用力の基礎をなすとも言えると考えるからである。

実際問題として、この論点を具体的に格付け手法のレポートに盛り込むことはむずかしい。ムーディーズとS&Pの両社の格付け手法を比較すれば、産業リスクを別建てで議論する構成になっているS&Pの格付け手法のほうが、長期にわたる経営の安定性の議論は盛り込みやすいと考えられる。それでも、産業としてのリスクとは別に、個社として安定した経営を続けてきたことに対する評価を、充分に反映できるかは不明である。

以上の米国系の2社の格付け手法に対して、**R&IとJCRの格付け手法は、記述内容が絞られており、全体のボリュームが小さい**[21]のが特徴である。このことから、日本の金融当局による規制に対応するためには、ムーディーズやS&Pのような詳細で大部な格付け手法の公開は不要であることがわかる。なお、**R&IとJCRの両社とも、全業界に共**

21　単純にページ数を紹介すると、R&Iの『業種別格付手法「乗用車」』は7ページ、JCRの『業種別格付方法「自動車・自動車部品」』は5ページの長さである。これに対して、ムーディーズの『自動車業界の格付手法』は22ページである。

図表11－4　R&Iの業種別格付け手法の構成（乗用車業界）

発行体格付け

個別企業リスク

評価項目	重要度
商品競争力	◎
生産体制	◎
販売力	○
技術力・開発力	◎

財務リスク

評価項目	基準	指標	重要度
収益力	事業	EBITDA マージン	◎
	事業	EBITDA ／総資産平均	○
	事業	営業CF ／総資産平均	○
	連結	売上高 営業利益率	○
規模・投資余力	連結	EBITDA	◎
	連結	自己資本	○
債務償還年数	事業	純有利子負債 EBITDA倍率	◎
	事業	純有利子負債 営業CF倍率	○
	事業	ネットキャッシュ 規模	◎
財務構成	事業	自己資本比率	◎
	事業	ネットD/E レシオ	△
	金融	自己資本比率	△

産業リスク　中程度

重要度は、◎きわめて重視　○重視　△比較的重視
基準の「事業」は乗用車を中心とする製造販売事業（連結から販売金融を除く）、「金融」は販売金融事業を指す
（出所）　R&Iの公開資料から作成

図表11－5　JCRの業種別格付け手法の評価項目（業種：自動車）

1．事業基盤	2．財務基盤	
⑴産業の特性	⑴収益力	
①　市場概要	（重視する指標）	■売上高営業利益率
②　競合状況		■営業利益、経常利益
③　コスト構造	⑵キャッシュ・フロー創出力	
	（重視する指標）	■営業キャッシュ・フロー、EBITDA
⑵①　市場地位		■フリー・キャッシュ・フロー
②　販売戦略、商品構成		■有利子負債／EBITDA倍率
③　コスト競争力	⑶安全性	
④　品質管理	（重視する指標）	■実質有利子負債
⑤　グローバル生産体制		■デット・エクイティ・レシオ
⑥　環境規制対応		■貸倒れロス率

（出所）JCRの公開資料から作成

通する基本的な格付け方法の説明（それぞれ、「事業法人等の信用格付の基本的な考え方」、「コーポレート等の信用格付方法」）の下に、各業界に関する具体的な格付け手法のレポートが配置されている。図表11－4と図表11－5では、具体的な格付け手法の構成の例を示す。

R&IとJCRの格付け手法は、個々の格付け要因の説明も一般的な書き方になっているが、幅広い解釈を許容していることで、たとえばムーディーズの場合と比較して、より柔軟な運用が可能となっていると見ることもできる。

以上のような特徴を持つ各社の格付け手法であるが、それを適用した場合に、格付け委員会の議論はどのように変化したのか、最終的な結論としての格付けにどのような影響を及ぼしたのかについては、章を改めて議論したい。

なお、以上に紹介したのは、格付け会社が「主要格付け手法」と呼ぶ、その発行体の格付けにおいて最も重要な格付け手法のレポートである。これ以外に、**「クロス・セクターの格付け手法」**と呼ばれるカテゴリーがある。これは、ある特定の業種だけにではなく、すべての業種に共通して用いられる格付けの手法を説明したレポートの総称である[22]。具体的には、異なる会計基準に依拠している企業を比較可能とするための財務諸表の調整、ソブリン（政府）の格付けがその国の事業会社など他の発行体へ与える影響、保証や保険による信用補完、ハイブリッド証券のエクイティ性[23]、ESGリスク、等に関する評価方法を説明している。

これらの論点のなかで、**ソブリンの格付けが他にどう影響するか**という論点を初めに取り上げる。2010年からの欧州ソブリン危機[24]の経験を踏まえて、ムーディーズは、政府の信用力の悪化は国内の発行体にマイナスに影響するとし、高い格付けの発行体でもその影響を免れないとする。つまり、政府の格付けが下がると、その国の民間の事業会社を含むすべての発行体の格付けも、政府と同水準まで格付けを抑えられてしまう、という考えである[25]。これに対して、S&Pは、歴史的に見て政府のデフォルトに伴う経済ストレスは非常に強いため、政

22　依拠した「主要な格付け手法」がどれかは、格付けに際して公表されるプレス・リリースにも明記するよう、規制により定められている。これに対して「クロス・セクターの格付け手法」は、全般に適用されるものであるため、プレス・リリースにおいても記載することを要求されない。

23　負債と資本の両方の性質を持つ証券をハイブリッド証券といい、そのうちどの割合までを資本と認めるかに関する考え方。

24　急速かつ大幅な経済状況の悪化に伴い、AA格やA格といったきわめて高い格付けが政府に付与されていた欧州各国でも、投機的等級の格付け（BB格以下）まで格下げされる例が相次いだ。

25　政府がデフォルトに瀕するという非常時に、国内の発行体がそのネガティブな影響を受けることは理解できるが、そうでない平常時にまで、政府の格付けが国内の発行体の格付けの上限となる、というムーディーズの考え方に、筆者は違和感を持っている。詳しくは「エコノミストリポート　トップ企業で続く異例の格下げ　政府格付けを超えた会社に集中」（週刊エコノミスト2019年８月20日号・廣瀬和貞）を参照。

府以外の発行体のデフォルトの増加につながる可能性があると認めているものの、政府の格付けより高く国内の発行体を格付けするための基準を明確にして、実際に政府よりも高い格付けを許容している。

一方、R&IとJCRは、政府の格付けが国内の他の格付けの上限となるという考え方は採っていない。格付け会社による考え方の違いが端的に表れている例だと言える[26]。

もう一つ論点をあげると、**親会社と子会社の格付け**の関係である。事業会社がグループ内に多数の子会社や孫会社（子会社の子会社）等を持っていて、親会社だけでなく子会社等も格付けを取得している場合、日本の格付け会社であれば、親会社の格付けを子会社等のグループ企業の格付けが上回らないことが多い。すなわち、グループ企業群のなかで、親会社の格付けが最も高いことが多い。これは、企業グループの一体性が強いため、親会社からグループ会社に経営者を送り込む等、平時から経営上のつながりが深く、仮にグループ会社の経営の存続が危ぶまれる事態に陥っても、親会社が支援を行う可能性が高いことが理由となっている[27]。

この見方は、1997年に日本でも「純粋持ち株会社」が解禁されて以降も、基本的に変化がない。純粋持ち株会社とは、親会社自身も事業を手がける「事業持ち株会社」と異なり、親会社は事業を直接は行わず、その主な資産は子会社の株式のみ、という親会社の形態を指す[28]。

26　この論点について、詳しくは第14章の第２節を参照。

27　格付け会社に限らず日本の銀行も、融資先の事業会社グループに関して同様の見方をすることが多い。取引先企業のグループ会社については、親会社から「経営指導念書」を徴することで親会社のコミットメントを確認することが多く、親会社からグループ会社への「保証」を求めることは一般的ではない。事業会社としても、経営の危機に瀕するグループ企業を破綻させることは業界内での評判を落とすことにつながるため、保証の有無にかかわらず支援することが多い。また、事業会社の株主も、その方針を支持する例が多い。

親会社自身が事業を手がけていれば、債務の返済に充てるキャッシュ・フローをその事業から生み出すことができる。しかし純粋持ち株会社の場合は、債務の返済に充てるキャッシュは子会社が払う配当金が原資となる。子会社は、債務と株式の優先劣後関係により、自身の債務を優先して返済し、その後に親会社に配当を支払う。つまり、親会社の債権者は、子会社の債権者に対して、支払順序において劣後する。これを「構造的劣後[29]」という。つまり、構造的劣後関係にあるということを重視すれば、親会社の信用力は子会社の信用力に劣ることになる。

日本の格付け会社の場合は、構造的劣後関係を重視せず、企業グループ内で親会社の格付けを最上位、もしくはグループ内の最有力子会社と同位に置くことが多い。R&Iでは、事業会社グループ全体の信用力評価を「グループ信用力」と名付けた上で、「親会社の発行体格付は、通常グループ信用力と同じ評価になる」としている[30]。理由として、事業会社の場合には、子会社から持ち株会社への資金の流れに制約が掛かる可能性が小さいこと、子会社には親会社からの経営の介入があり、さまざまな取引を通じて直接的、間接的に利益が管理されることが多いこと、等があげられている。

これに対して米国系の格付け会社は、親会社が純粋持ち株会社であれば、構造的劣後の存在を重視して、グループ内の事業子会社よりも

28　この時期以降、日本で導入される例の増えた「○○ホールディングス」という社名は、その会社がグループの持ち株会社であることを示している。ただし、実際には厳密な意味での純粋持ち株会社は少なく、何らかの事業を手がけている事業持ち株会社の事例が多い。

29　構造的劣後に対比して、担保や保証の有無により生じる優先劣後関係のことは、「法的劣後」と呼ばれる。

30　R&Iの格付け手法レポート『親会社と子会社の格付の考え方』(2017年12月13日)参照。

１ノッチかそれ以上、低い格付けを付与することが珍しくない[31]。どのような場合にどれだけのノッチ差をつけるべきかに関する考え方を説明したクロス・セクターの格付け手法が公表されている[32]。

このように、格付け手法のレポートのあり方や、その背後にある格付けの考え方まで、格付け会社によってさまざまな方針がある。同じ発行体に対する同じ信用力評価に関して、このようにさまざまな考え方が併存していることは、多種多様な異なる行動が市場原理を健全に機能させるという考えから、望ましい状況だと筆者は考えている。

繰り返しになるが、格付け手法について書かれたレポート類は、格付け会社各社のウェブサイトから無料で読むことができる[33]。興味を持たれた読者はぜひ実際に目を通してみてほしい。

31　ただし、構造的劣後の関係が存在しても、その企業グループの資金調達機能が一つの会社に集約されていて債権者間に優先劣後関係がない場合、あるいはグループ内で事業によるキャッシュ・フロー創出力の大きい事業子会社が持ち株会社（親会社）の債務に保証（upstream guarantee）を提供する場合は、親会社と事業子会社との間に格付けの差がなくなる。日本の企業グループの場合は、このどちらかの方法により、グループ内企業の格付け水準を揃えている場合が多い。

32　ムーディーズの例では、『担保および支払請求優先順位に基づく社債格付のノッチング』（2017年10月27日）という格付け手法レポートの５ページから、構造的劣後の場合の格付けの考え方が説明されている。

33　日本の金融当局の規制により、日本の発行体の格付け付与に使用される格付け手法のレポートは、海外の格付け会社であっても日本語版が用意されている。

第12章

格付けアナリストの業務の概要

格付け会社のアナリストの最も重要な役割は、企業の信用力を分析して格付け水準を検討することだが、日常的にはそれ以外にもさまざまな業務を行っている。格付けの付与以外のアナリストの日常業務を大別すれば、発行体（格付け対象企業）向けの格付けのモニター業務、投資家向けの業務、その他メディア等向けの業務の三つとなる。

次章で格付け水準の検討のプロセスを紹介する前に、本章では、三つの日常業務を紹介することで、格付けアナリストの仕事の全体像を明らかにしたい。

第1節　格付けとその「見通し」

格付けアナリストの業務としては、格付けの付与とそのモニターが最も重要である。その内容を紹介する前提として、格付けに付随している「格付けの見通し」について説明する。

格付けは新規に付与された後、その発行体の信用力の変化に応じて、随時見直される。つまり、格付けはその時点における格付け会社の意見であり、発行体の将来の債務返済能力に関する意見ではあるが、未来の時点における格付け会社の見方を予告するものではない[1]。

稀に発行体企業から、「今後数カ月以内に社債を発行して資金調達をする予定があるが、格付けを近々変更する予定があるかどうか教えてほしい」と求められることがあるが、その質問に対する正しい対応は、「答えられない（何も言えない）」と回答することである[2]。格付けは、常に見直される可能性のあるものである。

一方で、格付け会社の仕事は資本市場を驚かせることではない、とも言われる。すなわち、格付けを変更する際に、しかるべき手順を踏んだ上で変更することが原則である。そのための道具が、格付けの「見通し（アウトルック）」である。

格付けの見通しという用語になじみがない読者でも、新聞や雑誌の記事等で、「格付けは弱含み（強含み）」という表現を読んだことがあるかもしれない。それが、格付けの見通しがネガティブ（ポジティブ）だ、という意味である。

格付け会社によって詳細な定義は異なるが、ムーディーズの場合であれば、**今後12カ月から18カ月の間に、現在の格付け水準から上方に（下方に）格付けが変更されている可能性が50%以上あると考えられる場合に、格付けの見通し（rating outlook）をポジティブ（ネガティブ）とする**、と定義されている。**今後1年半くらいまでには格付け水準が変更されない可能性が半分以上あると判断される場合には、格付けの見通し（アウトルック）を「安定的（stable）」としておくこと**になる[3]。

なお、ここでの格付けは「長期格付け」である。一般に「格付け」

1　未来の時点の格付け水準を約束することは、格付けのコンサルティング業務を格付け会社自身が行うことにつながるため、規制上も禁止されている。

2　実際には、発行体企業の財務担当者の要望に応じて、格付け変更の予定の有無を伝える。発行体からすれば、社債発行の際に使用するために格付けを取得しているのである。

と言われるのは、この長期格付けのことである。長期格付けのスパン、すなわち検討の対象としている期間は、ムーディーズの場合、おおむね３年から５年先までである[4]。１年以内の信用力を表す「短期格付け」も存在するが、その決定の方法は、その発行体について長期格付けを先に決定し、その水準に応じて短期格付けを付与しているものである。したがって、一般的に「格付け」と言えば長期格付けのことを指している。

安定的の見通しを持っている格付けを、上方に（下方に）変更しようとする場合には、まず**見通しをポジティブ（ネガティブ）に変更するための格付け委員会**を開催し、議決を得る[5]。そして次の段階で、１年半以内の時期に、**格付けを「格上げ（格下げ）方向でのレビュー」にかけるための格付け委員会**を開き、そのように議決を得る。そして、今度は原則として90日間以内に、発行体とのレビュー・ミーティングを開催し、発行体側とよく議論した上で、**三度めの格付け委員会を開催し、格上げ（格下げ）の議決を得る**。各々の結論は、いずれも格付け会社からのプレス・リリースの形式で発表され、市場参加者に

3　主に使用される「見通し」は、ここに説明した三つであるが、ほかにも、「検討中（developing）」「見通しなし（no outlook）」が用いられることがある。前者はクレジット上のイベントが発生した際に、その影響が見通せない場合等に一時的に用いられる。後者は、発行体が実質デフォルト状態にある等、見通しが不要の場合に用いられる。

4　エネルギー事業や鉄道事業、あるいは政府債等、５年を超える年限の債券は珍しくないが、長期格付けは３年から５年先までのスパンで検討して付与し、それを常時モニターすることで対応している。

5　格付けの「見通し」が導入されたのは、各社とも1980年代に入ってからと比較的最近のことであり、当初は運用が厳格ではなく、格付け委員会を経ずに変更されたり、対外発表されなかったりという時期があった。現在では、見通しの変更には格付け委員会での議決が必須であり、変更された場合にはプレス・リリースによる正式な発表が必要とされる。

対して一斉に周知される。

このような三段階の手順を踏むことで、資本市場（債券市場）へ無用なサプライズを与えることを回避するのが原則である。ただし、急激な事業環境の変化、クレジットに大きな影響を与えるイベントの発生等により、タイミングが優先される場合[6]には、原則から外れて三つの段階を経ずに格付けが変更されることもある。

なお、格付け委員会の運営については、第13章で詳しく説明する。

第2節　格付けのモニター

格付け会社のアナリストは、自分の担当している発行体の格付けにつき、それを変更する必要があるかどうか、常時モニターしている。経営の成績である決算が発表されるのは年に四度だが、その間の時期にも、買収や合併の当事者になる、新製品／新サービスの発表がなされる、事故／災害の被害を受ける、金融環境や経済状況の大幅な変動が起こる、経営者の交代がなされる、規制や他社の動向により競争環境に変化が生じる、等々が報道されることがある。それらが報じられるごとに、担当アナリストはそれらが当該発行体の信用力にどのような影響を、どの程度与えるのか、見極めることになる。そして、必要があると考えた場合には、格付け委員会での議論を準備する[7]。

最初に四半期ごとの決算の時期について紹介する。決算発表に合わせて、エクイティ、クレジット双方の証券アナリスト向けに「決算説明会」を開催する発行体が多い。大きな会場を用いて説明会を開催す

6　経済危機時等の急激な格付け変更の事例に関しては、第14章を参照。

る場合、ウェブ上での説明会を行う場合、説明用の資料を作成して自社のウェブサイト上で公開する場合等がある。格付け会社の担当アナリストも説明会に参加することが多い[8]が、その場合に留意すべき事項がある。

決算説明会の態様はさまざまであるが、多くはIR担当もしくは財務担当役員（CFO：Chief Financial Officer等）、あるいは財務／経理部長が出席し、主に説明する。社長が自ら説明する場合も珍しくはない。説明の後、出席アナリストからの質問を受け、質疑応答がなされる時間がある。ここで、多くのエクイティのアナリストから質問がある[9]。比較的少数だが、証券会社等に所属するクレジットのアナリストからも質問が出ることがある。しかし、格付け会社のアナリストから質問がなされることはない。どの格付け会社も、それを禁じているからである。格付け会社のアナリストからの質問は、明示的に格付けの動向に関する何らかの示唆を含んでいなくても、それに関する憶測を呼ぶ可能性がある。格上げ／格下げを考えているのではないか、あ

7　格付けおよび格付けの見通しに影響がないと考える場合でも、その事象を格付け会社がどのように認識しているのかを示したほうがよいと考える場合には、主担当アナリストがマネージャー（格付け委員会の議長となる者）と文案を相談した上で、「コメント」を出すことがある。内容としては、その事象が信用力（格付け）にとってポジティブなのかネガティブなのかを明言した上で、そう考える根拠を示し、さらにそのインパクトが格付けや見通しに影響を及ぼすほど大きくはないことを説明することが多い。なお、「コメント」を出すことは、規制によって求められてはいない。

8　同業他社の説明会は重複しないように互いに配慮してくれるが、アナリストのほうが複数の業界を担当しているため、同時間帯に別々の業種の決算説明会がバッティングしてしまうことがあり、他のアナリストと手分けしてカバーする等の工夫が必要になる。

9　エクイティのアナリストにとっては、他社のアナリスト／投資家がいる場で有益な質問をすることは格好の自己アピールとなるようであり、積極的に発言しようとする例が多い。

るいは、当面は格付け水準を動かす予定がないらしい、と思わせる情報を、その説明会の出席者だけに与えるのは、望ましくない[10]。そうではなくて、格付け会社が考えていることはプレス・リリースによって一斉に市場参加者に知らせるべきだ、という考えから、第三者がいる場での質疑は禁じられているのである。

その代わり、格付け会社のアナリストに対しては、発行体の財務（もしくはIR）担当者や責任者が、個別に決算の概要を説明し、質問に対応してくれることが多い[11]。大変貴重な機会であり、積極的に活用すべきである。その場で即答できないことは後日教示してくれることも多いため、決算に直接関連しないことでも疑問点があれば遠慮せずに質問してみるべきである。なお、発行体と面会する場合には複数のアナリストで対応する[12]。

決算発表の時期の面談とは別に、年に一度程度の頻度で、いわゆる**年次レビュー**（annual review meeting）の開催を発行体に依頼している。これは発行体の経営方針・財務方針を、定期的にまとまったかたちで承りたいという格付け会社側からの要望に基づくものであり、格付けをモニターする上で最も重要な情報源である。ムーディーズの場合は、発行体側の出席者の構成も、発行体からの説明の内容も、すべて発行体に任せている。ただし、事前にどのような話を聴きたいのか発行体の担当者から訊かれることが多いので、その場合は格付け会社から質問リストを提出する。質問リストの内容は、事業の概況と今後の展開の計画、財務と資金調達の方針[13]、さらに自社グループ全体の

10　前述した、limited disclosureを避ける、という考えに基づく。

11　個別の面談による質疑応答がなされない場合は、個別に電話で質問する。

12　説明された情報をできるだけ正確に把握するためと、何らかの不正なやりとりが行われないようにするためである。

経営全般に関する考え方の大きく三つの領域に関して、具体的な項目にブレークダウンして示すことが多い[14]。

そのリストの内容をもとに、発行体の担当者は自社の関連部署に説明資料の作成を依頼し[15]、説明者を手配する。発行体によっては、主要な各事業部門からそれぞれ説明者を出してくれることもある。そうでなくて、IRや財務担当の責任者が一括して説明することもある[16]。

また、経営方針については、社長自らが説明することも、副社長やCFO、またはIR部門担当の役員が説明することもある。わが国の産業界を代表する企業のトップと直接面談して経営に関する議論ができることが、格付けアナリストの仕事の大きな醍醐味であると筆者は感じていた[17]。

新聞やTV等のメディアで発言が報道されることの多い大企業の

13　財務方針に関連して、今後数年間の設備投資の計画、配当の方針（考え方）は必ず確認する。後述するように、格付け委員会で議論するための重要な資料となる財務諸表の予想表を作成する上で、必須の情報である。

14　レビュー・ミーティングとは、その性質上、格付けに影響を及ぼす変化が起こっているか否かを毎年確認する場であって、事前に示す質問や当日の議論の内容は、毎年似たものとなることが多い。毎年のように新しいトピックが出てくる発行体があるとすれば、事業内容や経営方針の安定性を注意して見る必要がある。

15　質問に対応した資料をミーティング当日よりも前に格付け会社に提示してくれる発行体が多い。なお、会社によってはレビュー・ミーティングの日程の１カ月以上も前に質問リストを要求することもある。そのような場合、レビュー・ミーティング当日の時点では新たな疑問が生じていることがあるため、当日の質疑応答において、リストに記載しなかった質問をして補うことになる。

16　格付け会社側の出席者の人数と顔ぶれも、複数で参加するという以外に規則はないため、発行体側と調整して双方が納得するメンバーが参加する。

17　格付け会社とのレビュー・ミーティングにおけるやりとりが、元経営者によって新聞等のコラムに後年になって書かれる例もある。特に2008年秋以降の世界金融危機に際しては、大幅に格下げされた企業が多数あり、経営者と格付け会社のアナリストの対話も緊張感溢れるやりとりとなったため、その思い出が回想されることが多い。

トップ経営者[18]であっても、直接やりとりすることで得られる情報は多い。前任の社長がリーマン・ショックによる業績急落の責任を取って退任した後を受けた新任社長は、メディアの前では自信のある態度を崩していなかったが、就任後最初のレビュー・ミーティングにおいては、経営の立て直しの方策に関して迷える胸中を隠さずに話してくれた。その経営者が、急ピッチで経営を改善させた後、次年度のレビュー・ミーティングにおいては、内面の自信が滲み出る話し方になっていたのが印象的であった。

長くモニターしていると複数回の社長交代に立ち会うことになるが、興味深いのは、代替りのたびに異なる性格の社長が就任するように見える例が多いことである。基本的にトップ営業をするにふさわしい、明るく外交的な性格はほぼ共通しているが、そのなかでも、沈思黙考型の社長の後には話好きのざっくばらんな性格の人が就き、その後にはまた思索好きな社長が任に就くといった例が見られた。日本の大組織の人事システムの奥深さを感じさせられた事例である。

社長が交代するごとに、何かしらの新しい施策が打ち出されるが、一見して新しいように見えても、その背後にある意図の説明を受けると、前任からの一貫した方針が存在していることがわかる例が多い。反対に、前任の施策を全否定するような新機軸に固執する場合は、後になって振り返るとその新しい施策は定着しておらず、時間と経営資源を無駄にしたように見える例もあった。経営方針の一貫性の重要性を教えられた。

全般に、レビュー・ミーティングにおける社長の発言は驚くほど率直である[19]。広い意味でのグループ企業のなかに経営不振な会社があ

18　レビュー・ミーティングの場で話を聴く前に、最近の公式な発言は報道やウェブサイトですべて把握しておくべきである。

り、連結対象ではないことから支援の対象にするか否か、メディアの見方が分かれていた際に、こちらからの質問に対して即座に支援すると回答され、強い印象を受けたことがある。また、経済のグローバル化に伴う事業環境の変化が事業リスクを増大させているのではないかという問いに対して、それを明確に肯定されたこともあった。格付け会社に対して事業リスクの拡大を認めることは、格付けに下方圧力が加わることを自ら受け容れることにつながってしまう。それでも率直にそう答えたのは、経営環境の現況を虚心坦懐に見て、ありのままに認識するところからしか経営は始められないとその社長が考えているからと見えた[20]。

多くの場合、社長が格付け会社の主担当アナリストを相手に自らの経営方針を説明する場には、IR／財務の責任者や秘書室の責任者等、今後経営の中枢にかかわる可能性の高い部下を同席させている。つまり社長は、格付け会社を相手に語っているのと同時に、部下たちに対しても、自身の経営の考え方を聴かせていることになる。格付け会社対応という仕事を、社内に対する指導・教育の場としても利用しているのである。実際に、レビュー・ミーティングに同席していた人が、後日、その発行体の経営のトップに就いた例は多い。

また、部下のほうも（つまり、格付け会社とやりとりするIRや財務の現場の社員も）、格付け会社を「外部からの意見」を言う存在として

19　格付け会社のアナリストの側も、できるだけ率直な発言を聴けるように、質問の内容や対話の進め方には充分に工夫を重ねるべきである。また、格付けに関する質問にはすべて説得力をもって即答できるよう、多面的なクレジット・ストーリーを日頃から練り上げておくことが最大の準備となる。

20　一方で、社長に直接話を聴くことで、強いポジティブな感銘を受けすぎて評価の客観性が鈍ることは避けなければならない。いかに明快な説明でも、それが結果として業績につながらない場合には、厳しく評価すべきである。実際にそのような事例も多く経験した。

利用することがある。経営全般や財務方針に関して、自分から直接上司に進言するのではなく、「第三者が見てもこうである」と説得力を持って経営陣に伝えるために、格付け会社とのミーティングの場を活用する。そのような意図が発行体の担当者にあるということが明らかに見えた例もある。その担当者は、別の記者会見のような場でも社長への質問の回答を補佐する役目を担っていた。将来、自身が経営を担う立場になる可能性が高いのだろうと思わされた例である。

発行体の意向次第ではあるが、内容の多いレビュー・ミーティングでは1日の日程に収まり切らない例もある。他方で、正味2時間もかからずに完結する場合もある。ミーティングの内容に関して、発行体の意向に任せていたからであるが、双方が納得できる議論ができるのであれば、ミーティングの時間の長短は問題にならない。

規制が導入されてからは原則としてやめてしまったが、以前は、レビュー・ミーティングが長時間にわたる場合、発行体側の出席者と昼食をともにいただくことがあった。その席でのややカジュアルな会話から、その発行体の企業文化に関する有益な情報を得ることがあった。双方が同人数で向かい合うことが多いが、発行体側の最上位の人だけが発言し、ほかは相槌を打つ程度しか発声しないこともある。反対に、役員や上司のいる場で、最若手の社員が自身の意見を明確に発言することもある。そのような企業文化に関する情報が格付け水準の分析に直接影響を与えることはないが、その発行体を多面的に理解する一助になる。

ミーティングの開催時期に関しても、発行体の意向に従っていた。格付け会社によっては、前回のミーティングからあまり時間が開きすぎることを許容できないこともあったようである。説明資料の準備や、説明する要員の便宜を考えれば、発行体としてはすべての格付け会社とのミーティングの時期をできるだけ揃えたいという意向がある。ムーディーズは時期にこだわらなかったが、結果的に他の格付け会社の要望で、他社と同じような時期にミーティングを行っていた[21]ようである。

格付け会社によっては、レビュー・ミーティングの後、そのフィードバックを行うところもある。そのフィードバックの内容を受けて、格付けの変更がない場合でも、そのことを公表する発行体の例もある。ムーディーズでは、格付けは年間を通じていつでも変更され得るものであって、将来時点での格付けに関しては何も言えないという考え方が強い。そのため、レビュー・ミーティングを受けて格付けについて発表を行うことはない[22]。発表は、格付けが変更される時点にのみ行われる。

レビュー・ミーティングについての説明の最後に、発行体にとっても格付け会社にとってもレビュー・ミーティングがいかに緊張感の溢れる場であるかに関するエピソードを一つ紹介する。グローバル市場で活躍する日本企業の場合、そのレビュー・ミーティングに際して、東京にいる主担当アナリストに加えて、海外の拠点にいるアナリストが日本に出張してきて参加することが、かつては行われていた。その産業について理解を深めることが、海外のアナリストにとっても勉強になり、自分が担当する格付けの質を高めることにつながるからである。レビュー・ミーティングのアジェンダの一つとして、その日本企

---

21 他の格付け会社の要望でミーティングの時期が決められたのだが、その時期の開催に不満を持つ発行体の説明者から、時期について嫌味を言われたこともある。

22 発行体側としては、多大な労力を費やして行ったレビュー・ミーティングに関して、何かしらのフィードバックを格付け会社に求めたいと考える例が多い。このため、実際には、格付けを動かす予定が現時点ではないという言い方で、口頭で簡単にフィードバックすることはあった。

業の経営トップ（社長）との面談が30分間程度設定されていた。海外から参加したアナリストは遠慮したのか、社長に直接質問することはせず、社長退席後にIR担当の役員に対して、経営の本質にかかわる質問をした。するとそのIR担当役員が、海外からのアナリストに対して、「そのような質問を受けて議論するために、当方は社長のスケジュールを調整して格付け会社との面談を設定している。あなたもニューヨークから出張してきているのだから、せっかくの機会を有効に活用すべきである」と強い口調で叱責するように言われた。このように、レビュー・ミーティングとは、発行体企業にとっても格付け会社にとっても、年に一度の真剣勝負の場である。充分な準備をした上で、当日も格付けに関するあらゆる議論がなされると覚悟して臨むべきである[23]。

発行体に依拠して行うモニターの場としては、ほかに、発行体が主催する自社の施設・拠点の見学会、新製品・新技術の発表会等がある。いずれも発行体の事業について学べる貴重な機会である。ただし、多数の関係者が呼ばれる大規模な催しであれば問題ないが、比較的少数で、他社からの参加者と交流するような場[24]であると、前述したlimited disclosureの問題が生じ得ることになってしまう。そのような場であることが事前にわかった場合には、残念であるが参加を見合わせる。こちらの意を汲んで、個別に工場その他の設備を案内する機

23　レビュー・ミーティングは格付けの質を維持し、高めていくために重要な場ではあるが、議論全体が常に緊迫した空気のなかで行われるわけではない。筆者は、なごんだ雰囲気のほうが有用な情報が得られやすいと考えているため、ちょっとした笑いが生じるやりとりを織り交ぜるように心がけていた。

24　極端な例では、格付けの取引のあるすべての格付け会社のアナリストを集めての見学会を打診されたことがある。主催する発行体側としては効率的であるが、格付け会社の他社のアナリスト同士が交流し意見交換していると見られる機会をつくるのは厳に慎むべきであることから、お断りした。

会が設けられることも多い。そのような場合は大変貴重な機会となるため、事前に充分な準備をした上で臨む。格付け会社対応の部署であるIRや財務の担当者が同道することが多い[25]が、せっかくの機会なので、工場等の現場の方々との直接の質疑応答の機会を多く持ちたいと筆者は考えていた。技術や製造、あるいは物流の現場の人は、強い興味を持って質問をしてくる相手には、率直に内情までを教えてくれることが多い。また、質問に際しては、その現場の強みは何かを訊き、その強みと認識されている点について、さらに掘り下げて訊くことが有益である。というのは、強みと弱みは隣接していることが多いため、強い点を確認することで、同時に弱点も見えてくることが多い[26]からである。

これまで説明した以外に、常に新聞や雑誌で広く発行体やその業界に関する情報を集め、格付けに影響しそうなニュースがあれば、発行体に連絡して追加で情報を求め、意見を交換する。個社にかかわること、たとえば買収や合併、事業統合や提携、増資や自社株買い、社債発行や大規模な銀行借入等であれば、公表される前に格付け会社に対しては個別に連絡がある場合が多い。そうでない場合には、格付け会社の担当アナリストのほうから発行体に連絡して情報を求める。格付け水準や見通しに影響する可能性があると判断する場合には、格付け委員会における議論の準備を急いで行う。主担当アナリストと格付け委員会の議長（アナリスト部門のマネージャー）とが相談した上で、格付けにも見通しにも影響はなく、格付け委員会での議論は必要ではな

25　現場の実査に財務やIRの担当者が同行することが多いのは、現場の担当者が無防備に情報を出してしまうことを牽制する意図もあると思われる。

26　具体例としては、製品の納入までの時間が短いのが強みのメーカーの場合、製品在庫が膨らみ運転資金の負担が大きくなってしまっている可能性がある。

いと判断した場合でも、投資家等からの問合せが多くなりそうだと予想できる場合には、格付け会社としてアナウンスメント（コメント）[27]を出す準備をすることになる。

以上のほかに、格付け会社の内部でのモニタリングの活動がある。

ある格付けを変更すべきかどうか、つまり格付け委員会に諮るべきか否かは、主担当アナリストと格付け委員会の議長にそれを決める権限がある。主担当のアナリストが信用力の変化を見落として格付けを放置することがないように、格付け会社のなかでもいくつかのモニタリングを行っている。その代表的なものは、社内で**「ポートフォリオ・レビュー」**と呼ばれる会議体である。

格付けには絶対評価と相対評価が反映されていると説明した。そのなかでも主たる評価は相対的な格付け水準の位置づけである。したがって、モニタリングに関しても、相対評価、すなわち他の格付けとの比較を行うことが有効である。

ポートフォリオ・レビューとは、年に少なくとも１回、その業界の信用力上の懸念が大きい場合等は複数回、業種別に格付け対象の発行体の最新の財務数値を検討し、各社の業績や経営方針を比較した上で、業界内における格付けの相対評価を再確認する社内の会議である。以前は東京のオフィス内で行われていたため、他の業種を担当するアナリストも全員が原則として参加し、それぞれが担当する業種との相対評価までもが確認できていた。その場において、業界ごとに異なるクレジット・ストーリーをお互いに確認し、自分の担当する業界の格付けに関する説明の明晰さを鍛え直す機会となっていた。まった

27　見た目はプレス・リリースと同様のものであるが、格付けや見通しの変更を伴わないため、規制上は「プレス・リリース」とされない。したがって、その記載内容は、当局の規制の要件を満たす必要がない。

く性格の異なる業種、たとえば素材製造業と小売業であっても、結論としての格付けは、同じ符号の序列として信用力を表現するものであるから、どのような理由によってどちらがどれだけ高いのかを説明できる必要がある[28]。

2008年以降に規制が導入された頃と時期を同じくして、ポートフォリオ・レビューも、アジア・パシフィックに所在する他の国や地域の拠点と合同で行われるようになった。各国の地場の格付け会社、日本の場合はR&IやJCRであるが、そのような競合相手に対して、グローバルな観点から格付けを検討していることをセールス・ポイントにしようという経営の判断があった上に、本部主導で格付けのモニタリングを厳密に大がかりに行っているという、規制当局に対するアピールにしたいという経営の意向もあったようである。

しかし、普段互いに見ていない他国の企業と比較しようとしても、それぞれのクレジット・ストーリーをぶつけ合うような深みのある議論はできず、実際には会議資料として準備された比較表に記載された財務指標の数字を確認するだけになってしまっていたというのが筆者の実感である。

なお、ポートフォリオ・レビューの席上、格付け水準に懸念がある場合は、今後のアクション（いつまでに何を確認した上で、格付け委員会を開催するか否かを判断する、等）をどう行うかを決定する。

28　まったく異なる業種に属する発行体の信用力の優劣を考えるためのヒントとして、「自分自身が投資すると仮定して、どちらの発行体の社債を持ちたいか」と自問してみるのは有効である。さらに「３年債ならどうか、５年債ならどうか」と思考を進めてみると面白い。将来その業界に起こり得るリスクのシナリオを具体的にイメージする訓練になる。

第3節　投資家およびメディア向けの業務

アナリストが行う分析の内容や、結論としての格付けを、債券投資家の判断に役立ててもらうことも重要な格付け会社の業務[29]である。

格付け会社のアナリストが書くレポート類（リサーチ）には、個社に関するもの、一つの業界に関するもの、複数の業界が関連するもの、マクロ経済・金融関連のもの等がある[30]。格付けや見通しの変更そのものについては、広く社会全般に対してプレス・リリースのかたちで（無料で）発信されるが、それ以外のレポート類は、購読契約を結んだ投資家等に向けた有料サービスとして提供されている[31]。

発行体の動向を常時モニターする合間に、上記のリサーチ類を執筆する[32]。業界全体に関するものや、複数の業界にまたがった内容のものは準備するのに労力を要するが、受け手である投資家の最大にしてほとんど唯一の関心は、個別の格付けが今後どのような動きをしそうか、という点である。したがって、マクロ経済の動向等を格付け会社のアナリストが論じる場合には、その結果としてどの業界のどの会社の格付けがどういう影響を受けそうか、というところまで踏み込んで記述しないと、画竜点睛を欠いてしまい、投資家からあまり高い評価を得られなくなる。

29　歴史上は、むしろ投資家向けのサービスこそが格付け会社の当初の業務であったことは第9章で先述した。

30　その他、格付け手法のレポートは、当初は格付けアナリストが執筆していたが、更新作業が中心になってからは、専門の部門（格付けアナリストの経験を持つ者で構成される）が担当している。

31　前述のとおり、格付け手法のレポートは規制に従って無料で公開されている。

32　近年ではアナリストの社内評価において、リサーチ執筆の量が重視される傾向が強まっている。

大規模な格付けアクションを行った後には、投資家の関心が高まるため、関連したリサーチを発信した上で、投資家向けの説明会を開催することが多い。説明会の態様はさまざまで、ホテルの宴会場や大規模な会議室を会場として行う場合[33]、重要な顧客を対象に少人数で行う場合[34]、電話（ウェブ）会議の形式で、国内のみならず海外の顧客も含めて行う場合、等がある[35]。

また、個別の投資家からの電話による問合せや、面会による質疑応答の機会もある[36]。

投資家がどのような観点から何を求めているのかを知ることには、格付け会社のアナリストとして学ぶ点が多い。繰り返しになるが、そもそも債券投資家向けのサービスこそが格付け会社の祖業である。しかし筆者は、投資家と密に意見交換することで、投資家自身のクレジット評価の考え方に影響を受けすぎないようにも留意していた。投資家が求めているのは、あくまで投資家自身の見方から独立した第三者としての格付け会社の意見だと考えているからである。

なお、格付け会社のアナリストの業務としては、上記以外[37]に、メディアにおける扱いを増やして格付け会社の存在を高めることを目的として、メディア（新聞、雑誌、TV等の記者）との交流をする場も

33　50人から100人程度の投資家が参加する事例が多い。

34　ホテルでの朝食会の形式で、10人以内の投資家を呼ぶ例が多い。

35　いずれもアナリスト自身が設定するのではなく、投資家対応専門の部署がアレンジする。

36　どの投資家（顧客）からどの程度の頻度で問合せを受けているのかは、投資家対応の部門にとって重要な顧客情報なので、格付けアナリストは問合せを詳細に記録することが求められる。

37　投資家向けのサービスの一環として、格付け分析のプロセスを投資家に体験してもらい、習得してもらうための１週間程度のセミナーの講師をアナリストが務めることもあったが、近年では講師専門の者が用いられているようである。

あった[38]。これは業務量としては小さく、年に一度、記者たちと交流する場が設けられる程度である。なお、注目される格付けの変更を行った際や、格付けが動かなくても発行体企業が何らかの発表をした際に、メディアが取材する相手として格付けアナリストのコメントを求めることがある。その場合には、格付けの動きの予測を招かないように、発言の内容には充分留意すべきである。メディアと格付けアナリストの関係については、第15章の第３節で考察する。

38　アナリストがメディアに積極的に登場することが奨励されていた時期には、TVの情報番組にアナリストが出演することもあった。しかし、TVでは発言内容を後から訂正することが困難なため、規制導入後は事例がなくなった。筆者の経験でも、TV出演は発言時間の制限が強いため、まとまった話がしづらく、労力に比して効果が小さいように感じる。

第13章

格付け委員会の運営

格付けの付与にあたっては、主担当のアナリストが格付け対象企業の財務データ等を分析し、その企業の経営者と議論し、自分なりのクレジット・ストーリーを練り上げ、格付け委員会に臨む。格付け委員会においては、その企業に接していないアナリストたちに、自分のクレジット・ストーリーを理解させ、推薦する格付け水準に同意してもらうべく、議論を展開する。他のアナリストたちは、批判的な観点から主担当アナリストに質問し、反論する。

本章では、格付けの付与／変更のプロセスを紹介した後、格付け委員会のための準備作業の内容、格付け委員会の運営の方法につき、説明する。

第1節　格付け委員会の開催までの手順

格付けは、格付け会社のなかの誰か個人の判断で決定・変更できるものではなく、必ず格付け会社のなかで「格付け委員会」の議決を経て決定される。

初めての格付けの場合、格付けは図表13－1のプロセスを経て付与され、その後モニターされる。

図表13－1　格付けのプロセスの例

発行体企業から格付け会社への格付けの依頼	発行体企業が直接依頼する場合と、格付けアドバイザーが介在する場合とがある
発行体企業と格付け会社の事前の打合せ	格付け会社に直接対応する財務／IR等の部門との面談、格付けの考え方を説明する
格付け分析に必要な情報の依頼と受領	収支・財務、事業活動全般、業界事情がわかる資料を請求し、説明を受ける
経営者との面談	発行体企業の事業や財務への理解を深めた後の段階で、経営方針・財務方針を聴く
格付け委員会の開催	格付け会社の社内で、格付けを議論し結論を出すための正式な会議体を開催する
結論（格付け水準）の発行体への連絡	格付けの公表前の段階であれば、発行体企業は格付け水準への異議をアピールできる
格付けの公表	格付けが公表されると、対象の発行体企業の異議があっても見直しはできない
格付けのモニタリング	格付けの公表後、格付けは常時モニターされ、必要な際には随時見直される

既存の格付けは、常時モニターされ、必要に応じて格付け変更のための格付け委員会で議論される。

格付け会社の社内で格付け委員会の開催を決めるのは、主担当アナリスト[1]と格付け委員会の議長である。議長は、主担当アナリストの上司であるマネージャーが務めるのが通常である。主担当のアナリストは格付け委員会の準備を主導し、委員会での議論をリードすべき立

1　各発行体につき、主担当（リード）と副担当（バックアップ）のアナリストが定められており、休暇等で主担当アナリスト不在の場合に備えている。

場であり、ジュニアなアナリスト（アソシエイト・アナリスト）の協力を得て作業を進める。

また、格付けの見通しが安定的である場合に、その格付け水準を変更（格上げまたは格下げをすること）するには、原則としては、まず見通しを変更し、次に格上げまたは格下げ方向に格付けをレビューにかけ、最後にレビューの結論として格付け水準を変更するという、三段階を経る[2]。各段階において格付け委員会を開催し、議決を得る必要がある。

ここで、どういう場合に格付けの変更を検討すべきなのかを考えてみたい。

企業は生き物であり、日々刻々変化している。信用力にかかわる収益力（キャッシュ生成能力）も日々変化しており、それは四半期ごとの決算が発表されることで明らかになる。業績が良くなったり悪くなったりを、どの程度まで格付けの変化に反映させるべきなのか、さまざまな考え方があり、主担当アナリストなりに考えを確立する必要がある。本来、格付けは将来の３年ないし５年の期間における負債の返済能力に対する評価であり、足元の業績の変動が、将来の返済能力を変化させるものでなければ、格付けを動かす理由にはならない。そこを見極めるのが重要である。

格付け会社には、**スルーザサイクル**（**through the cycle**）という考え方が従来ある（図表13－２）。ここでサイクルというのは、景気や

2　イベントに伴う場合、たとえば買収や合併の発表や、大災害や経済環境の急変によって大きく業況が悪化した場合は、三つの段階を経ずに省略して格付け水準を変更することもある。また、格上げ／格下げの結論を出して、引き続き見通しがポジティブ／ネガティブに、あるいはさらに格上げ／格下げ方向での見直しを続ける場合もある。格上げ／格下げの原因となった事象が終結しておらず、その影響の大きさの全体像が見えない場合等である。

図表13－２　スルーザサイクルの考え方

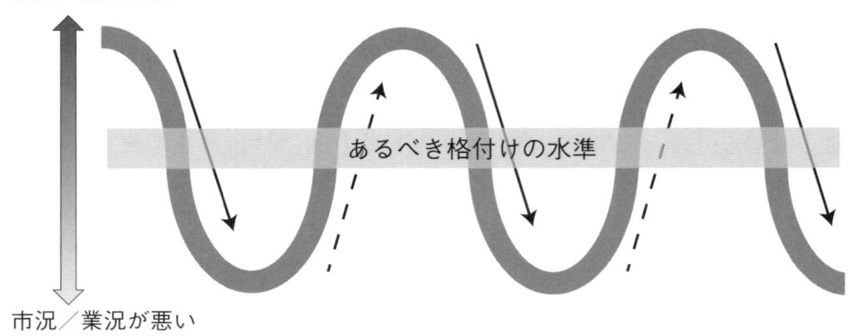

市況の循環のことである。企業の収益力やその結果としての業績は、サイクルの波に応じて、好転したり逆に悪化したりする。格付けは、そのようなサイクル全体を把握した上で、付与されるべきだという考え方のことである。つまり、スルーザサイクルの考え方に従って格付けするのであれば、市況の良し悪しに応じてこまめに格付けを上げたり下げたりする必要はない。さらに言えば、通常の市況の変化に対応して、格付けを上げたり下げたり変更することは、望ましくないということになる。

このスルーザサイクルの考え方を採るためには、その事業が何の市況にどの程度影響されるのか、その市況のサイクルは通常はどの程度の期間に及ぶのか、市況の悪化が業績の悪化に影響したとして、その発行体を取り巻くステークホルダーのうち、業績悪化を理由として発行体との関係のあり方を見直す者が現れるのかどうか、等につき、深く理解していることが必要となる。要は、サイクルが良い／悪い局面に来た際に、投資家から「なぜ業績が上向き／下向きなのに、格付けを上げ／下げないのか」と訊かれた場合に、明確に説明できなければならない。

具体例をあげれば、海運業にはさまざまな事業セグメントがある[3]が、荷主の需要と船舶の供給の相対関係により、それぞれ運賃水準が変動する。それが海運市況である。運ぶべき荷物が多く、船が少ないと運賃の水準が上がる。それを見て、船を建造しようと考える人が現れ、資金と造船所を手配して船を完成させることで船の供給量が増えていく。そうすると運賃水準が反対に下がっていく。これが海運市況のサイクルである。このサイクルに伴う海運会社の業績の上げ幅と下げ幅を把握していれば、上記の投資家からの質問に的確に回答することができる。

しかし実際には、スルーザサイクルの考え方を徹底して格付けに反映させるのは極めてむずかしい。発行体の業績が悪化し、今後もしばらく悪化が続く、もしくは改善が期待できない状況（図表13－2における右下向きの実線の矢印で示された時期）で、それでも格付けに影響はないという主張を押し通すのは、格付け委員会に当該業種を常時見ているのではないメンバーが多く参加していると簡単ではない。事実として、格付け対象会社の業績は明確に悪化しているのである。結果的に、理想としてのスルーザサイクルの考え方は徹底されず、市況のサイクルの下降期においては格付けの引下げがよく見られる。

問題は、市況のサイクルの上向きの時期（図表13－2において右上向きの破線の矢印で示された時期）に、タイムリーな格付けの引上げがあまり見られないことである。その結果として、市況のサイクルを経るごとに、格付け水準が下がっていってしまう[4]。しかし、その産業の重要性が変わらず、発行体のその業界における地位が変わらないの

3　定期船（コンテナ船）、ばら積み船（ドライバルカー）、油槽船（タンカー）、自動車船、LNG（液化天然ガス）船、客船等々。

であれば、次第に格付け水準が下がっていってしまうことは説明がつかない[5]。スルーザサイクルの考え方は格付け会社にとって理想ではあるが、その実現はむずかしい。

ちなみに、海運の運賃の市況と似て非なる例は、原油の市況である。原油価格によって業績の影響を受ける業種は多い[6]。しかし、原油の価格に影響を与える事象は多数あり、予測がつかず、明確なサイクルに従って変動することもない[7]。したがって、スルーザサイクルの考え方によって格付けすることはできない。原油の価格変動が発行体の業績に影響し、その影響がある程度以上の期間にわたり継続すると見込まれる場合には、それを格付けもしくは格付けの見通しに反映させるべきである[8]。

次に、買収に際しての格付けの考え方を紹介する。A社がB社を買収してA′社となる場合、B社の資本（エクイティ）をA社が買い取ってしまうため、A′社のバランスシート（BS）はA社とB社を単純に

4　筆者が格付け会社に在籍していた時期には、不況時にスルーザサイクルという理想の追求を諦める代わりに、好況時には格上げを機動的に行うことで、考え方の整合性を取るようにしていた。しかし一般的には、直接その業界を担当していないアナリストが格付け委員会に参加する場合、好況であってもその傾向が続くことをもう少し見極めて確認したい等の慎重な意見を述べることが多く、格上げの結論を得るには困難があった。

5　反対の例もある。近年の日本銀行の異次元の金融緩和政策の継続により、全般に日本企業の業績が良い状況が続いている。それを受けて一部の格付け会社で格上げが連続しているが、産業の重要性と市場地位とが安定的ななかで、単に好業績を重視して格付け自体を次第に上げていくのが適切かどうかは、議論が分かれる。

6　探鉱業、石油精製業・小売業、資源会社、総合商社、石油化学工業、エネルギー等の公益企業、運輸業全般、等々。

7　超長期的にはサイクルらしき価格の動向が見えなくもないが、長期格付けが検討のスパンとしている３年から５年先までのなかには収まらない。

8　海運業に関して言えば、運賃市況に加えて燃油価格の市況の影響も受けることになる。それぞれの影響がどれだけの大きさなのかの分析が重要になる。

合算したものにはならず、言わば合算BSからＢ社のエクイティを差し引いたかたちになる。つまり、当初のＡ社よりもＡ′社のほうが、財務レバレッジは必ず悪化する。買収のための資金をＡ社が新たに借り入れて調達した場合には、財務レバレッジはさらに悪化することになる。

その代わり、Ａ社はＢ社が将来にわたって生み出すキャッシュ・フローを手に入れる。自社の自律的成長（organic growth）に対して、M&A（企業の合併や買収）が「時間を買う」行為だと言われるゆえんである。ただし、旧Ｂ社の事業が、買収されてＡ′社の一部となった後も、期待されたとおりのキャッシュを生み出すかどうかについては、不確定である[9]。これを一般的に**統合リスク**（integration risk）があると言う。

したがって、買収の主体であるＡ′社の格付けを考えるに際しては、当初に支払われる買収のためのコストの大きさに比して、将来期待できるキャッシュ・フローがどれだけ大きいか、そのキャッシュ・フローが実現する可能性はどれだけ高いかを検討することになる。前者（買収コスト）は必ず費やされるのに対して、後者（統合によるメリット）は不確定である。そのため、買収に際しては、最初に格付けを下げ、その後に事業統合が順調にいった場合に[10]、格付けを上げて当初の水準に戻す、あるいは当初よりも上げていく、というアクションを採ることが多い。

しかし、事業の内容や両社の組み合わせによっては、統合メリットの実現が相当程度に確からしいこともある。それであれば、最初から

9　有為な人材の流出や顧客の離反、統合後のオペレーションがスムースにいかないなどの可能性がある。

10　大規模な買収であれば、統合効果が現れるまでに数年間を要することも多い。

格下げをしない[11]という考え方も成り立つ。その見極めがアナリストとしての能力の見せどころとなる。格付け委員会における検討のための資料として、将来にわたるキャッシュ・フロー表を作成し、自分なりの見立てを説得力を持って説明できるように準備する。

ただし、長期格付けのスパンは3年から5年である。統合効果が得られる確実性が高くても、効果の発現までに買収から5年超の時間がかかることが見込まれるなら、いったん格付けを下げた上で、またあらためて格付けを上げていく、というアクションのほうが適切だ[12]と言える。

なお、格付けを動かすためには、総合的にクレジット・ストーリーを動かすことになるため、相矛盾した要因を抱えて格付けアクションをとることはむずかしい。具体的には、業績が良くなっているタイミングでも、発行体が自社株買いを計画していると、事業の面における信用力の改善傾向と、財務の面における信用力の低下とが矛盾して打ち消し合ってしまう[13]。このような場合には無理に格上げのための格付け委員会を開催しようとせずに、格付けアクションをするのに適した時期を待つべきである。

以上は、何かしらのイベントに伴う格付けアクションの考え方を紹介するものであったが、実際にはイベントには関係なく、発行体のパフォーマンスが徐々に向上／低下することで、格上げ／格下げに至る

11 さらに、統合効果の発現がきわめて確かである場合には、買収・統合に際して最初から格付けを上げることもあり得るが、実際にはさまざまな条件が揃わないとむずかしい。実例としては、筆者の知る限りでは日本で一例だけである。

12 筆者が扱った事例で、5年以内に統合効果の発現が見込めたが、発行体の事業計画が手堅く、7年での回収を計画するものであったため、1ノッチの格下げをした。格付け会社が発行体自身よりも積極的な評価を主張するのは困難である。

13 反対に、業績悪化の局面で、タイムリーに増資を計画して実行できれば、それは格付けを下支えする要因になる。

ことが多い。その動きをどの時点で捉えて格付けに反映させるかについては、近年ではあらかじめガイドラインを定めておくことが多くなっている。ガイドラインは財務数値や、収益性またはキャッシュ・フロー指標で示されることが多い。ただし、財務諸表からの数値が的確に信用力水準を示しているのか、数字がガイドラインを満たしたのが一時的なことなのかどうか、説得力のある説明をするのは意外にむずかしい。**格付け変更のためのガイドライン**[14]があることで、やや自縄自縛とも言える状態に陥る（自らが設定したガイドラインに決算数値が触れたことで、焦って格付けアクションをしようとする）こともあるように見える。財務数値以外の要因も総動員してクレジット・ストーリーを組み上げることで、格付けアクションの正当性を説明するほうが望ましいと思う。

なお、格付け会社の社内では、他の格付け会社が同様の理由で格付けアクションをするのであれば、競合他社よりも少しでも早いタイミングで格付けアクションを発表することが望ましいとされていた。債券投資家等の市場関係者から見て、「後追い」と思われるアクションは価値が少ないからである。

第2節　格付け委員会のための準備

主担当アナリストが格付け委員会のための準備を主体的に進め

14　社内ではrating trigger（格付け変更の引き金）と呼ばれることもある。この呼称のイメージとして、一度でも抵触すると即刻格付けを変更しなくてはならない一線のように思われてしまい、経験の浅いアナリストは決算数値を見て慌てて格付けアクションを行おうとしてしまいがちである。その意味で、呼称としてはrating guidelineのほうが好ましい。

る[15]。副担当（バックアップ）のアナリストは、発行体とのレビュー・ミーティング等には同席するが、格付け委員会の準備を主担当のアナリストと分担することは、通常はない[16]。

主担当アナリストの基本的な姿勢として、格付け委員会の準備の段階においては、格付け委員会の代表としての立場から、発行体に対して厳しい意見をぶつけ、あえて反論を誘い、その反論を補強するための資料を要求する。一転して、格付け委員会の場においては、今度は発行体の代理人の立場に立ち、格付け委員会の他の構成員からの厳しい質問に答え、自分の持つクレジット・ストーリーを理解させるように努める。

クレジット分析において、あれこれとリスクを指摘し、厳しい評価（低い格付け）を主張することは、実は容易であり、知見の少ないアナリストにも可能である。主担当アナリストが格付けを下支えする主張をしなければ、結論としての格付けは際限なく低い水準へと向かって下がっていってしまうだろう。議論の対象となる発行体と常に接しているわけではなく、したがって厳しい見方をしがちな他のアナリストたちに対して、主担当アナリストが発行体の信用力上の強みも主張することで、格付け委員会全体としてバランスの良い議論ができる[17]。そのような質の高い議論を経て形成された格付け会社の意見こ

15　ジュニア・アナリスト（アソシエイト・アナリスト）が主担当アナリストの作業を支援する。

16　発行体からの同じ情報に接していても、副担当アナリストとして独自の見方を維持できるように、準備段階で主担当アナリストと意見の擦り合わせをあえてしないのだと考えられる。そうでないと、格付け委員会における最後の投票の場面において、主担当アナリストの票数が常に副担当アナリストの票と合わせて２倍になってしまう。

17　主担当アナリストは、上司である格付け委員会の議長やその他の上位のアナリストの意見に安易に迎合してはならない。

そが、投資家にとっても有用なのであり、単に厳しいだけ、低いだけの格付けには意味がない。

これは規制当局者が問題視するような、格付け手数料を格付け会社にもたらす発行体への配慮から出た考えではない。主担当アナリストが格付け手数料のことを意識することはなく[18]、常に発行体の信用力の本当の姿を自分なりに把握したいと努力しているものである。

では、第９章で紹介したような**「格付けの失敗」**が起こった場合、主担当アナリストはどのような立場に立たされるのだろうか。

格付けは主担当アナリスト個人が付与するものではなく、格付け委員会における議決を経て決定されている[19]以上、本来であれば主担当アナリスト一人が責任を問われることはないはずである。しかし実際には、社内で常に発行体と接していた主担当アナリストの責任だと見られることが多い。具体的には、ある発行体がデフォルトに至った場合、その１年前の時点での格付けがＢ格（B1）まで下がっていたなら問題ないが、BB格（Ba3）以上であった場合には、主担当アナリストは社内における立場が悪くなるとされていた。

反対に、低すぎる格付けを付与した場合[20]にも問題とされなければならないはずだが、何をもって低すぎると判断するかの基準がないため、具体的に責任を問われることはない。このことからも、アナリストには低めの格付けを付与したいという誘因が働いてしまう。

18　格付け会社の経営に関与しない主担当アナリストは、発行体から実際に受け取っている格付け手数料の金額の水準すら知らない。

19　実際に、格付け委員会の結論が、主担当アナリストの主張（格付け委員会に対するrecommendationと呼ばれる）と異なるものとなることは珍しくない。

20　格付け水準が低すぎることによる格付けの失敗を示すType 2 Errorという社内の呼称は存在する。しかし、Type 2 Errorを避けるためにどのような具体策を採るべきかは、社内であまり議論される機会がない。

ただし、社内にはもう一つ、rating reverseを避けよ、という言い方がされていた。ここでの**rating reverse**とは、1年以内に反対向きの格付けアクションをしてしまうことである。信用力が低下したと判断して格下げをしたのに、それから1年経たないうちに格上げする、もしくは格付け見通しをポジティブに変更する、というのがその例であり、これも失敗だとされている。大きなクレジット上のイベントが発生した場合、そのショックを必要以上に大きく感じてしまい、大幅な（1ノッチ以上の）格下げを考えるアナリストが現れることがある。その場合に、ネガティブなインパクトの大きさを冷静に測るように仕向けるために、この「rating reverseを避けよ」という言葉は有効であった。

さて、以上に説明した主担当アナリストとしての責任も考慮しつつ、格付け委員会に諮るための提案内容（recommendation）を練り上げ、そのために必要な資料を準備して揃えていく。

出発点となる資料は、発行体の将来の財務的な姿を示す**収支予想表**（**cash flow projection**）である。実績としての財務三表を延長するかたちで、損益計算書、貸借対照表、キャッシュ・フロー表の三つの予想表をつくる。実務上は、格付け会社の内部のデータシステムとして発行体企業の過去の財務データは蓄積されており、将来にわたっての予想表を作成するためのフォーマットも整っている[21]。そのため、財務三表が相互に齟齬のないように予想表を組むこと自体には、それほど工数を費やす必要がない。しかし、主担当アナリストとしての発行体の信用力への見方、つまりクレジット・ストーリーを数字によって表

21 異なる会計基準（Generally Accepted Accounting Principles：GAAP）に従って作成された財務諸表を相互に比較可能とするため、各種の調整を施した後の数値を使用する。

現できているように、説得力のある予想表を組み上げることは重要な作業であり、細心の注意を払って作成した後も、格付け委員会での議論までに充分な点検と細部の修正の繰り返しが求められる。

具体的な作成方法としては、まずは損益計算書の予想表をつくる。漠然と総売上高を置くのではなく、可能な限り事業セグメントに細分して、売上高と営業損益額を予想する。ここで、各事業の持つ成長性や市場地位に対するアナリストとしての理解度が試される。なお、（長期）格付けは3年から5年先までをスパンとして検討されるものであるが、変動の大きい業種であれば格付け委員会が比較的頻繁に開催されることもあり、予想財務諸表は3年程度先まで作成される例が多い。より安定した業種、たとえば電力やガスなどの公益企業や鉄道事業であれば、より長い期間の予想表をもとに議論される。

営業損益以下の部分は、全事業セグメントに共通する費用も多いことから、全社をまとめたかたちで損益計算書を予想していく。金融費用（借入金や社債の金利）は、後に有利子負債額を変更することで変化する。税引前利益に対して実効税率を乗じることで、税引後利益までをいったん算出する。

次に貸借対照表を作成する。売上高に連動している運転資金の各項目については、回転率の数字を入力することで、予想した売上高に対応して増減するように設定する。次に、有形固定資産と有利子負債残高はきわめて重要な項目である。次のキャッシュ・フロー表と併せて説明する。

キャッシュ・フロー表では、営業キャッシュ・フローのなかの減価償却費をどう設定するかが重要である。資金調達手段として社債を発行するために格付けを取得する企業は、有形固定資産を多く所有することが多く、減価償却費の額も大きい。償却方法や設備の年数の内訳まで正確に把握すべきである。こうして得られた営業キャッシュ・フローの予想額と、年次レビュー・ミーティング等で確認した設備投資の予定額とを対照して、資金調達の必要額の予想が定まることになる。また、新規に計上される有形固定資産は、従来の償却方法に従って償却を進めていくように、貸借対照表において設定する。

なお、キャッシュ・フロー表においては、年次レビュー・ミーティングで確認した配当方針に従って、現金配当も予想表に反映する。また、設備投資以外に、買収等に資金を振り向ける計画を持つ発行体も多い。その場合は計画額をキャッシュ・フロー予想表に織り込むが、計画の内容には具体性がない段階なので、その買収による収益への貢献はゼロとしておくことが多い。

有利子負債の調達額は重要な項目なので、長期と短期の内訳[22]まで設定する。設備投資が大きく、有利子負債による資金調達が増える場合には、金利負担が増すことで損益計算書の税引後利益が減少する。それはキャッシュ・フロー表の営業キャッシュ・フローの減少になり、その分は有利子負債の調達を増やすことで調整する。理論上はこのように無限に循環してしまうが、実際には少し多めに有利子負債を調達することにして、余った分を現預金に置くことで調節し、予想貸借対照表を確定させる。

財務諸表の予想表を完成させたら、それが示す将来の姿が、アナリスト自身の思い描く発行体の将来の姿と合致しているか、入念に確認する。発行体が将来にわたってキャッシュを生み出す能力と、返済すべき有利子負債の大きさとのバランスが、従来格付け会社が予想していたものとは異なってきているからこそ、格付け委員会にあらためて

22　実務では、長期資金のなかでも銀行借入と社債、それぞれを複数に分けて、金利や年限を詳細に設定できる。

諮ろうと考えたはずである。バランスがどのように変化しているのか、数字をもって示す必要がある。具体的には、将来の財務三表の数字を用いて算出したどの財務指標が、どれだけ変化しているのかを示し、それが格付けを動かす判断に沿っていることを確認する。

なお、シナリオ分析として、多くのケースに分けて多数の予想を格付け委員会に示そうとする例が見られるが、望ましくない。シナリオ分析の本来の目的は、収支予想に影響すると目される要因を変動させてみることで、どの要因が全体の予想に大きく影響するのかを探ることである。予想に影響する要因が特定できたら、その要因が現実的にどこまで悪化するかを予想し、その悪化したシナリオに基づいた「保守的に見たケース」をつくり、メイン・シナリオに基づいた「ベース・ケース」と併せて二つ準備しておけば、一般的には充分であろう。あまりに多くのケースを議論のための資料に盛り込むことは、主担当アナリストが示すクレジット・ストーリーの焦点をぼかしてしまい、場合によってはメイン・シナリオに自信がないのではないかという印象を他の格付け委員会参加者に与える。主担当アナリストは、充分に検討した自身のクレジット・ストーリーに沿った予想表を、堂々と打ち出すべきである。

財務三表の予想表ができあがり、自分のクレジット・ストーリーの確かさを確認できたら、次には格付け変更の事実と理由を公表するためのプレス・リリースの原稿を作成する。主担当アナリストの提案のとおりに格付け委員会の決議が得られると仮定して、先にプレス・リリースの原稿を準備しておくのである。格付け会社の内部で格付けアクションが決定すると、それはインサイダー情報となるため、できるだけ早くプレス・リリースのかたちで発表するのが望ましい。また、クレジット・ストーリーは文章化されていたほうが、格付け委員会の他のメンバーが会議の事前に読んで検討するのに便利である。これらの理由で、格付け委員会に諮られる資料のなかに、プレス・リリースのドラフトは必ず含まれている。

なお、格付け会社が発表するプレス・リリースに記載される情報は、発行体にとって公表されて支障のない内容だけで構成されている必要がある。また、あまり長文になるのは主たる読者である投資家にとっても好ましくない[23]。これらの理由から、プレス・リリースのドラフトとして記載し切れなかったクレジット・ストーリーの内容は、格付け委員会用の説明資料の本文の部分に回される。また、プレス・リリースは文章のみで構成されるが、格付け委員会用の資料には図表やグラフを適宜盛り込むことができるため、説明に説得力を持たせる工夫をしやすい。

また、格付け会社は購読者である投資家向けのサービスとして、個別の発行体に関するレポートを常時ウェブサイトに掲載している。格付け委員会の結果がプレス・リリースによって公表されれば、その個別のレポートも更新されることになる。そのため、格付け委員会用の資料のなかに、更新されるレポートの原稿もあらかじめ含めておけば、格付け委員会に参加する他のメンバーが発行体に関するクレジット上の特徴を効率よく把握するためにも便利である。

格付け委員会用の資料本体[24]以外に、いくつかの資料を準備する。そのなかで重要なものは、先述した財務諸表の予想表である。これを

23　プレス・リリースの最初の段落に結論を明確に記載する等、文章構成上の工夫は凝らすが、それでも簡潔な分量であることが望まれる。

24　格付け委員会で長期格付けのみを議論する場合でも、手元流動性の確認は必ず行い、資料に記載する。2008年からの世界金融危機以降、この運用は厳格になった。その他、資料に記載される事項は多々あるが、過度に技術的なものも多いため、紹介は省略する。

示すことで、他の参加メンバーも主担当アナリストの主張するクレジット・ストーリーを数字で確認した上で議論することができる。主担当アナリストは、個別の数値の設定の前提条件に関する質問にも、資料作成を支援してくれたジュニア・アナリスト任せにせず、自ら回答できるよう準備しておくことが、格付け委員会における議論の説得力につながる。

もう一つ、他社との比較表も重要な資料である。格付けは相対評価で定まる部分が大きい。地域（米州・欧州・アジア太平洋）を越えた同業他社、また近い水準の格付けを付与されている別の業界に属する他社に関して、財務指標の数値を一覧表にして比較できるように準備する。ここでも、単なる数字の羅列にならないよう、主担当アナリストのクレジット・ストーリーを表現し、その補強となる資料に仕上げておくべきである[25]。

資料の作成と並行して、格付け委員会の参加者を選定し、日時を設定する。参加者の顔ぶれは、格付け委員会の議長と主担当アナリストが相談して決めるのが原則である。議題となる格付けを検討するのに過不足ない質と人数を揃えるのが理想だが、緊急性の高い格付けアクションを議論する場合には、望ましい参加メンバーが完全に揃うことよりも、会議のタイミングが優先される。日程に余裕がある場合には、議論の内容のほうを重視して、参加者の都合を調整して日時を設定する。また、重要な格付け委員会[26]の場合には、格付け会社の経営層に近いシニアなメンバーも参加したがるので、参加者の人数が増えることになる。図表13－３に参加者の例を示す。

25　掲載する社数や財務指標が多くなりすぎ、焦点がぼけないように留意する。
26　議題とされる発行体が世界的に注目を集めている場合や、その発行体の格付け水準が世界の他の地域の発行体の格付けに大きな影響を与える場合など。

図表13－３　自動車メーカーの格付け委員会の参加メンバーの例

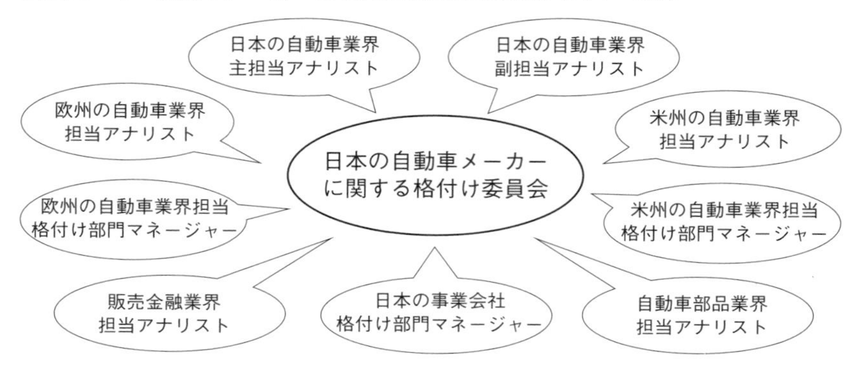

過去に何度も格付け委員会が開催されている発行体であれば、参加すべきメンバーに関する社内の合意があるが、そうでなく特別な状況において重要な発行体に関して議論する格付け委員会の場合[27]は、相対的にその業界・その発行体に詳しくない経営層の参加が多くなり、主担当アナリストとしてその議論をリードするのはきわめて興味深い経験となる。

主担当アナリストと格付け委員会の議長とで参加者の顔ぶれを決め、それら参加予定者の承諾を得たら、利益相反の可能性のないことの確認をとった上で、完成した資料一式を格付け委員会の開催時刻の24時間以上前に電子メールで送付する[28]。

準備をする主担当アナリストとしては、必要な内容を盛り込んだ資料を一揃い調えて発送するまでに相当の作業量がある。しかし、それから格付け委員会開催までの24時間内に行うべき準備が最も大切であ

27　世界金融危機時の乗用車メーカーや総合電機メーカー、東日本大震災時の日本の電力会社に関する格付け委員会など。

28　米州、欧州等の時差の大きい地域にいる参加者もいるなかで、全参加者が事前に資料を読み込んで準備する時間を確保するため。

る。事前に資料を読むのが参加者の義務であるとはいえ、作成した主担当アナリストと同水準の理解をした上ですべての参加者が格付け委員会に臨むと期待することはできない。参加するアナリスト達の理解度にばらつきがあることを前提にして、誰にとってもわかりやすい説明となることを目標に、格付け委員会への提案内容（recommendation）のプレゼンテーションを工夫し、準備することが求められる。

会議体におけるわかりやすいプレゼンテーションの重要性は、格付け会社の業務に限らずどのような職種にも共通であろう。そのなかでも格付け委員会に固有のむずかしさがあるとすれば、電話会議の形式[29]のため、参照すべき資料を参加者が確実に見ているかを確認しづらいことである。そのため、送付する資料においては、別添の参考資料のなかに言及したい部分がある場合には、あらかじめそのエッセンス部分を資料本体（本文）に再掲しておく等の工夫が要る。社内に対してわかりやすい説明ができないようであれば、ましてや社外の投資家や発行体企業にわかりやすく格付けの説明をすることなどできない。何をどのような順序で、どう説明すれば理解が得られやすいか、聴き手の身になって想像力を働かせながら、充分に準備することが重要である。

第3節　格付け委員会における議論

格付け委員会の当日の議論は、最初に議長が口頭で利益相反の可能性がないかを各人にもう一度確認し、出席者のうち誰が投票し誰が投

29　時差の関係で自宅から参加するアナリストもいるため、映像は使用しない形式で行われる。

票しない[30]のかを確認することから始まる。次いで本題に入り、主担当アナリストから、格付け／格付け見通しについて、変更する／しない提案（推薦）の内容と、その根拠を説明する。その後に質疑応答の時間があるので、最初の主担当アナリストからの説明は、ポイントを絞って簡潔に行う。そのほうが主張する内容がわかりやすくなる。

参加している他のアナリストやマネージャーからの質問は、細かいものから大局的なものまで多岐にわたる。主担当アナリストとしては、正面から答えづらい質問であっても、できる限り丁寧に真摯に回答すべきである。他の参加者は発行体に関する情報に直接接しているわけではないので、主担当アナリストが誠実に質問に答えることが、出席者にとって唯一の分析のための情報源となる。

格付け手法のレポートが導入されるようになってからは、質問の内容も同レポートに沿ったものが増えた。各格付け要因の具体的な適用の方法などの技術的な質問が多くなり、まったく異なる業種や他の地域に属する発行体と比較してそれぞれのクレジット・ストーリーを戦わせるような議論が極端に減ってしまっている。

議論が出尽くしたと議長が判断してから、評決に移行する。投票は口頭で一人ずつ行う。主担当アナリストが最初に投票するが、議論を経た結果として、主担当アナリスト自身が事前に用意した提案（推薦）内容から主張を変更して投票することも許容されている。

二番目にバックアップ（副担当）のアナリストが投票する。その後は、所属する拠点に関係なく、タイトル（肩書）の低い（ジュニアな）アナリストから順番に投票していく。シニアなアナリストやマネー

30　主担当アナリストとともに格付け委員会の準備作業を行うアソシエイト・アナリスト（ジュニア・アナリスト）は、格付け委員会に出席し意見を述べるが、投票には参加しない。

ジャーが先に投票すると、後から投票するジュニアなアナリストがその影響を受けてしまう可能性があり、それを避けるためである。最後に議長が投票する[31]。

議長の考え方によるが、まずは格付け水準に関して全員が投票し、その後にあらためて格付けの見通しについて二巡めの投票をすることが多い。そうではなく、各人が格付け水準と格付け見通しとをセットで投票することもある。ここで留意が必要なのは、急激で大幅な経営環境の悪化を主因として、ある発行体企業の格下げを議論するような場合に、格付けと見通しをセットで一度に投票することによって、その結果の読み取り方によっては、過剰に厳しい結論が出てしまうことである。たとえば、あるアナリストは現状の格付け水準から2ノッチ下げるべきだと考えていて、その代わりに2ノッチも下げればその後のさらなる格下げの可能性は低いのだから、格付けの見通しは安定的でよい、と考えているとする。それに対して別のアナリストは、1ノッチだけ下げて、その代わり厳しい事業環境がどうなるか見極めるためにも、見通しはネガティブにしておくべきだ、と考えているとする。格付け水準に関しては2ノッチの下げが過半数で、格付けの見通しはネガティブが過半を占めたとすると、それを別々に結論としてしまうと、結果的に、「2ノッチ下げて、かつ見通しはネガティブ」という、そのように主張する者が多数ではなかったはずの極端な結果が合成されてしまうことになる。議長が裁決の方法を工夫すべきところである[32]。

---

31 ムーディーズの場合は、過半数を得る投票が現れるまで投票を繰り返す。たとえば、投票者が9人の場合に、意見Aに4票、Bに3票、Cに2票と割れた場合は、Aに決定せずに再び採決し、どれかが5票以上獲得するまで続ける。結論が得られない場合は、日時を改めて再度格付け委員会を開催することになる。なお、このような投票に関するルールの内容は、格付け会社によって異なる。

なお、発行体企業によっては同じ格付け会社から複数の種類の格付けを取得している場合がある。その場合、会社としての信用力の「実力」を示す格付けについて最初に議論し、決定した後、その格付けを基準として他の格付けを検討していく。具体的には、**「発行体格付け」**の水準を最初に定める。この格付けは、「優先無担保」（senior unsecured）の債務の格付けを示すものと定義されていて[33]、担保や保証といった信用補完の力に頼らない、言わばその会社の実力を示す格付けである。これを定めた後、担保付社債やハイブリッド債（デットとエクイティの両方の性格を持つ債券）の格付け、あるいは短期格付けの水準を定めていく。発行体格付けとその他の格付けの関係をどのように検討するかについては、格付け会社それぞれの考え方があり、公表されている「格付け手法」のレポートにおいて説明されている[34]。

さらに、格付けの結論が出た後、今後のさらなる格付けアクションに備えて、何がどうなった場合に格付けを上げる／下げるのか、そのガイドラインを新たに設定する[35]。

---

32 格付け水準と格付け見通しとを別々に採決する場合でも、筆者は水準と見通しの両方に関する持論を同時に説明して、両者をセットで理解してもらうように努めていた。これも、過剰な結論が出てしまう可能性を下げる意図からである。

33 ここでは簡略化した定義を記したが、実際には格付け会社各社によって厳密な定義がある。各社のウェブサイトにはさまざまな種類の格付けの定義が公表されているので参照してほしい。

34 ムーディーズの例をあげれば、『担保および支払請求優先順位に基づく社債格付のノッチング』がこれに該当する。

35 これはテクニカルな作業になるので、格付け委員会参加者全員で議論することはせず、議長と主担当アナリストに加えて主要なメンバーに一任されることがある。ただし、その場合でも格付け委員会の議事録には記載されるため、他の参加メンバーは議事録の原稿を確認する際に異議を唱える機会がある。

第4節　格付け委員会の結果の公表

格付け委員会の結論はインサイダー情報になり得るので、できるだけ早く公表する必要がある。ただし、公表前に、当該の発行体にプレス・リリースの原稿を見せ、確認してもらうプロセスが要る。主担当アナリストが作成した原稿のとおりに格付け委員会の結論が得られた場合はすぐに、そうでない場合[36]はすみやかにプレス・リリースの原稿を作成し直して、発行体の格付け担当者に連絡する。

確認を依頼するポイントは二つある。一つは、プレス・リリースの原稿の内容に、事実の間違いがないかの確認である。グループ会社の名称等の固有名詞に関して、特に確認を依頼する。もう一つは、発行体が格付け会社だけに対して開示した非公開情報が含まれてしまっていないかの確認である[37]。特に後者は、発行体の協力が不可欠である。年次レビュー・ミーティングや決算発表の際に、あるいは日常の電話でのやりとりを通して、発行体はさまざまな情報を格付け会社に提供するが、そのうちどれが非公開情報で特別に格付け会社だけに開示しているのか、つど伝えないことも多い。特に経営者との議論においては、組織のトップである社長は情報公開のタイミングなど、言わ

36　主担当アナリストとしては、自分の主張が格付け委員会で受け容れられなかったという失意のなかで、自分にとっては不本意な内容のプレス・リリースの原稿を早急につくり直すことになり、その心理的負担は大きい。

37　発行体側にあり得る間違いは、自社内で格付け会社の原稿につき上司（責任者）の決裁を得ようとしたり、発行体の意向に沿うように文章表現を改変しようとしたりして、時間と手間をかけすぎることである。そうではなく、あくまで格付け会社が自分の責任で自分の意見を言うためのプレス・リリースであることを、発行体に理解してもらうことが重要である。格付け会社は、発行体の意向に沿うように原稿の内容を改変することは一切できない。

ば細かい事柄は気にせずに、率直に話をする場合が多い。格付け担当者等の事務方の確認を必要とする部分である[38]。

ここで、発行体の非公開情報の扱いについて整理しておく。発行体側が、格付け会社に自社の経営状態について深く理解させたいと考えて、非公開の情報まで開示することはかまわない。格付け会社はそのような情報も受け入れて、格付けの分析に使用する。ただし、もちろんその情報を債券投資家等の第三者に開示することは許されない。したがって、プレス・リリースや、その他の格付け会社が発行するレポート類に、それらの非公開情報を引用することはできない。投資家からの個別の問合せに答える際にも、格付け会社のアナリストはこの点に充分に留意する必要がある[39]。

また、実際にプレス・リリースを公表するまでは、「近々プレス・リリースを出す予定である」ことを一部の市場関係者に伝えることも好ましくない。格付け委員会が開催されて結論が出て、それが発行体の確認を経て実際に公表されるまで、個別に投資家等からの問合せがあっても答えづらい時期が続くことになる[40]。

格付け会社からのプレス・リリースが公表されると、それを読んだ個別の投資家からの質問が寄せられるようになる。問合せが多くなると予想される重要な格付けアクションの場合は、事前に関連するリ

38　なお、発行体が、格付け会社がその結論に至った根拠となる事実認識に誤りがあると考える場合は、格付け会社に対して異議を唱えることができる。その場合の手順についてもあらかじめ定められており、格付け会社のウェブサイト上で公開されている。

39　非公開情報に言及しないと格付けの根拠が説明できない、というほど本質的に重要な非公開情報はない。非公開情報の多くは、時期が来れば発行体企業自身が公開することが多い。

40　投資家のほうも慣れてくれば、「折り返しの電話が来ないので、近々プレス・リリースが出るのだろうと思っていた」と後になって言ってくれることがある。

サーチ（レポート）を準備しておいて[41]、プレス・リリースの公表から時間を置かずにリサーチを出すことがある。そのリサーチについて、電話会議や会場を使っての投資家向けの説明会を行うことになる。影響の大きい格付けアクションであれば、対象地域（米州・欧州・アジア太平洋等）別に、複数回の説明会を行うこともある。反対に、説明会を開催しようと格付け会社の投資家向けサービスの部門が事前に準備を進めていても、意外に市場の反応が少ないこともある。準備をしていた部門にとっては残念な結果かもしれないが、格付けアクションを行いそれをプレス・リリースで説明した格付け部門としては、そのアクションに関する理解が充分に市場から得られたからだと考えることもできる[42]。

41　理想的には、格付け委員会の準備の段階でリサーチのほうも原稿作成を進めておき、格付け委員会のための資料にそれを含めておいて、委員会参加者の意見をあらかじめ徴しておく。

42　新聞・雑誌・TV等のメディアも含めて、おおいに批判され話題になってしまう格付けアクションもある。そのような場合にも、主担当アナリストは格付け会社の考え方を根気強く説明することに努める。

第14章

格付け変更の実際

ここまで、格付けを付与あるいは変更する際の手順について説明してきたが、本章では実際の事例に基づいて、格付けを変更し発表するに際して、アナリストの間でどのような話が交わされ、どのような思惑が交錯するのかを紹介する。

一般に格付けは、上げる場合には問題は少ないが、下げる場合には影響が大きく、ハレーションが生じることが往々にしてあり、格付け会社としては慎重に事を運ぶ必要がある。とは言っても、しかるべきタイミングで格付け変更を発表しなければ、格付け会社の存在意義自体が問われてしまう。市場を驚かすことを目的とするのではなく、あくまで適切なタイミングで、充分な説明をしつつ格付けを動かしていく周到さが求められる。

題材として、格付けの見直しが相次いだ、世界金融危機後と、東日本大震災後の時期を取り上げる。

第1節　世界金融危機時の格付け変更

2007年に顕在化した米国の不動産バブル崩壊[1]は、同国の銀行や基金の破綻につながり、2008年9月に大手投資銀行リーマン・ブラザーズが倒産した[2]ことから、国際金融システム全体の問題に拡大した。これが世界金融危機である。

欧米を中心とした金融システムの危機は世界の実体経済の変調につながり、多くの事業会社の業績が深刻な影響を受けた。初期の段階では相対的に影響が少なかった日本の事業会社も、2008年末から2009年初にかけて業績への大きな悪影響を公表する企業が相次ぎ、格付け各社も対応を迫られることになった。ここでは具体的な事例を二つあげて、ムーディーズの対応のしかたを振り返ってみる。

▶トヨタ自動車の格付け変更

トヨタ自動車（トヨタ）の格付けは、当初（1990年代の初頭）から最上位のAaaが付与されていたが、1998年にアジア通貨危機に伴う同地域の経済停滞を理由にAa1に１ノッチ格下げされた[3]。その後、2003年に再びAaaに格上げされ、世界金融危機時にはその最高位の格付け水準を維持していた。

しかし、2003年にAaaに格上げされる際には、海外、特に米国のアナリストたちから簡単には賛同が得られなかったのも事実である。筆

1　不動産のなかでも、信用力の低い個人に対する住宅を抵当にしたローンの回収が滞ったことが原因となり多くの金融機関の経営が悪化したため、「サブプライム住宅ローン問題」（あるいは「サブプライム・ローン問題」）と呼ばれることが多い。

2　米国史上最大の負債総額約6,000億ドル（約64兆円）の倒産であり、その影響の大きさから「リーマン・ショック」と呼ばれる。

3　その理由として、アジア地域の新車販売の低迷に加えて、いわゆる日本的な雇用関係から国内では機動的な人員配置ができないこと（解雇が容易になされないことを理由とする）から、コスト構造改革の進捗に懸念があることがあげられた（ムーディーズのプレス・リリース “Moody's downgrades long term debt ratings of Toyota Motor Corporation and Toyota Motor Credit Corporation to Aa1”（1998年８月20日）を参照）。このムーディーズの見解に対しては、トヨタの奥田碩社長（当時）が強く反論し、メディアでも大きく取り上げられた。

者が米国のアナリストたちと自動車産業に関して議論していた際によく感じたのは、日本の自動車メーカーの格付けについて、概して厳しい見方をするアナリストが多いということである。なかでも、ここで題材とするトヨタの信用力については、日本のアナリストたちが考えるよりも低い格付け水準であるべきだという意見が多かった[4]ように思う。格付けが高い水準にあれば要求されるものの水準も高くなるのは当然だが、このケースに関して筆者が感じたのは、自動車産業、あるいは自動車メーカーというものに対する米国人の「強い思い入れ」である。欧州で誕生した自動車ではあるが、大規模な産業として花開いたのは20世紀初頭の米国においてである。そこから長い歴史を持つ米国の自動車産業が、新興の日本のメーカーの後塵を拝するようになったことに、無意識にせよ複雑な感情を持つ者が多かったのではないか。特に、トヨタのAaaへの格上げを議論していた時期には、かつて「ビッグスリー」と称され、長い歴史を持つ米国の完成車メーカーは、いずれも経営上の苦境に喘いでおり、格付け水準もトヨタやホンダとは比較にならないほど低い水準にあった。

これは私たち日本人が自分自身に置き換えて想像してみるとわかりやすいかもしれない。トヨタ、ホンダ、日産、スバル、マツダといった各社の長年にわたる活躍により、私たち日本人も自動車産業に関してはすでに大きな思い入れがある。そこで、将来、自動車産業に関しては新興の国（たとえば、タイや中国、インドなど）において、トヨタやホンダをしのぐ信用力を持つ完成車メーカーが現れたと仮定してみた場合、それを素直に日本メーカー以上の格付けに位置づけようとす

4　上述した1998年の格下げの際の理由の一つとされた、日本的雇用慣行がトヨタのコスト削減を制約する可能性があるとする理屈も、やや説得力に欠け、だからこそトヨタの経営陣や日本メディアの反発を買った面があるとも言える。

るだろうか。無意識のうちに、その新興メーカーに対する「あらさがし」のような思考に陥る可能性もあると自省すべきであろう[5]。

なお、自動車産業以外に類似の事例を探すとすれば、米国のキャタピラー社が日本の小松製作所（コマツ）の猛追を受けている建設機械（鉱山機械）業界に関して、米国のアナリストたちの思考に同様のこだわりを感じたことがある。米国人はキャタピラー社が世界一の建機メーカーだと思いたいのである。ムーディーズの米国のアナリストと話している際に、たとえ収益状況や財務指標でコマツのほうが優れていたとしても、格付け水準においてキャタピラー社がコマツの後塵を拝するのは耐えられないと考えているのだと感じたことがある。

しかし、もしかするとこれらはすべて筆者の考えすぎであって、思い入れ云々が理由ではなく、実情はもっと単純なことなのかもしれない。というのも、クレジット・アナリストは元来、自分が詳しく知らない対象に関しては、厳しい（保守的な）見方をする傾向があるからである。よく知っている自国内の企業に対するよりも、それほど詳しくは知らない国外の企業に対して、その信用力を相対的に厳しく（低く）見ようとするのは、アナリストとしてのある種の本能のようなものである。自信を持って高く評価するためには、自身の持つ情報の質と量に相当な自信がなければならない。これは、筆者が他の地域（米・欧・アジア）の拠点が主宰する格付け委員会に招待されて出席している際に、よく感じたことである。

トヨタの格付けに話を戻せば、世界金融危機が惹き起こした経済の

5　類似の事象は、すでに電機産業（これも私たち日本人にとって思い入れの深い業界だと言える）において、2000年代に、ソニーやパナソニックやシャープの独壇場だと思われていたTV受像機の市場に、韓国のサムソン社の製品が台頭してきた際に経験されている。

収縮期においても、きわめて強固なトヨタの財務体力は揺るがなかったが、収益面での打撃は大きく、短期間であったが営業損益段階で赤字を計上した（図表14－１）[6]。Aaaのように高い格付けを持つ企業が営業赤字を出すという事実は衝撃的であるのは間違いなく、これを格付けにどう表現するかが問題となった。

トヨタのAaaの格付けに、従来から下向きの圧力が社内にあることを感じていた筆者が危惧したのは、同社の業績の急激な悪化を受けて格付けを見直す議論をすることになった際に、この機に乗じて格付けを２ノッチかそれ以上に（「マルチノッチ」の格付け変更と呼ばれる）下げる議論が社内に出てくることであった。

格付け会社のアナリストに限らず、一般的にクレジット・アナリストは、信用力上ネガティブなイベントには大きく反応しがちである。反対に、ポジティブな事象に対しては反応が慎重になる。その結果、格付けが下がる局面では大きく下がり、その後状況が変化して格付け

図表14－１　世界金融危機時のトヨタ自動車の営業損失

（金額単位：十億円）

	2009年３月期 第３四半期 （2008年 ９月から12月）	2009年３月期 第４四半期 （2009年 １月から３月）	2010年３月期 第１四半期 （2009年 ４月から６月）	左の３四半期計 （2008年９月から 2009年６月）
売上高	4,803	3,536	3,836	12,175
営業損益	-361	-683	-195	-1,238
営業損益率	-7.5%	-19.3%	-5.1%	-10.2%

（出所）　トヨタ自動車の有価証券報告書、四半期報告書から作成

6　トヨタが営業赤字を計上したのは、2009年３月期の第３四半期（2008年９月から12月）・第４四半期（2009年１月から３月）と2010年３月期の第１四半期（2009年４月から６月）の３四半期であり、通期（１年間）での営業赤字は2009年３月期の１期だけである。

を上げてしかるべき状況になってもなかなか上がらない、ということが往々にして起こる。これは格付け会社として避けるべき状況であり、アナリストとして常に自戒すべき傾向だと筆者は考えていた。

もう一点、マルチノッチの格付け変更をするということは、従来の格付け会社の見方に間違いがあったと認めることにつながると筆者は考えていた。格付け対象企業の信用力の変化だけが格付け変更の理由であるなら、その変化は連続的であって、ある程度の時間をかけて徐々に進むはずである。そうであれば、格付けの変更も1ノッチずつ進むべきであり、それが一度に2ノッチ以上の変更となるのは、過去にあったはずの変更すべきタイミングを逸してしまっていたか、あるいはその企業の信用力の変化の方向性への見方が間違っていたかのどちらかだということになる。いずれにせよ、格付け会社としては自己否定につながりかねないため、避けるべきだと筆者は考えていた。

マルチノッチの格下げをしようという意見が社内で有力となることを避けるために、筆者は反対に「1ノッチも格下げしないでよいという考え方もできるのではないか」との意見を折に触れて述べるように努めた。英語にdevil's advocateという表現があるが、これは論理の強さを検証するために、あえて反対意見を唱えて議論を刺激する人を指す（あるいは単に「天邪鬼」を意味するようである）。筆者は日頃からこのdevil's advocateの役割を意識して果たそうとしていた。このトヨタの営業赤字の事例に関しては、格下げ不要論の根拠として、「世界金融危機を経ても、世界経済における自動車産業の重要性は変わらない。時間の経過とともに各社の収益状況も回復する可能性が高いだろう。そして、世界の自動車産業におけるトヨタの相対的な優位性も変わらない。であれば、従来の格付け水準を変更する必要はないのではないか」という考え方を社内で発信した。

実は筆者自身も、１ノッチも下げないでAaaのままでよいとするのが極端な意見であって、実現する可能性がないことはわかっていた。しかし、このような考え方もあり得るということは、同僚のアナリストたちにも認識していてほしいと考えた。この考えには、米国のアナリストのなかにも、積極的に同意しないまでも、強く反対しない者がいた。少なくとも、筆者の見解を聞いて筆者の目の前で呆れたり怒り出したりする者はいなかった。もし２ノッチ格下げしようという社内世論が有力となってしまったら、第13章で説明した「"rating reverse"は避けよ」という考え方を使って、「１年以内にトヨタの業績、もしくは自動車産業の事業環境に、回復の兆しが見える可能性がまったくないと言い切れるのか」という議論を持ち出そうと考えていたが、そうまでする必要はなかった。

なお、上に紹介したアナリスト同士の意見の交換は、正式な格付け委員会におけるものではなく、あくまで格付け委員会開催前の社内における日常の会話や電話でのやりとりを紹介したものである。格付けを正式に決定する格付け委員会の議論の結論はプレス・リリースのかたちで広く公表されるが、格付け委員会において具体的にどのような議論がなされたのか、また参加者の誰がどう投票したのかは、一切公表できない。

結局、格付け委員会の結論として、トヨタの格付けは１ノッチ引き下げられてAaaからAa1に変更された（図表14－２）。

格下げの理由としては、同社が1950年以来の営業赤字に転落すると見られることが、やはり大きな要因であるとされた[7]。しかし筆者としては、それでも２ノッチ以上の格下げとならなかったことに関して

7　"Moody's downgrades Toyota to Aa1; outlook negative"（2009年２月６日発表のプレス・リリース）。

図表14－2　世界金融危機前後の時期のトヨタ自動車の格付けの推移

日付	1998年８月20日	2003年８月１日	2009年２月６日
格付けの水準 格付けの見通し 変更の方向と幅	Aa1 安定的 Aaaから１ノッチ下げ	Aaa 安定的 Aa1から１ノッチ上げ	Aa1 ネガティブ Aaaから１ノッチ下げ
格付け変更の主な理由	○グローバルな自動車市場で競争が厳しくなり、アジアで需要が減退していること ○国内で終身雇用を維持することが為替変動リスク対応を困難にする可能性がある	○優れた業績と資本構成を維持すると見られること ○地理的な分散の広がりが需要の変動を緩和する ○コスト削減・車種の分散・新モデル開発の優れた実績	○グローバルな自動車市場の厳しい状況によりトヨタの収益は大きな打撃を受けた ○2009年３月期だけでなく翌2010年３月期も厳しい事業環境が続くと見られる

（出所）　ムーディーズのプレス・リリースから作成

は、一定の満足感を覚えた。

▶日立製作所の格付け変更

もう１例、この時期の格下げの事例としてあげるのは、自動車産業と並ぶ日本の代表的な産業であった電機産業の有力企業、日立製作所（日立）である。同社は2009年１月末に突然、2009年３月期に7,000億円を超える最終赤字となる[8]見込みであることを発表した。それまで日立が公表していたその期の営業利益が4,100億円、当期純利益が150億円だったのに対して、営業利益で3,700億円、当期純損益で7,150億円もの巨額の下方修正であった[9]。ムーディーズでこの直前まで日立

8　最終的には同年度の決算は7,873億円の当期純損失となった。この額は日本の製造業で過去最大の赤字額であった。

9　「2009年３月期業績予想の修正と今後の業績改善施策について」（2009年１月30日・株式会社日立製作所）を参照。同社のウェブサイトに掲載されている。

を担当していたアナリストが、この発表内容を聞いて「何が起こっているのかまったくわからない」と呻いていたのを筆者は記憶しているが、それほど突然で衝撃の大きい発表であった。

日立のこの発表前の時点で、日立を含む日本の総合電機メーカー[10]の収益に対して経済状況の悪化が大きく影響しつつあることは、ムーディーズ社内で認識されていた。そのため、日立の発表の直前に、総合電機業界の見通しをネガティブと見るアナウンスメントを発表していた[11]。しかし、同社の発表の内容は、ムーディーズの事前の予想とは異なる厳しいものであった。赤字予想の金額の大きさもさることながら、その赤字の原因が、従来は知られていなかった、評価損を中心

図表14－3　日立製作所の2009年3月期の当期純損失の内訳

（単位：億円）

営業損益		1,271
営業外損益	為替差損	-372
	持分法損益	-1,622
	固定資産処分損他	-222
特別損益	事業構造改革関連費用	-1,513
	有価証券評価損	-440
	繰延税金資産評価減	-3,900
	その他税金費用	-1,152
	少数株主持分控除	77
当期純損益		-7,873

（出所）日立製作所の公表資料より作成

10 「電機メーカー」というカテゴリーのなかの「総合電機メーカー」（Integrated Electronics Company）というサブカテゴリーにおいて、ムーディーズは当時、日立・三菱電機・富士通・東芝・NECの５社に格付けを付与していた。

11 “Moody's: Japanese integrated electronics outlook now Negative”（2009年１月22日）。

とするものだったからである（図表14－３）。

日立の格付けに関して筆者が当時考えたことは二つあった。一つは、マルチノッチ（２ノッチかそれ以上）の格下げは避けられないかもしれないということ。先述のとおり、本来であればマルチノッチの格下げは避けたいのが筆者の基本的な考えである。それは格付け会社の従来の見方に間違いがあったと認めること、つまり自己否定につながりかねないからである。しかし、今回は予想されていなかった理由による大幅な業績予想の変更が会社から発表された。これはまさに格付け会社の見立て違いがあったということにほかならず、そのインパクトが大きければマルチノッチの格下げも許容せざるを得ないケースだと考えられた[12]。

そしてもう一つは、今回サプライズとなる発表がなされた以上、これから後も予想外の悪いニュースが追加的に出てくる可能性がある[13]と覚悟せざるを得ないということであった。

この二つの考えから、筆者としては、結果として２ノッチの格下げになってしまうことはあり得るだろうと考えた。その上で、まずはすぐに格下げの議論をして、そこではできれば１ノッチの格下げにとどめて、時間を稼いでネガティブな情報が出尽くすのを待ち、それを見極めた上で二度目の議論をする、という方針を立てた。

これに基づき、まず一度格付け委員会を開催して、その結果として2009年２月９日に、１ノッチの格下げと格付けのレビューの継続を発表した[14]。この後、同社の2009年３月期の通期の決算発表（同年の５

12　日立の当時の格付けがA1であり、総合電機メーカー５社のなかでは三菱電機と並んで最も高い水準にあったことも、このように考えた理由であった。

13　上述したトヨタの場合は、世界各地の自動車市場における営業環境の悪化という以外に業績が悪化した理由はなく、経済状況の回復とともに同社の事業も改善に向かうと予想できた。

月12日に決算説明会が開催された）を踏まえて再度格付け委員会を開き、その結果を５月29日付のプレス・リリースで発表した[15]。結果的に、二度の議論で１ノッチずつ、計２ノッチの格下げとなった（図表14－４）。

これについては、一度の発表で２ノッチの格下げをしたほうがわかりやすかったという見方もあるかもしれない。しかし2009年２月当時は、世界金融危機の実体経済への影響がどこまで拡大するかが、まだまだ見通せない時期であった。まず一度、その時点で得られている情

図表14－４　世界金融危機後の日立製作所の格付けの推移

日付	2009年２月２日	2009年５月29日	2010年12月１日
格付けの水準	A2	A3	A3
格付けの見通し	引下げ方向での見直しを継続	ネガティブ	安定的
変更の方向と幅	A1から１ノッチ下げ	A2から１ノッチ下げ	（A3のまま見通しだけを変更）
格付け／格付け見通しの変更の主な理由	○2009年３月期業績見通しの大幅な下方修正がきっかけ ○市場環境の厳しさから、日立の利益と財務が回復するには長い時間がかかる ○事業と財務の再建計画を検討するために見直しを継続する	○事業ポートフォリオ全体が圧力を受けており収益性の回復には時間がかかる ○そのため財務の回復には相当な長期間を要する ○事業環境が見通せず計画どおりの事業戦略遂行が不透明なためネガティブの見通し	○収益性が回復し、事業ポートフォリオも改善した ○A3の格付け水準には、今後も財務指標が改善していくであろうことも織り込まれている

（出所）ムーディーズのプレス・リリースから作成

14　プレス・リリース“Moody's downgrades Hitachi to A2; reviews for further downgrade”（2009年２月９日）。

15　“Moody's downgrades Hitachi to A3; outlook negative”（2009年５月29日）。

報をもとに結論を出した後、ある程度の時間をかけて、経済環境の悪化による影響を見極めた上で最終的な結論を出す、という一連の格付けアクションは、当時の資本市場においてそれなりに理解され、投資家から受け容れられたものと考えている。

なお、トヨタの場合と比較して感じたのは、トヨタには乗用車メーカーというわかりやすい競合他社が海外にも多いのに対して、日立のような総合電機という業態は事業構成の個別性が強いため、海外において日立と正面から競合する同業他社がいないということである。そのため、トヨタの場合に感じたような、海外のアナリストからのある種の圧力を感じることはなかった。別の言い方をすれば、「総合電機」という日本独自の業態に対する強い「思い入れ」を持ったアナリストが、海外の拠点にはいなかったということである。この点も、筆者なりに立てた方針のとおりに格付けの変更をマネージできた要因の一つだったのかもしれない。

以上、トヨタと日立の二つの事例により、2008年からの世界金融危機に伴う格付け変更を解説したが、この時期の格下げは、いずれも対象企業自身に格下げとなる原因があった。つまり、格付け変更の直接の理由は対象企業自身の業績の低下であった。したがって、上記２社以外にも格下げの事例は相次いだものの、本章の冒頭に書いたような、格下げを不服とする対象企業からの「ハレーション」が生じることはなかった。

これに対して次節では、格付け対象企業自身には直接の原因がないのに、格付け会社の考え方によって格付けが見直されようとした事例があったことを紹介する。

第2節　東日本大震災時の格付け変更

2011年３月11日に発生した東日本大震災は、甚大な物理的被害を東北地方を中心とする広い地域に与えた上に、全国的な物流あるいはサプライチェーンの混乱をもたらした。また、同大震災に伴う大規模な津波に襲われた東京電力福島第一原子力発電所が起こした大事故は、立地地域に大きな被害を及ぼしただけでなく、震災の直接の被害がなかった地域を含む国内の電力システム全体を大きく混乱させた。

このようにネガティブな影響を広くもたらした大震災ではあったが、電力各社の格付けを除けば、この震災を理由とする日本の事業会社の格下げの事例は、意外に少なかった。一時的な収益への影響は大きかったものの、各社ともリカバーの動きは力強く、その過程で業界内における競争力を大幅に損なってしまう企業が少なかった[16]からである。格付けは３年から５年先という長期間にわたるその企業の信用力を評価するものであり、１～２年といった比較的短い期間に信用力が元の水準に回復すると見込まれるならば、一時的なダメージがあっても格付けを動かす必要はないと考えるのが原則である。

例外的にこの時期に大きく格付けを下げたのが、大事故を起こした東京電力を含む電力各社である。特に原子力発電所を持つ電力会社[17]に関しては、東日本大震災を機に、それまで格付け会社が期待していたことが実現しない例が相次いだ。そのことで、日本の電力業界に対

16　日本の場合、格付けを取得している企業はそれぞれの業界内での競争上の地位がもともと高い大企業が多いことも理由として考えられる。

17　大手電力会社（一般電気事業者）10社のうち、北海道・東北・東京・北陸・中部・関西・中国・四国・九州の９社。沖縄電力は原子力電源を保有していない。なお、当時ムーディーズは、東北・四国の２社には格付けを付与していなかった。

する見方を大きく変えざるを得なくなったことが大幅な格下げの理由となった。つまり、格付け会社が自分の「見立て違い」を認めたのである。

東日本大震災と原子力発電所事故によって顕在化した格付け会社の見込み違いは、大きく２点ある。一つは、巨大な自然災害が原因であっても、原子力事業全般のリスクがすべて電力会社に負わされるとわかったこと、もう一つは、電力会社の収益安定化のための規制上の仕組みが、設計されたとおりにワークしないことがあるとわかったことである。

１点めに関しては、もともと原子力電源に万一事故が生じた場合、その影響が大きくなることが予想され、民間企業である電力会社には賠償額を負担し切れない事態が想定されていた。そのため法律[18]により、原子力事業者（電力会社）に無限責任を負わせる一方で、「異常に巨大な天災地変」による損害に関しては事業者が賠償する責任を負わない[19]等、国による支援についても規定されていた[20]。格付け会社は従来、これらの規定を、原子力事業という重要な国策を遂行する電力会社に対する政府の強い支援姿勢の表れであると捉えていて、格付け評価においてきわめてポジティブな要因であるとしていた。しかし実際に原子力事故が生じると、大地震と大津波がその原因であっても、原子力事業者の責任は一切減殺されることがなかった。これは明らかに格付け会社の見込み違いであり、電力会社に対する政府の支援姿勢の強さ全般について、再考を迫られることになった。

---

18 「原子力損害の賠償に関する法律」昭和36年法律第147号。

19 同法３条１項但書。

20 ただし、同法の目的は事故被害者の保護であり、電力会社の経営を支援すること自体が目的ではない。

２点めに関しては、総括原価主義[21]と燃料費調整制度[22]に支えられた料金規制に対する見方の変化である。これらの仕組みにより、想定外のことが起きても値上げによって短期間のうちに電力会社は利益水準を回復できると見られていたのが、実際には原子力発電所の停止が長引き、値上げをしなかった各社は結果的に数年間にわたって低い収益状況に置かれた。原子力発電所の安全性について再確認し、新たな審査体制と審査基準を確立するまで、東京電力以外の電力会社が保有する原子力電源も、予定された運転期限が来ると順次停止し、再稼働の時期の見通しが立たなくなった。その間、変動費が安価な原子力電源の代わりに高価な火力電源の稼働を増やしたことで事業費用が増大し、各社とも赤字に陥った。本来であれば、電気料金の値上げを行って利益水準を回復すべき状況である。しかし、大事故と全国的な電力供給不足を惹き起こした電力業界は、値上げによる消費者の反発を恐れた。また、原子力電源の１日も早い再稼働を求めている状況で値上げを申請することは、原子力電源がない現状を受忍し、同電源なしで事業を遂行しようとしていることになるという自己矛盾につながってしまう。このため、各社とも赤字の期間が長引いた[23]が、これは明らかに格付け会社が想定していなかった事態である。

以上の見込み違いを受けて、ムーディーズは電力会社の信用力についての見方を改め、格付けを二度にわたり２ノッチずつ下げた（図表

21　電力会社の事業費用と資金調達費用を全額回収できる水準に電気料金を定める仕組み。第８章の第１節を参照。

22　電気料金水準が認可された後、火力発電のために輸入される燃料の単価や外国為替の水準が変化することで事業費用が変動した場合、あらためて認可のプロセスを経ることなく、自動的に料金水準が変更される仕組み。燃料輸入額水準の３カ月の平均値が２カ月後の料金水準に反映される。

23　たとえば九州電力は、2012年３月期から2015年３月期まで、結果的に４年間にわたり経常赤字と当期純損失が継続した。

図表14－5　東日本大震災前後の時期の電力会社各社の格付けの推移

	2011年3月11日の震災前	2011年6月20日まで	2011年7月1日	2012年5月10日
東京電力以外の原子力電源を持つ電力会社（注）	Aa2	Aa2（変更なし）	A1（2ノッチ下げ）	A3（さらに2ノッチ下げ）
東京電力（東電HD）	Aa2	4回にわたり、計9ノッチ下げてBa2（社債格付け）	Ba2（変更なし）	Ba2（変更なし）
沖縄電力	Aa2	Aa2（変更なし）	Aa3（1ノッチ下げ）	Aa3（変更なし）

（注）　ムーディーズの場合、北海道・北陸・中部・関西・中国・九州の6社（東北と四国は格付けなし）
（出所）　ムーディーズのプレス・リリースから作成

14－5）。計4ノッチという大幅な格下げであり、きわめて異例である。しかし、もともと電力会社の格付けには、いざという場合に政府の支援が期待できるという要因が大きく含まれていた。その要因に関する見方が大きく変化した以上、大幅な格付け変更は不可避だった。

筆者としては、ここでも「過剰反応」によって必要以上に格付けを下げるべきではないと考えていたが、電力会社の格付けは大震災前でAa2ときわめて高かったため、4ノッチも下げてもまだA3という、相対的には高い水準にあった。第8章で説明したように、収益力や財務体力を示す財務指標をもとに定量分析を行えば、電力各社の信用力はAの格付け水準にはまったく届かない。さらに、原子力電源の停止による赤字の状況が続いていた。これらを勘案すれば、大幅に下がっても格付けがA3にとどまったのは、過剰に下げてしまったのではなく、日本のエネルギー政策における電力会社の重要性という定性要因としての強みを引き続き反映した水準[24]にとどめた、と評価できるかもしれない。

なお、格付けの変更があった際には、その企業の格付け担当者（財務／経理やIRの部署であることが多い）に変更の理由を説明するが、大震災後の電力会社の計４ノッチの格下げについては、概して各社とも納得してくれたように感じた[25]。もちろん、実際に納得していたかどうかは厳密にはわからないが、少なくとも重ねての説明を要求されることはなかった。

第３節　政府（ソブリン）の格付け変更の影響

第２節の冒頭で、東日本大震災を直接の理由とする日本の事業会社の格下げの事例は意外に少なかったと述べた。しかし、最終的に格下げにはならなかったものの、ムーディーズは多くの高格付け水準の事業会社の格付けを引下げ方向のレビュー（見直し）にかけた。それはこの時期に日本国政府（日本国債）の格付けが、大震災も理由の一部として、下向きのレビューにかけられ、結論として１ノッチ格下げされた[26]ことに関連している。なぜ政府の格付けのレビューや変更が、高い格付けの事業会社の格付けに影響するのだろうか。以下、この背

24　東京電力に関しても、原子力事故の責任が一切減殺されなかったと前述したが、事故に際して政府の厚い支援も見られた。事故直後に1.9兆円に及ぶ取引銀行からの緊急融資の取りまとめを支援したこと、2012年７月に原子力損害賠償支援機構（当時の名称）を通じて同社に対して１兆円の資本増強を行ったことなどである。

25　原子力電源停止後の収益の悪化に伴い、格付け手数料の負担の軽減を目的に一部の格付け会社からの格付けを取り下げた電力会社もあるが、その会社はA3となったムーディーズの格付けをあえて残した。その電力会社からは、少なくとも相対的には納得できる内容の格付けだと評価されていたとも考えられる。

26　日本政府の格付けAa2は、2011年５月31日に引下げ方向の見直し（レビュー）に入り、その結論として同年８月24日にAa3に変更された。格付けの見通しは安定的とされた。

景を説明する。

世界的に活動する格付け会社は、「ある国で事業を行う企業の格付けは、原則として、その国の政府（ソブリン）の格付けを上回れない」という考え方を採ることが多い[27]。ソブリンの格付けとその国の事業会社の格付けの関係について、日本で活動する格付け各社の考え方を比較して示したのが下の図表14－6である。

格付け会社4社のなかで、最も厳しく政府の格付けとの関係を重視するのがムーディーズである[28]。その考えが強固になった契機は、

図表14－6　ソブリンの格付けと他の格付けの関係についての考え方

格付け会社名	「格付け手法」レポート	考え方の概要
日本格付研究所（JCR）	（発表なし）	（ソブリンの格付けは他の格付けの制約にならない）
格付投資情報センター（R&I）	（発表なし）	（ソブリンの格付けは他の格付けの制約にならない）
S&Pグローバル（S&P）	『ソブリン格付けを上回る格付けの手法と想定』（2014年4月）	カントリーリスク感応度が高いと2ノッチまで、同感応度が中程度だと4ノッチまで、ソブリン格付けを上回れる
ムーディーズ	『ソブリンの信用力が他の格付に及ぼす影響の評価』（2019年6月）	原則としてソブリン格付けを上回れないが、複数の要件を満たせば2ノッチまでは上回れる

（出所）　本書執筆時点の各社の公表資料から作成

27　この論点については、「トップ企業で続く異例の格下げ　政府格付けを超えた会社に集中」（週刊エコノミスト2019年8月20日号・廣瀬和貞）参照。

28　日系の2社（JCRとR&I）は、政府の格付けが他の格付けの制約になるか否かという論点に関するレポートを発表していない。S&Pはこの論点に関して、「すべての格付けがソブリン格付けの制約を受ける必要はないと考える」という立場を明確にしており、その上で、カントリーリスクの感応度に応じて、最大で4ノッチまで、政府の格付けを上回ることができるとする。ムーディーズの場合は、複数の要件を満たした場合でも、最大で2ノッチまでしか上回れない。なお、上回るための要件としては、その企業の国外事業の比率が高い、というものが代表的である。

2010年からの欧州ソブリン危機である。AaやAといったきわめて高い格付け水準にあった欧州各国政府は、このソブリン危機を経て、短期間でデフォルト（債務不履行）が危ぶまれる状態となった。政府がデフォルトに向かう混乱時には、その国内の全セクターにわたってデフォルト率が上昇し、債券の回収率が低下する現象が見られた。この経験を踏まえて、ムーディーズは、「ソブリンの信用力の悪化は国内の発行体にマイナスに影響する」、「高格付けの発行体でも、ソブリンの信用力の低下に伴う圧力拡大の影響を免れない」という考え方[29]を採るに至った。

しかし問題は、ソブリン危機という非常時において関連性が高いことを理由に、政府の信用力がきわめて高い平常時においてまで、政府の格付けと他の格付けを常に連動させておく必要があるのかどうかである。

日本政府の格付けを国内企業の格付けの上限とするという考え方について、発行体企業や社債投資家といった市場参加者の意見として多いのは、そもそも政府の格付けは国内企業の格付けと関連が薄いのではないかという指摘である。

政府の格付けは、主としてその国の経済状況と、政府自身の財政状態に対する評価で構成される（図表14－7）。このうち政府の財政状態に関しては、民間企業の信用力との関連が小さいのではないかという意見をよく聞く。具体例として、たとえば、政府が自らの財政悪化を受容して景気対策を講じるのは、国内企業の業況を改善するためで

29　S&Pも同様に、「歴史的にみてソブリンのデフォルトに伴う経済ストレスは非常に強いと考えられ、ソブリン以外の発行体のデフォルトの著しい増加につながる可能性がある」（格付け手法『ソブリン格付けを上回る格付けの手法と想定』2014年）と認めている。

図表14－7　ムーディーズのソブリン格付けの枠組み

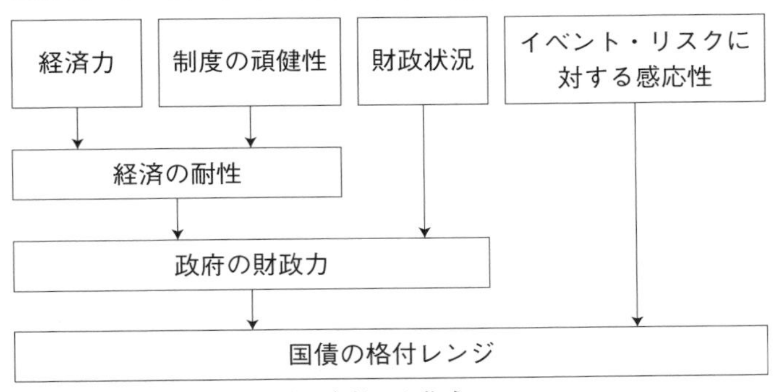

（出所）　ムーディーズの公開資料から作成

あり、この限りでは両者の信用力評価において正反対の効果を持つことになる。別の例では、増税策の延期や取りやめは、政府の財政にとってはネガティブでも、消費を喚起できれば国内企業の収益にとってはポジティブとなる。このように、平常時においては、必ずしも政府の信用力が国内企業の信用力の動向を代表しているわけではないという市場参加者の指摘は、的を射ていると言える。そうであれば、政府の格付けを原則として上限とするというムーディーズの考え方は、必ずしも理解しやすくはない。

2011年の東日本大震災時に戻ると、ムーディーズは同年の５月に日本政府の格付けAa2を引下げ方向での見直しに入ったと発表した[30]。この発表に伴い、日本政府の格付けと同じAa2以上の格付け（Aa2とAa1[31]）の事業会社は、すべて引下げ方向での見直しに入ることが発

30　“Moody’s places Japan’s Aa2 government ratings on review for possible downgrade”（2011年５月31日）。主な理由としては、日本政府の財政赤字削減策の実現可能性に対する懸念であり、その背景の一つとして、３月の大震災に伴う経済・財政コストの大きさもあげられた。

表された。

それだけでなく、政府よりも1ノッチ下のAa3の事業会社各社まで、引下げ方向でのレビューにかけられた。その理由は、日本政府の格付けがAa2から2ノッチ下がってA1になる可能性もあると、筆者の所属する事業会社部門で考えられた[32]ためである。東日本大震災が生じる前からすでに日本の財政状態に対する懸念は高まっており、そこへ大震災に伴う財政負担と経済の混乱が加わったのであるから、それらのネガティブな要因をすべて併せれば、1ノッチの格下げでは収まり切らないことも充分にあり得ると考えられたのである。

ところで、当時の日本政府の格付けと同じAa2や、例外的にそれより高いAa1が付与されていた事業会社に対しては、ソブリンの格付けが下がる場合には連動して格下げとなる可能性について、ムーディーズの担当アナリストはそれまでにもあらかじめ話題にし、議論を繰り返していた。必ずしも事前に納得が得られていたわけではないが、少なくとも、自社の格付けがソブリン格付けの見直しのタイミングで同じく見直しにかけられたことに驚きはなかったはずである。さらに言えば、世界全域で事業を行う製造業のトヨタは別として、国内で社会

---

31 事業会社に日本政府より高いAa1を付与することはムーディーズの原則からは外れていることになるが、日本政府がAaaだった時代から格付けされていた事業会社にはいくつか例があった。政府の出資がない企業では、東日本旅客鉄道（JR東日本)、東京ガス、キヤノン、トヨタが、当時Aa1に格付けされていた。

32 同じムーディーズ社内であっても、ソブリン部門とそれ以外の部門の情報の隔離（一種の「チャイニーズウォール」と言えるかもしれない）は徹底されており、ソブリン格付けの見直しのタイミングや変動の幅に関して、事前に情報が漏れることは一切なかった。そのため事業会社部門としては、あらゆる可能性を想定した上で準備しておくしかなかった。なお、ソブリン部門のアナリストは、自分に関係の深い国は担当しない。日本政府の格付けは日本人ではないアナリストが担当し、格付け委員会の結論は海外の拠点から発表される（東京オフィスは、そのプレス・リリースの日本語訳を公表する)。

インフラストラクチャー事業を手がけるNTTやJR各社、東京ガスといった公益企業は、もともと国内の事業環境（国による規制の内容も含めて）の自社に対する影響を意識しており、その意味で、日本政府の格付けと自社の格付けに何らかの関係があるということについても、比較的理解が進んでいたとも言えるだろう。

これに対して、Aa3の格付け水準の事業会社各社に関しては、格付けを見直しにかけたことは文字どおり「寝耳に水」の驚きを与えることになってしまった。対象となった企業は、味の素、アステラス製薬、富士フイルムホールディングス、セブン&アイ・ホールディングス、信越化学工業の5社である[33]が、いずれも公益企業ではなく、政府の整える規制環境に依存して事業を行っていることもなく、また海外市場においても相当な規模で活動している。したがって、日本政府の格付けに連動して自社の格付けが動くという考え方にはなじみのない企業ばかりである。上記のAa1、Aa2の企業に対するのとは異なり、担当アナリストの側もAa3の企業に対しては、年次レビュー・ミーティング等の場でソブリン格付けとの関係について、話題にすることは少なかった[34]。

また、これらの5社はいずれも、東日本大震災の影響を最小限に抑えたか、あるいは大震災の被害から迅速に立ち直りを見せた企業ばかりである。大震災で政府の財政が打撃を受けたことを理由に自社の格付けが見直されるということについて、簡単には納得できない。この5社のうちの1社からは「なぜ当社の格付けが見直しになるのか理解

33　ムーディーズのプレス・リリース「5社のAa3の格付を引き下げ方向で見直し」(2011年5月31日）参照。

34　東日本大震災のような大規模な自然災害が起こる前は、日本のように経済規模の大きい国の政府の格付けがマルチノッチで下げられるのは、現実的でないと考えられていた。

できないので、来社して説明してほしい」と要求されたが、当然の対応であると感じられた。

結果的には、日本政府の格付けは１ノッチだけの格下げでAa3となった[35]ため、上記の５社のAa3の格付けは、検討はされたもののいずれも下げられることなく据え置かれた（図表14－８）[36]。

これらの５社に関しては、そもそも「格付け見直し」のプロセスに入る必要はなかったことになる。後から振り返れば、不要な格付け見直しを発表したことで対象企業や社債投資家に驚きと混乱をもたらした、いわば格付け会社の「独り相撲」だったと言われてもしかたがない事例である。

図表14－８　５社の格付けに関するムーディーズの発表の推移

	2011年５月31日発表		2011年８月24日発表		2011年８月29日発表
内容	下の５社の格付けAa3を引下げ方向で見直しに ➤味の素 ➤アステラス製薬 ➤富士フイルムHD ➤セブン＆アイHD ➤信越化学工業	⇨	５社の格付け見直しを継続する	⇨	５社いずれもAa3の格付けを据え置き、格付け見通しもすべて安定的に
理由	日本国債（政府）の格付けAa2が引下げ方向で見直しになったため		日本国債（政府）の格付けはAa3と結論されたが、経済成長環境の低下への各社の抵抗力を検討する		５社それぞれについて個別のプレス・リリースで説明

（出所）　ムーディーズの公開資料から作成

35　"Moody's lowers Japan's government rating to Aa3; outlook stable"（2011年８月24日）。

36　５社に関して別々に出されたプレス・リリースの一例として、「富士フイルムホールディングスの格付Aa3を据え置き、見通しは安定的」（2011年８月29日）。

この一連の騒動から教訓を得るとすれば、格付け対象企業との長期的なコミュニケーションのなかで、あらゆる格付け変更の可能性とその根拠につき、日頃から丁寧な説明を心がけるべきだということかもしれない。それともう一つ、人間は自身が心底から納得している内容でなければ、説得力を持って他者に説明できない、ということもあらためて骨身に沁みた。筆者は基本的に、政府の格付けはその国で事業を行う企業の格付けの制約にはならないと考えている。

本章では、経済状況の危機時の格付け変更の事例を見てきた。このような場合でも、リスクの増大だけを見て、いたずらに過大に格下げを検討するのでは、格付け会社が存在する意味が問われてしまう。

ある経験豊富な格付けアナリストは、筆者に「保守的になる(格付けを低くする)のは誰にでもできる」と語った。つまり、単にリスクだけをあげつらって低い格付けを付与することは、信用力の低下に警鐘を鳴らすというアナリストとしての務めを果たしているように見えて、実は安易な方向に流されているだけである。これは経験や胆力の不足しているアナリストがはまりがちな陥穽である。常に対象会社の強みと弱みの両方に目を向け、バランスよく格付けに表現するように努めるべきである。

経済危機に際しても、格付け対象企業の信用力の特徴をどう捉えているのか、国内外の競合他社と比べてどうか、今後はどうなっていくと考えられるのか、といったメッセージが伝わる格付けを発信していくことが、格付け会社に求められている。

第15章

格付けアナリストの資質

これまで、格付けとは信用力の程度に関する分析結果を示すものではあるが、定量的な検証にはなじまないものであることを繰り返し述べてきた。格付けは単なる符号ではなく、アナリストの説明のしかたによって活用される度合いが異なってくる。つまり、アナリストには格付けをわかりやすく説明する能力が要求される。

格付けアナリストが直接議論する相手、すなわち債券発行体企業、債券投資家、新聞や雑誌等のメディア、それぞれの観点から、アナリストに求められる能力とは何かを本章で考えてみたい。

第1節 債券発行体企業にとっての格付けアナリスト

格付けアナリストは分析対象となる企業にとっては外部者であり、企業が自ら開示する情報をもとに格付けの分析を行う。業界全体に関する情報はアナリスト自身が収集する[1]が、発行体企業固有の情報は

1　業界に関する情報についても、その具体的な収集の方法は、格付け対象となる企業に教えてもらうことがある。また、業界規制の考え方などについて規制当局の見解を得たい場合には、格付け対象企業から紹介してもらった上で、当局の担当者に面談して情報を得ることもある。

その企業が公表するものか、あるいは個別にその企業から提供してもらうことになる。

この意味で、格付けとは格付け会社が自社だけで作成するものではなく、格付け会社と格付け対象企業との共同作業によって形成されるものであると言うこともできる。すなわち、格付けアナリストと対象企業の格付け担当者とが、共同でつくりあげるものである。

ここで当然生じる疑問は、格付け対象企業が、高い格付けを欲するあまり、自社の信用力評価に不利となり得る情報を格付け会社に提出しない、あるいは恣意的にバイアスのかかった情報を提供することが起こり得るのではないか、というものであろう。

この疑問に対しては、二つの答えがある。まず、企業は、格付けを利用する債権者だけでなく、多様なステークホルダーを持っており、もともと公的な存在である。決算数値に限らず正確な情報を発信することは法律が求める[2]ところであり、経営者の恣意によって不正確な情報を発出することは許されない。

もう一つは、情報がない部分に関しては保守的な判断をするという格付けアナリストの行動の原則である。仮に格付け対象企業が、自社に不利な情報は出したくない等の理由から、格付け会社の要求する資料を提出しないことがあれば、格付けアナリスト（もしくは格付け委員会）は、その論点に関しては、通常考えられる可能性のなかから、当該企業の信用力にとって最も厳しい評価をすることになる。

以上の二つの考えから、格付け対象企業が開示する情報の正確性には問題がないことが前提とされている。仮に会計不正等が生じれば、それが明らかになった時点で、その企業の格付け評価は大幅に下げら

2　有価証券報告書を作成していない企業に対しては、財務諸表に関しては会計監査を経たものを格付け会社は要求する。

れることになる。

業務の実際においては、主担当アナリストは格付け対象企業の信用力の本質を知ろうとさまざまな分析の工夫を凝らし、質問し、格付け対象企業のほうはそれに応えるべく最大限の努力をするという例が多い。つまり、アナリストと企業は、情報が欲しい、出したくないという対立する関係ではなく、同じ方向を向いていることが多い。主担当アナリストは対象企業の信用力の本質を知りたい、対象企業の担当者のほうも、自社の特徴をよく理解してほしい[3]、とそれぞれ考えている。主担当アナリストは、対象企業の担当者との間に、そのように協力し合う関係を築くよう努めるべきである。

実際に、格付け会社のなかの格付け委員会の場になれば、主担当アナリストは他のアナリストや議長からのあらゆる質問に対して、格付け対象企業になり代わって答えなければならない立場になる。他のアナリストたちは対象企業と直接に接してはいないので、その見方は傾向として信用力を低く見ようとする、いわゆる保守的な見方となる。そのような観点からの厳しい質問に対して、主担当アナリストはその場にいない対象企業の人々を代表して的確に応対し、理解を得るよう努めねばならない。

このように考えていくと、格付け対象企業にとって望ましい格付けアナリストの像が見えてくる。企業から信頼されるアナリストとは、その企業の信用力の本質を理解する能力を持った上で、充分にその企業の特徴を把握し、格付け委員会においてその理解を的確に説明して

3　さらに言えば、格付け対象企業の担当者は、格付け会社という外部からの視点を自社の経営に取り入れることによって、自社の経営を向上させたいと考えている事例がある。社債発行による資金調達のニーズが当面ないにもかかわらず、格付けを取得し維持している会社に、特にそのような例が多い。その場合には、担当者は積極的に自社の情報を格付け会社に開示することになる。

くれるアナリストである。さらに言えば、格付け委員会における議論の内容と格付け会社の考えを、その企業にわかりやすく伝えてくれるアナリストである[4]。

たとえ格付け委員会の結果としての格付けの水準が、対象企業の期待に及ばなかったとしても、上記の要件が満たされていれば、少なくとも対象企業の格付け担当者は結果について理解を示してくれることが多い。むしろ、格付け委員会でどのような議論がなされたのかを積極的に知ろうとして質問し、その質疑のやりとりを通して、格付けアナリストとの心理的な距離がさらに縮まることが多い。

反対に、格付け対象企業にとって満足できないアナリストの特徴とは、まずは不熱心で探求心が不足していて、その企業の信用力の本質を知ろうとしないこと。次に、クレジット分析や産業構造などに関する知識が不足し、アナリストとしての能力が不足していること。これら二つの特徴のいずれかを持つアナリストが自社の格付けの担当になってしまうと、会社側はいくら自社について説明しても、また自社の経営者の貴重な時間を割いて面談の機会を設定しても、理解してもらえた実感が持てず、徒労感を覚えることになる[5]。

そして第三の特徴としては、格付け委員会やその他の格付け会社内の議論において、自社のために「闘って」くれないことである。格付け委員会の参加者のうち、直接に格付け対象企業と接していない多数のアナリストたちにとって、主担当アナリストの推薦する格付けに賛成票を投じることは、勇気の要ることである。知らないということ自

4　前述のように、自社の経営に格付け会社からの視点を取り込むことを目的としている会社の場合は、特にその要望が強い。

5　発行体企業としては、格付け手数料を支払っている以上、自社を担当するアナリストの資質に不満がある場合には、格付け会社に対してアナリストの交代を要求することもある。

体がリスクだからである。そのため、主担当アナリストにいろいろと厳しい質問を投げかけた上で、それらに対して納得のいく回答を得ようとする。主担当アナリストの側から見ると、議論のなかで、ある局面では他の参加者から「集中砲火を浴びる」ような状況に陥ることもある。そこで厳しい質疑への応対を忌避して主張を取り下げ、他のアナリストたちが簡単に合意できる水準の低い格付けで妥協することは可能だが、それでは何のために主担当アナリストだけが直接会社から情報を得ているのかがわからなくなる。発行体企業にとっては、結論として低い格付けを付与されてしまうこと以上に不満が残る結果になってしまう。結論は評決によって定まるため、結果として格付け対象企業の意に沿わない水準の格付けになってしまうことはもちろんあるが、主担当アナリストとしては最後まで全力で自身の信条を主張すべきである。そして、ひとたび格付けの結論が出れば、それを潔く受け容れて、今度はその根拠を誠意を持って格付け対象企業に説明すべきである。その格付けがもともとは対象企業にとって不満な水準であったとしても、主担当アナリストが全力で主張したが及ばなかった結果であれば、その誠意は伝わるものである。

なお、企業によっては「格付けアドバイザー[6]」を利用していることがある。格付けアドバイザーとは、企業に対して、どの格付け会社から格付けを取得するべきか、求める格付け水準を得るためには事業面／財務面でどのような配慮をするのが望ましいか、等を助言する。格付けアドバイザーは格付け会社のアナリスト部門の出身者が務めている例が多く、格付け会社のアナリストとしては、自社の出身者が格付け対象企業のアドバイザーをしている場合には何らかのやりにくさ

6　独立系の格付けアドバイザーもいるが、多くは大手証券会社の一部門である。

を感じることがある。その一方で、格付けアドバイザーを通じて他の格付け会社の考え方の特徴や、債券発行体企業が格付け会社各社をどのように見ているかを知ることができるため、大変貴重な存在でもある。日頃から接触して情報を積極的に得ておくことが望ましい。格付けアドバイザーに対しても、一方的に情報をもらうだけでは関係が深まらない。先方にとっても、格付け会社のアナリストと接することで得られるものが多いと感じられるよう、互恵的な関係を維持するべきである。

第2節　債券投資家にとっての格付けアナリスト

格付けを債券投資の際の参考に利用する投資家は、格付け会社にとって一義的な顧客であり、重要なステークホルダーである。本節では、債券投資家にとって有用な格付けアナリストの資質について考えてみよう。

格付けを発表する格付け会社のプレス・リリースは公表されており、格付け会社のウェブサイトのみならず、新聞・雑誌・インターネットその他の情報メディアにアクセスすれば、誰でも格付けを知ることができる。それに加えて、債券投資家は格付け会社の対顧客営業部門とサブスクリプション契約を結び、格付け会社のウェブサイト上に随時掲載される各種のリサーチ（レポート）を購読している。リサーチを読むことで、得たい情報がすべて得られる場合もあるだろうが、リサーチに書いていない情報も含めて、より深く格付け会社の考えを知りたい場合には、格付け会社の営業部門を通じて、あるいは直接連絡して、アナリストとの面談や電話による質疑応答を行うことがある。このように、投資家とアナリストが直接やりとりする場[7]で、アナリストがどのような応対をするかで、投資家にとっての満足度が定まることになる。

投資家の立場に立って考えれば、格付けやその理由について、リサーチによって一通りの理解はした上で、個別にアナリストの意見を聴こうとしているのであるから、プレス・リリースにもリサーチにも書かれていない説明を聴きたいわけである。経験の浅いアナリストは往々にして、プレス・リリースやリサーチに書かれている内容そのままを、投資家との個別のやりとりの場でも繰り返し説明しようとすることがあるが、そうしてしまうと投資家の満足度が高まらないのは当然であろう。

プレス・リリースやリサーチに書かれていない内容とは、たとえば格付け委員会の場で採択されなかったが面白い意見の内容や、格付け委員会の結論と主担当アナリストである自分の個人的見解の相違する部分や、格付け委員会に正式に諮ったことはないが自分が温めている独自の考え、等である。また、他の産業に属する債券発行体企業との比較の観点も、求められることが少なくない。債券投資家は、投資すべき産業セクターを限定していることはむしろ少なく、あらゆる業種に属する発行体企業を、格付けという共通の尺度により常に比較検討している。格付けアナリストは、自分が担当していないセクターに属する発行体企業であっても、格付け水準の近い企業に関しては、その優劣のポイントとなる特徴を把握し、比較対照して説明できるように、普段から準備しておくことが望ましい[8]。

7　筆者のいた格付け会社では、このような債券投資家との面談や電話による質問への対応をanalyst contactと呼んでいた。あくまで顧客である投資家側に立った呼称である。

このようにアナリストの側が自分自身の見方を提示することで、債券投資家の側からも独自の見解を引き出すことができ、双方にとって実りの多い会談とすることができる。債券投資のプロフェッショナルであり、格付け使用の主たる顧客である債券投資家から、格付けアナリストのほうが学べることも多いはずである。

なお、第９章で紹介したとおり、2010年の格付け会社に対する規制の導入以降、インサイダー取引防止の観点から、格付け会社は限定的な情報開示（limited disclosure）をすることが禁じられている。上述のように、すでに発表されたリサーチの内容をそのままなぞる説明をしようとするアナリストが出てくる理由の一つである。しかし、投資家はインサイダー取引防止に関する専門家であり、限定的な情報開示が許されないことは充分承知の上で、格付け会社のアナリストの意見を求めに来ている。そして、アナリスト個人の考え方がそのまま格付けにつながるものではないことも知った上で、そのような個人的な見方を聞きに来ている。格付け会社のアナリストは、臆することなく自分の見解を開示し、投資家との議論を通じて研鑽を深めるべきである。また、そのような議論を繰り返すことによって、格付けアナリストと投資家との間の信頼関係も深まっていくものである。

第３節　情報メディアにとっての格付けアナリスト

ここで言う情報メディアとは、新聞、雑誌、あるいはTV等に、格付けもしくは格付け会社に関する記事を掲載する目的でアナリストに

8　アナリストは、このような観点をリサーチに表現して発表することもできる。

取材する記者のことを指している。

前節で説明した債券投資家とは異なり、メディアの記者の格付けや格付け会社に関する知識の程度にはばらつきが大きく、一般的には理解が浅いと考えておくべきである。したがって、特に取材に来る記者が初対面の場合には、格付けに関して基礎的な知識がないことも充分に予期しておくべきである。そのような場合には、相手の理解度を確認しながら、初歩の部分から丁寧な説明をすることで、誤解を防ぐ必要がある。

一般的には、記事が公表される前の原稿の段階で、取材先に原稿の記述内容を確認する機会を与えるメディアは少ないと言われている。しかし筆者の経験では、取材に来た記者から原稿やゲラを見せられてチェックさせてもらえる機会が多くあった[9]。そのような機会があれば積極的に利用し、格付けに対する正しい理解が広まるようにすべきである。

また、これもよく言われることだが、まとまった文脈を持つ記事に仕上げるのが仕事の記者としては、取材する前の段階で記事の内容をほぼ固めており、取材先の発言のなかから記事の内容に合致する部分だけを切り取って利用することがある。筆者もある発行体企業に関する新聞記者との会話のなかで、事実を指摘した発言を、グループ事業の再編が遅れているという記事の文脈のなかにはめ込まれてしまい、発行体のIR担当者から抗議を受けた経験がある[10]。記者が原稿の締め切り間際になって電話によりコメントを求めてくる場合は、往々にし

9　理由は不明だが、格付けというもの自体が特殊で、社会一般に知られていないと見られていることが原因ではないかと推測している。

10　その件に関して、お互いに解決に向けて努力したことで、かえってその新聞記者との信頼関係が深まる結果となった。

てこのようなことが起こりやすい。防止するには、記者に記事の意図を訊き、自分と見解が異なる趣旨の記事を書こうとしている場合には、あえて取材を断るのが適切であろう[11]。

相手の意図するところが自分の格付けに対する考えと大きな齟齬がない場合には、取材を受けることになる。その場合は、相手（記者）が記事に書きたい内容を的確に表現できるよう、共同して知恵を出し合い協力すべきである。一方的に格付け会社側の説明を押し付けて記者に理解してもらおうとするだけでは、良い記事にならない[12]。

新聞や雑誌の取材を受けるだけでなく、TVへの出演を依頼されることもあり、筆者も何度か実際に出演する機会があった。格付け会社のプレゼンスを広めるのにTVは有効なメディアであるが、生放送の例が多く、またたとえ生放送でなくても放送前の段階で内容をチェックすることはまったく期待できないため、意図と異なる内容、あるいは視聴者が格付けに対して誤った理解をしてしまう原因となる内容が放送されてしまうリスクが大きい[13]。そのため、2010年の規制導入以降は、格付け会社はTV出演の依頼を受け入れていないようである。

また、新聞や雑誌に寄稿を依頼されることもある。証券会社等の他の金融機関と異なり、格付け会社は格付け委員会の合議で格付けを検

11　入稿の締め切り時刻に追われる記者の側の事情を過度に勘案してしまうと、無下に取材を拒絶するのもむずかしいが、アナリストとしての誠実さのほうを優先すべきである。

12　限られた字数のなかでの的確な文章表現の相談に乗ることもあり、そのような信頼関係が築けた記者からは、その後も繰り返し取材を受けることになる。

13　筆者の実感としては、一度スタジオに入って収録が始まってしまうと、番組制作側の振り付けのとおりに動かざるを得ないと強く感じた。発言内容には制約がないことが多い。しかし、司会もしくは対談相手の質問には何らかの意図が存在するため、それらの質問に対して答えること自体が、番組制作者側の意図に沿うことになってしまう。

討し決定しているという建付けであるため、アナリスト個人の名前を大きく打ち出すことはしない傾向がある[14]。また、アナリストとしても、社内で各種のリサーチを執筆することを求められているなかで、それに加えて社外の媒体に寄稿するのは負担感が大きい。したがって、金融関係の専門誌や新聞にアナリストが個人名で寄稿することは、あまり頻繁に行われてはいない。

第4節　アナリストに求められる資質

本章の最後に、ここまでの記述内容をまとめるかたちで、格付け会社のアナリストとして備えていることが望ましいと思われる資質を考えてみたい。

まずはじめに、能力について。決算数値をもとに財務分析をする必要があるが、それは決して高等数学を駆使するレベルのものではなく、基本的には四則演算のみで構成される内容である。したがって、大学において会計、財務、金融、経済といった、財務分析に直接関連する科目を学んでおくことも必要な要件ではない。端的に言って、いわゆる文科系・理科系を問わず、どの学部で学んだ人でも格付け会社でアナリスト業務に従事することは充分できる[15]と筆者は考えている。

ただし、上に列挙した4分野に法律学、政治学も含めて、社会科学

14　この点では、個人の分析の力量を前面に押し出す証券会社のエクイティのアナリストとは対照的である。エクイティのアナリストは担当する産業セクターが固定されることが多く、証券会社間におけるアナリストの「引き抜き」の事例も多く見られる。

15　MBA等の修士号や博士号も、もちろん必要ない。筆者の知る限りでは、このような学歴は社内における評価にも無関係である。

の視点ないしは思考方法を学んでおくことは有効だと思われる。仮に大学で社会科学分野を専攻していなくても、常に経済や金融に興味関心を持っていることは重要である。というのは、前述したとおり、クレジット・アナリストは自分なりのクレジット・ストーリーを構築することが求められており、そのためには財務分析だけでなく、産業構造や規制環境、経済や金融の動向を把握した上で、ロジックを組み立てることが必要だからである。言い換えれば、ロジカルに思考するための最低限の能力は不可欠である。

では、ここでいうロジカルな思考力を持つ、あるいはそのような思考力を高めていくために必要な資質は何かを、いままでの説明を敷衍して考えてみよう。

ある程度以上の強度のある論理に基づいた思考を組み立て、一つのまとまったストーリーに練り上げるためには、自分一人で沈思黙考しているだけでは不充分である。最も必要とされるのは、分析対象である債券発行体企業との対話の繰り返しである。

具体的には、当該企業の格付け担当の部署（IR担当や財務担当の部署であることが多い）から資料を受け取り、担当者と質疑応答を重ね、その内容への理解を深め、さらに問いかけるということの連続が要る。アナリストとして避けなければならないのは、疑問をそのまま疑問として残してしまうことと、反対にすぐに理解できたとして疑問を忘れてしまうことである。疑問を大切にした上で、何度でも、自分なりの理解がかたちを成すまで、問い続けることが重要である。

発行体企業の担当者は、格付け会社のアナリストに自社の特徴を正確に理解してもらいたいと願っている半面、あまり何度も問合せに対応するのは負担に感じることもある。しかし、格付けアナリストとしては発行体企業から教えてもらうことが最も重要であり、なんとか担当者には気持ちよく質問に答えてほしい。そのため、格付けアナリストとしては、担当者のおかげで会社への理解が進んでいることを示すためにも、会社の特徴をどのように捉えているのか頻繁にフィードバックし、意見を交換することが効果的である。会社の担当者としては、自分の尽力により相手（格付け会社のアナリスト）の理解が進歩しているのが見えることが励みになる[16]。

また、発行体企業との対話により理解した当該企業の特徴をもとに、自分なりのクレジット・ストーリーを組み上げてみた後は、それをより強固で豊かなものにブラッシュアップするために、社内の他の格付けアナリストやマネージャーと議論してみることが有効である。同じ発行体企業を見ているバックアップ・アナリストと議論するのは当然として、その発行体企業を直接見ていない他のセクターの担当アナリストと対話することも望ましい。一見すると関連性の薄い産業セクターであっても、自分のクレジット・ストーリーを膨らませるヒントをもたらすことは多々ある。また、格付けを利用する債券投資家の立場からすると、まったく異なる産業セクターに属する企業の社債同士を比較して運用先を選定することも多い。その選択に迷った際には格付けアナリストの意見を求めることになるが、その場合に、自分の担当していないセクターに関しても的確な理解をしているアナリストが存在することは、顧客である債券投資家の満足度を高めることにもつながる。

以上をまとめると、社外の発行体企業や債券投資家に対しても、社

16　格付け会社のアナリストとしては、発行体企業の担当者がいかに熱心に教えてくれているかを、担当者の上司が同席している場で紹介し、明示的に感謝の意を表すべきである。そのことで担当者の意欲を高めることができる。さらには、社内における担当者の仕事の内容をその上司に認識させることで、担当者の格付け会社に関する仕事がしやすくなるという効果がある。

内の他のアナリストに対しても、格付け会社のアナリストには、他の多くのビジネスに要求されるのと同様の、コミュニケーションに関する意欲と努力が求められる。別の言い方をすれば、話していて相手を愉快な気分にさせる人のところには、おのずと良質な情報が集まってくる[17]ものである。

もう少し敷衍すると、コミュニケーションにおいては、相手の疑問や理解のしかたについて、つねに最大限の想像力を働かせることが望ましい。格付けアナリストは、自分の担当する産業セクターや発行企業について、日々情報を得て分析している。一方、社内の他のアナリストや社外から問い合わせてくる債券投資家は、必ずしもそのセクターやその発行体企業について詳細な情報を持っているとは限らない。そのような他者に対して格付けの根拠等を説明する場合には、相手の疑問がどの部分にあるのか、また、そもそも信用力分析や格付け分析に関してどの程度の理解を持っているのかを、最初に推測し、対話の途中でも随時その推測を修正していくことが求められる。相手の理解を深める目的からそれて一方的に説明してしまうことは、避けるべきである。

また、対話していれば必ず他者との間に意見の相違を認識することになるが、それに関しては、異なった意見を尊重して受け容れ、さらに言えば異なる意見を面白いと感じて自分のなかで反芻してみる態度が望ましい。顧客である債券投資家との間で意見が相違しても問題となることはないが、社内においては、たとえば格付け委員会の場で

17　対話によって情報を一方的に得るだけではなく、格付けアナリストの側も、相手にとって有用な情報を提供することで、お互いに満足度を高めることが重要である。すべての優れたコミュニケーションは双方向的・双務的であり、多く与える者は多く得ることができる。

は、議論の結論を出す前の段階で鋭く意見が対立することは、よくある。主担当のアナリストとしては、格付け対象となる発行体企業の期待値をコントロールせねばならない（発行体企業がどの水準の格付けを求めているかは、事前にわかっていることが少なくない）立場から、ともすると自分の推薦する格付けと異なる（低い）格付けを主張する意見を、疎ましく感じることがある。しかし、自分の意見だけでなく、複数の意見を闘わせ、比較検討した上で結論づけられた格付けにこそ、大きな意義がある。議論の場で感情的になることなく、むしろ異なった意見を面白がり知りたがる気持ちを持って、議論の過程そのものを楽しむべきである[18]。そのような開かれたメンタリティーを持っていることが、結論としての格付けを説明するクレジット・ストーリーを、より豊かにするように思う。

以上のように考えてくると、格付けアナリストに求められる資質とは、特別なものは少なく、むしろ他のあらゆるビジネスにも普遍的に求められる資質が多いように思われる。他者との対話を楽しみ、自分と異なる意見を尊重し、自分からは相手の理解を得られるように誠実に説明する。それを可能にするために、自分の持つ疑問を疎かにせず追求し、情報を求め、咀嚼し、納得のいくまで分析する。自分の考えをまとめ、文章に構成し、相手にわかりやすく説明する。そのためには相手に興味を持ち、敬意を持って接し、相手の身になって想像することが大切であろう。

付け加えれば、自分の思い込みにしがみつかず、外部からのインプットを柔軟に取り入れ、常に自分の考えを問い直すバランス感覚があることが望ましい。格付けの対象となる企業が生き物である以上、

18　筆者は自分が主担当アナリストを務める格付け委員会においては、どこかしらで笑いが起こることを目指して議論の流れをリードするように努めていた。

格付けも常に変化し、成長していく。自分がかつて組み上げた格付けおよびその根拠となる考え（クレジット・ストーリー）が、未来にわたり有効であることはあり得ない。柔軟に考え、常に自ら問い直す姿勢が求められる。

これらはすべて、格付けアナリストに限らず、どのような業務においても重視される要素であろう。

そして、存在意義の認められる格付けアナリストであり続けるためには、常にインプットを欠かさないことが何よりも重要である。興味を広く持ち、担当外の産業セクターや別の分野の格付け対象[19]について最新の知識を備えることはもちろん、日本や主要各国の金融情勢や経済環境、主要な金融市場・商品市況の動向を知ることで、自分が担当する産業を相対化して見ることができるようになる。そうすれば発行体企業に対する理解も深まり、また発行体企業からの説明を無批判に受け入れてしまうリスクも減らすことができる。

端的に言えば、常に謙虚に学ぶ姿勢を持ち続けることが大切である。筆者が格付けアナリストを務めていた頃、海外の同僚のアナリストのなかにも、世界の主要な経済の一つである日本の産業構造や市場動向につき、熱心に学んでいる者がいる[20]ことに感銘を受けた。同時に、日本企業の格付けを担当していても、日本の産業について学ぶだけではなく、海外の市場の構造や産業の動向についても理解を深めねばならないと自戒した。常に学ぶ姿勢を継続することが重要である。

19　本書では格付け対象として主に事業会社を説明しているが、他の分野としては、金融機関、仕組み債（ストラクチャード・ファイナンス）、ソブリンおよびサブ・ソブリン（それぞれ中央政府、地方政府）などがある。

20　たとえば、欧州拠点のアナリストで、日本の高度経済成長期に自由民主党政権や通商産業省（当時）の果たした役割や、旧財閥系の企業グループの結びつきについての知識を持ち、的確な理解を示す者がいた。

第16章

格付けの未来

ここまで、格付けの定義、分析の手法、歴史、実際の格付け決定の方法、格付けアナリストの実務全般等々について論じてきた。

最終章となる本章では、視線を少し先の未来に向けて、これまで格付けが果たしてきた役割がどのように変化するのか、あるいは広がっていくのかを、筆者なりに考察してみたい。信用力の指標という格付けの根本的な性質は変わることはないが、これまでにも格付けは時代の要請とともに役割を修正してきた歴史を持っている。今後、より大きな役割を格付けが担える可能性があると筆者は考えている。

第1節　格付け分析の方法の変化

格付けとは、債券投資家等の債権者の立場から見て、債務者である企業が債務をどれだけ確実に返済してくれるだろうかという可能性の高さを示すもので、その程度に関して、第三者である格付け会社が述べる意見である。格付けが20世紀の初頭に生まれて以来、この基本となる部分はまったく変化していない。

しかし、細かい部分においては、100年以上の歴史のなかで、格付けにはいくつかの変更や洗練が加えられてきた。一つの格付け符号、たとえばAAを、そのなかでの信用力の違いに応じて三つに分割し、高い順からAA＋、AA、AA－のノッチに分けた[1]こともこれに含まれる。さらに、格付けに「見通し」が加えられ、強含み（positive）、安定的（stable）、弱含み（negative）の三つ[2]が設けられている。これらの工夫は、より詳細に信用力の差異を知りたいという債券投資家の要望に、格付け会社が対応していった結果である。

このような外形的な変化にとどまらず、信用力評価の考え方の部分でも、その時々の金融情勢や経済環境の影響を受けて、あるいは同業である他の格付け会社の動向が刺激となって、格付け会社の考え方が微妙に変化する場合がある。具体的には、信用力分析における定性評価の部分に、考え方の変化が現れることになる。

変化や拡大はいくつかの要因によって生じるが、それらのうちの大きなものは、新しい格付け対象の登場である。1980年代に、米国でいわゆるストラクチャード・ファイナンス（仕組み債）が登場し、格付け対象として急速に増大した[3]。従来の格付け対象である債券の発行体（中央・地方政府や企業）と異なり、経営意思を持たないSPV（Special Purpose Vehicle：特別目的会社）が発行する債券に格付けを付与することを通じて、格付け分析の手法が拡大する[4]ことになった。

1　ムーディーズにおいては、それぞれAa1、Aa2、Aa3と表記される（第１章の図表１－１を参照）。

2　格付けの見通しについては、第12章の第１節を参照。

3　ストラクチャード・ファイナンス業務において、格付けを付与する格付け会社の果たす役割は大きいため、同業務が盛んに行われた1990年代後半から2000年代にかけて、格付け会社の収益の大きな柱となった。その経緯については、森田隆大氏の『格付けの深層』に詳しい。

4　格付けは債務の返済に関する「意思と能力」を評価するものであるが、面談等により経営者の意思と財務に関する方針を確認する代わりに、ストラクチャード・ファイナンスの格付けに際しては、SPVと債券に関するすべての契約書の内容を充分に確認する必要がある。

また、2000年代に入って、エクイティ（株式）とデット（負債）の両方の性質を併せ持つハイブリッド債券[5]が登場し、格付けが付与されるようになった。従来の格付けは、債務の返済の可能性を評価するものであったが、エクイティ性を持つ証券を格付けする[6]ことで、その対象が広がることになった。

以上の二つの事例は、新しい格付け対象が登場したことに伴う分析方法の変更ないしは拡大と言えるだろう。

また、近年でいえば、ESG投資[7]の考え方が格付け評価にも影響している。**業種を問わずすべての発行体の格付けに適用される格付け手法[8]として、ESG投資の観点からの評価を加味する例が増えている。**実際に、会計不正が行われた企業の格付けを、ガバナンスの観点から下げる事例[9]があった。これは、新しい格付け対象の登場ではなく、ファイナンスの世界にESG投資という新しい考え方が広がったことに伴う格付け分析の考え方の拡大と言えるだろう[10]。なお、ESG投資に関連する格付けおよび格付け会社の役割については、次節であらため

5　返済が優先される債務のなかでは相対的に順位が低いことから「劣後債」とも、株式のなかでは順位が高いことから「優先株式」とも呼ばれる。債券・株式としての性格をどのような比率で持たせるか等、さまざまに商品設計がなされる。

6　ハイブリッド債に関しては、その債券としての性質に対して格付けを付与することに加えて、エクイティ性の大きさを評価する（０％から100％まで、25％刻みで５段階に評価する例が多い）ことが求められる。一般的には、エクイティ性が大きいと支払の優先順位が下がるため、格付けは低くなる。

7　ESGとは、環境（Environment）・社会（Society）・企業統治（Governance）のそれぞれの頭文字を取った命名であり、投資家から見て、これらの三つの点で優れた企業やプロジェクトを選んで投資することで、また反対に、これらの三つの点で問題のある対象に投資しないことによって、より望ましい社会の実現に貢献したいという考え方がESG投資である。

8　「クロス・セクターの格付け手法」と呼ばれる。第11章の第３節を参照。

9　ただし、ESG投資という用語が登場する以前であっても、会計不正等が発覚した企業の格付けは、収益悪化が表面化する前の段階で下げられることが多かった。

て取り上げる。

以上の要因とは異なり、もっぱら格付け会社の内部で、格付け評価に関する考え方が次第に変化していくこともある。その実例として紹介するのは、特に**グローバルに活動する格付け会社における日本企業の格付け水準に関する考え方**である。

歴史的に資本市場の果たす役割が相対的に小さい日本では、企業の資金調達に占める金融機関からの借入れの比率が大きい。事業会社に対する最大の資金提供銀行を、一般にその会社のメイン・バンクと言う。取引先の会社が業況不振に陥った場合、メイン・バンクにとって最も合理的な行動は、その会社を倒産させて自らが融資した貸出金を失うことではなく、可能な限りその取引先を支援して[11]経営を立て直し、貸出金の損失を防ぐことである。メイン・バンクが支援する姿勢を明確にすれば、融資額で二番手以降の他の銀行も、われ先に自行の融資を回収しようとして金融業界における評判を落とす[12]よりも、メイン・バンクによる支援に協力して自行の債権保全を図るほうが合理的である。このようにして、ある程度以上の規模の日本の事業会社は、経営破綻に至る可能性がきわめて低くなっている。

また、事業会社の側から見れば、いざという際にメイン・バンクや他の銀行の支援を得られる可能性を高めるために、平時から銀行に協力することが合理的である。具体的には、資金面に余裕がある時期に

10　グリーンボンド（green bond：地球環境の向上に資する使途の資金調達のための債券）の要件を満たしているかを評価する業務（グリーンボンドアセスメント評価業務、グリーンボンド適合性確認業務等と呼ばれる）を手がける格付け会社もあり、次節で再度言及する。

11　支援の具体策としては、資金面で追加の貸出をするだけでなく、人材を派遣して経営面を強化することも含まれる。

12　他行のメイン先企業の支援に協力しないと、自行のメイン先が支援を要する事態に陥った際に、他行の協力が得られにくくなる可能性が出てくる。

おいても銀行からの借入金を返済することはせず、あえて借り続けることが多い[13]。

このような日本の事業会社の行動は、自社の財務レバレッジの数値指標を悪化させ、また余分な金利負担により損益面の数値を悪化させる。これらは、財務分析において信用力を低く評価することにつながる。しかし、他方で、実績としては日本の大企業のデフォルトは非常に事例が少ない。こちらは、信用力を高く評価することにつながる。日本企業にとって適切な格付け水準を検討する際には、これらの相反する二つの事象を同時に説明する必要がある。

その説明のしかたは、時期によってどちらを重視するかが異なってきた。2000年代の前半から中盤にかけては、日本企業の業績が総じて好調であったこともあり、低いデフォルト率の実績を重視して、日本企業の格付けを高くするための説明が準備された。財務分析による定量評価の低さよりも、銀行取引の安定性という定性評価の高さをより重視することで、高い格付けが説明された。この時期には、実際に多くの日本の事業会社が格上げされた。

しかし、2008年秋のリーマン・ショックに端を発した世界金融危機[14]を経て、2010年代に入ると、2011年３月の東日本大震災に伴う産

13　銀行から見れば、その取引先が平時から自行の収益に貢献してくれているからこそ、その会社が危機に瀕した場合にコストを掛けて支援することが正当化される。つまり、銀行にとっても取引先企業にとっても、企業の業績不振時に銀行が融資を引き揚げずに支援して経営を立て直すことは、長期的な視点から双方にとって経済合理的な行動である。なお、このことについて双方の株主等のステークホルダーの理解が得られている点が重要である。

14　2010年１月に株式会社日本航空が会社更生法の適用を申請した。国際的に著名な大規模企業のデフォルトであったため、格付け会社においても強く意識された。ただし、当時は長く継続した自由民主党を含む政権からの初めての本格的な政権交代の直後であり、航空行政が混乱した時期に当たったという特殊な事情もあった。一方、世界の他の地域では、大手旅客航空会社の経営破綻の事例は珍しくない。

業界のサプライチェーンの混乱もあり、日本企業の業績は低位安定が続いて現在に至っている。これを受けて、日本の事業会社に特有の、銀行との取引関係を通じた経営支援の可能性の高さを格付け評価に勘案する考え方は後退し[15]、整備が進んだ「格付け手法」のレポートの記載内容に単純に沿った格付けの決定がなされる傾向が見られる。つまり、日本企業の収益指標・財務指標が示す数値の定量評価を重視する格付けの方法に戻っている。

このような評価のしかたの傾向の変化は、対象となる日本企業の業績の好不調といった事象がきっかけになってはいるものの、格付け会社の内部で考え方が変化した例と言えるだろう[16]。

以上、いくつか説明してきたように、格付けが信用力の程度を表現するための道具であるという基本的な性質にはまったく変化がない一方で、社会的な要請や金融環境・経済状況の変化に対応して、変化する部分がある。これからも、何らかの変化を続けていくことになると考えられる。

第２節　新しい投資の潮流に対応する格付け

第２節では、格付けの変化の最近の事例として、ファイナンスの世

15　しかし、事実としては、原子力発電所事故により経営危機に陥った東京電力に対して、そのメイン・バンクである三井住友銀行と政府が主導して銀行団からの緊急融資を即座に実施したことに代表されるように、東日本大震災によって日本のメイン・バンク制の実効性の高さは再確認された。

16　単純化すれば、日本の事業会社は定量評価が低く、定性評価が高いため、格付けを上げる際には定性評価が強調され、下げる場合には定量評価が重視される傾向がある、と見ることもできる。

界においてESG投資の潮流が強まっていることへの格付け会社の対応を紹介する。格付け自体の分析方法や表現方法にも変化が見られるほか、格付け会社が格付け以外に提供するサービスの品揃えにも、ESG投資関連のものが加えられている[17]。

ESG投資の考え方の起源に関してはいくつかの見方があるが、欧州や米国では、1970年代からESG投資が行われていた[18]とする見方がある。その後、1990年代に提唱されるようになった企業の社会的責任（CSR：Corporate Social Responsibility）の考え方が広まっていくことでCSRレポーティングが求められるようになり、さらに、社会的責任を果たす企業に投資すべきだとするSRI（Socially Responsible Investment：社会的責任投資）という考え方が広まった。

国際連合によって主導され2006年に公表された責任投資原則（PRI）は、機関投資家にESG投資を求めるもの[19]であり、2020年の時点で世界の3,000を超える企業がこれに署名している。日本では、2015年に年金積立金管理運用独立行政法人（GPIF）がこれに署名したことがきっかけとなり、ESG投資への認知度が大幅に高まった。

ここで注目したいのは、PRI以前の時期においては、機関投資家がESG投資を実践するにあたっては、乗り越えるべき葛藤があったということである。すなわち、受託者責任を負う機関投資家は、常に最大限の投資リターンを追求する義務がある。環境や社会的正義を追求することが、投資による収益の最大化につながらないのであれば、機関

17　ESG投資の手法自体が発展の途上にあることから、それに対する格付け／格付け会社の対応も、変化を続けていくものと見られる。

18　ベトナム戦争で収益をあげている企業に投資しないことを目的に、1971年に設立されたメソジスト教会系の投資ファンドが嚆矢であるという説が有力である。

19　六つの原則の第一に、「私たちは投資分析と意志決定のプロセスにESGの課題を組み込みます」とある。

投資家はESG投資を実行することはできない。

この問題については、財務要因に加えてESG要因を考慮して投資することは受託者責任違反にならないだけでなく、反対に受託者責任を果たす上での要請であるという見解が出され、それがファイナンスの世界で支持されるようになった。このことがPRIの公表と、それに署名する機関数の拡大につながっている[20]。ESG投資自体に対しても、当初は一時的な傾向にとどまり、定着しないのではないかという懐疑的な見方もあった。しかし、現在では投資家の行動原理のなかにESG投資の考え方はすでに組み込まれており、今後の金融情勢等の変化によって投資額の規模が縮小した場合にも、ESG重視の考え方自体は投資家の行動に影響し続けるだろうと見るのが一般的である。

このような世界的なESG重視の投資家の姿勢[21]を受けて、格付け会社においても、ESG各要因に関連するリスクが発行体の資金調達能力に影響すると考えるようになり、信用力分析に織り込むようになってきている。

ムーディーズの対応を紹介すると、同社は2019年の１月にクロス・セクターの格付け手法、“General Principles for Assessing Environmental, Social and Governance Risks”を発表した[22]。そのなかで、それまでに各セクターの格付け手法において明示されていなかったESG要因を、どのように検討するかを説明した。さらに、2020年12月

20 「ESG投資の多様な成り立ちと投資手法について」（証券アナリストジャーナル2018年１月号・寺山恵）を参照。

21 「ESG運用実施・検討71％」（日本経済新聞朝刊・2021年４月３日）によれば、日本でも企業年金基金の71％がESG投資を採用・検討しており、その理由としては「長期的な安定運用が見込める」が最多であった。

22 日本語版『環境・社会・ガバナンスリスク評価の一般原則』は、2019年２月に発表された。

にはこのクロス・セクターの格付け手法を改訂し[23]、説明をよりわかりやすくするため、E・S・Gの各要素について、スコアでの評価を導入している。また、併せて、ESG要因が格付けにどのように影響するかについての定性的な評価を示すため、総合的なスコアも導入し、各発行体の格付けを説明するレポートに、これらのスコアを表示するようにしている。

なお、ESG投資の広がりは、上のムーディーズの例のように格付け自体の分析方法に影響しているだけでなく、格付け会社が提供するその他のサービスにも、ESG投資に関連した新しい内容のものが登場している。R&Iの事例を紹介すると、同社では「ESG関連サービス」として、ESG関連ファイナンスに対するセカンドオピニオン[24]の提供と、ファイナンスの貢献の程度を評価する「グリーンボンドアセスメント」の二つを手がけている。

これらのESG投資に関連した格付け会社の動きは、現在進行しつつあるものであり、最終的にESG要因が格付けに対してどのような位置づけとなるかは確定していない。しかし、一般に格付け会社の姿勢は保守的であり、格付け分析の内容を修正することには慎重である。上記のムーディーズによるESG要因の格付けへの包摂も、事前に格付け手法の原案を発表してパブリック・コメントを徴する期間を経た上で導入するという、丁寧なプロセスを経て実現したものである。したがって、ひとたび導入した以上、このような格付け会社によるESG要因重視の姿勢は、簡単に後戻りすることはなく、格付けのなかに定着

---

23 日本語版は2021年１月に改訂された。

24 このサービスは、対象となるファイナンスが関連する各種の原則等に適合しているかどうかについての第三者意見であり、グリーンボンド・ソーシャルボンド・サステナビリティボンドの３種のファイナンスに対して提供されている。

していく可能性が高い。
本節においてESG投資への格付け会社の対応を見てきたのは、この動きが、格付けを「社会にとって望ましい経営をする発行体企業を高く評価する」という方向に移行させる、あるいはそのような要素を包含させる端緒となるのではないかと筆者が見ているからである。そして、格付けには、このようなファイナンスの世界における新しい動きを取り入れる柔軟性があり、その新しい考え方を社会に向かって発信する機能もあると筆者は考えている。次節では、この見方を敷衍して説明する。

第3節　社会にとっての「良い会社」の指標としての格付け

最終節となる本節では、未来において格付けがどのような方向に変化していく可能性があるのか、筆者なりの見方を述べる。あるいは、格付けの持つ意義が未来において広がっていく可能性について、考えてみたい。
企業には数多くのステークホルダーが存在し、格付けは、それらのステークホルダーの一つである「債権者」の立場に立った見方を代弁するものであることを、第2章で説明した。各々のステークホルダーにとって、自分の要求に沿った行動をとってくれる会社こそが「良い会社」である。そして、ステークホルダーごとに立場が異なる以上、「良い会社」の定義も、ステークホルダーの数だけ存在するということになる。
ただし、多くのステークホルダーの一つにすぎないとはいえ、債務の支払が滞ることは企業の存廃に直結するのだから、債権者がきわめて重要なステークホルダーであることは間違いない。債権者以外のステークホルダーをすべて満足させたとしても、その企業が存続できずに経営が破綻してしまっては本末転倒だからである。言い換えれば、「良い会社とは何か」を考える際に、債権者の視点はきわめて重要である。そして格付けは、その債権者の見方を代表するものである。

このことから、格付けの考え方を掘り下げることは、一般的に「良い会社とはどのような特徴を持つのか」を考えることにつながる。社会に受け容れられ、さまざまな人々から存続することを望まれている会社こそが、「良い会社」と見なされ、経営破綻からの距離が遠い会社、すなわち信用力の高い会社となる。つまり、信用力の高い（債務が返済できる可能性の高い）会社は、さまざまなステークホルダーから「良い会社」と見なされる可能性が高くなる。格付けの未来を見ようとする場合に、このような、**「格付けの観点から見た『良い会社』の特徴とは」という視角が重要になる**と筆者は考えている。

良い会社かどうかを評価するのは、その会社を取り巻く社会において活動する人々である。であれば、良い会社の定義は、社会のあり方によって異なってくる。基本的な社会システム、あるいは金融システムの大枠の部分は共通であっても、日本・アジア、米国、西欧といった各地域に固有の歴史や文化により、それらのシステムの運用のされ方に異なる部分がある。その違いが、「良い会社とは何か」という問いに対する各地域の答えの違いを表している。

ここでは、対照的な事例として議論されることが多い、日本と米国の違いをあげて考えてみたい。日本の銀行を経て米国系の格付け会社に勤務した筆者にとっても、身をもって経験することの多かったテーマである。

本章の第１節において、日本企業の利益率が低くなる理由として、銀行への利払い負担の大きさをあげた。ここでは、金利負担以外の原因を考えてみたい。日本の経済社会を規定する与件として最大のものは、その規模の大きさに比して天然資源が乏しいことである。産業が発展する過程で、原材料と燃料を輸入に頼る比率がきわめて大きい。したがって、日本で活動する企業は、原材料や燃料の単価の市況と、外国為替レートの市況の両方の変動に業績が左右される程度が大きいという特徴がある。このような与件は日本企業に固有のものではないが、米国で事業を行う企業と比較する場合には、特に目立つ特徴[25]となる。

原材料や為替の市況の変動は大きな事業リスクであるが、各社の個別の経営努力だけで完全に克服できる対象ではない。そのため、日本企業は自社だけでなく他社との連携の力も得て、これらのリスクに対応している。市況の悪い時期のネガティブなインパクトを、皆で分かち合うことで、ダメージを小さくしようとしている。具体的には、サプライチェーンを長く保ち[26]、それぞれの段階でネガティブなショックを吸収している。その代わり、市況が良く利益が大きくなる局面でも、それを皆でシェアしてしまうため、各社の利益率は低くなる。したがって、相対的に、強いプレイヤーと弱いプレイヤーの利益率の差は小さくなる。しかし、市況の変動から逃れられないことを考慮すれば、長い期間で考えた場合に、環境の変動に対して経営を安定させる

25　日本の食料自給率は38％（2019年度、カロリーベース）、エネルギー自給率は12％（2018年度、原子力を含む）と低い。米国は、それぞれ131％（2019年）、93％（2017年）と、貿易に頼らずともほぼ自給できる水準である。

26　例として工業製品の製造と販売の場合のサプライチェーンをあげれば、原材料輸入業者・一次加工業者・二次（最終）加工業者・組立製造業者・卸販売業者（あるいは製品輸出業者）・小売業者を経て、最終消費者に製品が届く。このような各プロセスが、別々の事業者によって担われている事例が多いのが、日本の産業の特徴の一つである。

最も合理的な行動だと評価することもできる。

一方、米国においては、階層の多い、長いサプライチェーンを利用することは、自社の利益を減らす要因となるため、力の強いプレイヤーは仕入れや販売を自ら行う。つまりサプライチェーン上に連なる他者を排除して、その利益を自社が得ることで、自社の利益率を高くしようとする[27]。そうしないプレイヤーは、そうする力がないから利益率が低いのだと見なされる。結果的に、利益率が高いか低いかによって、その企業の業界内での地位が見えやすくなる。

利益率に関してまとめると、**米国企業は利益率の高さが市場における地位の高さを表していることが多い**。つまり、利益率の高い企業は低い企業よりも良い会社だと言える。対して、**日本企業の場合は、強い市場地位にある企業とそうでない企業の間で、利益率の数値の差は見えにくい**。利益率の数値によって良い会社かどうかを判断するのがむずかしい。

次に、財務方針について検討する。第1節で、日本企業は銀行との取引関係の維持の観点から、平時においても銀行借入額を大きめに維持する傾向があることを説明した。これは財務レバレッジの数値を高くする（悪くする）ことにつながるため、他の債権者（他の銀行や社債投資家等）にとっては望ましくない。

それに加えて、株主にとっても、必要以上の負債は望ましくないと言える。このことについては説明が必要になる。

第2章で見たとおり、一般的に株式投資家は、投資する企業の事業規模が拡大した場合の利益を受け取るという「アップサイド」に上限がないため、負債を増やす（財務レバレッジを高める）ことによる事

27　原材料や燃料の開発・輸入から、完成品の輸出までを手がける「総合商社」という業態が、日本だけに存在して米国には見られないことは象徴的である。

業の拡大を歓迎するものである。しかし、ここで留意する必要があるのは、**株主が求めているのは、その企業にしか成し得ない事業によって生み出される高い収益だ**ということである。そのために株主は、投資した元本がゼロになるというリスクを負ってまで、その企業に投資している。投資した企業が、事業に必要な額を超えて負債を増やし、その余剰資金を有価証券投資に回したり、現金・預金として滞留させたりしているのでは、株主から見れば、その企業の経営者は自分たちからの負託に応えていないことになる[28]。このような場合、米国においては、余剰資金を配当等のかたちで株主還元に回すことを株主が要求することが多い[29]。つまり、負債を増やすことが株主にとって望ましいとは一概には言えないのである。このように、財務方針の考え方をめぐっても、何をもって「良い会社」と見なすかについては、さまざまな考え方がある。

ここまで見てきたような考え方の違いは、同じ資本主義経済のシステムを採用している社会でも、地域によって社会の歴史や文化の形成のしかたが異なることを原因として、資本主義経済のあり方が微妙に異なることから生まれている。日本と米国の例を見てきたが、欧州やアジアの諸地域にも、それぞれの地政学的、歴史的な事情により、さまざまな資本主義経済のかたちが存在するはずである。

株主の権利を最も重視すると言われてきた米国においても、近年で

28　エクイティ投資家から見れば、有価証券等に投資するのであれば、リスクマネーとして企業に投資した資金を通じてではなく、自分が直接投資するほうがよい。エクイティ投資家が企業の株式に投資するのは、その企業が手がけることで高い収益を生む事業投資対象があると信じるからこそである。

29　近年は日本企業に投資する外国人投資家の比率が増大しており、米国の大株主が日本企業に対して手元現預金の株主還元を要求する例が多く見られる。なお、近年の米国では、借入れによって調達した原資で株主に配当するという極端な例も珍しくないが、信用力の観点からはきわめてネガティブに見られる事例である。

は一部に変化の兆しも見られる。一例をあげれば、米国の代表的な企業の経営者団体ビジネス・ラウンドテーブルは、2019年８月に宣言を発表[30]し、株主優位から脱却してすべてのステークホルダーを重視すると言明した上で、各社の181人の経営トップがその宣言に署名した[31]。コミットする内容として、顧客に価値を届けること、従業員に投資すること、取引先に公正に倫理的に接すること、事業を行う地域社会を支援することをあげ、株主のために長期的な価値を生み出すことは、五つの項目の最後にあげられている。

米国の主要企業において具体的な企業行動の変化が見られるまでには時間がかかるかもしれないが、株主だけでなく、多くのステークホルダーの立場から見て「良い会社」とは何かという観点が、従来以上に重要になってくる可能性が感じられる動きである。

一方で、格付けは、いくつかの異なる発展を遂げてきた資本主義社会に属する企業を、共通の「物差し」として、どの企業がどれだけ「良い会社」なのかという意見と考え方を提示してきた。この、世界に共通する「物差し」としての格付けの機能の可能性にも、筆者は期待したいと考えている。

米国の株主重視の姿勢に見られる変化の背景にあるのは、いままでの資本主義経済が前提としてきた経済成長が、今後は望みにくいのではないかとする見方が強まっていることであろう[32]。仮に経済活動の

---

30 Business Roundtable Redefines the Purpose of a Corporation to Promote ‘An Economy That Serves All Americans’, AUG 19, 2019.

31 たとえばAmazon, Apple, AT&T, Bank of America, Blackrock, BCG, Citigroup, Coca-Cola, Dell, Dow, Exxon, FedEx, Ford, GAP, Goldman Sachs, HP, IBM, Intel, Johnson & Johnson, JPMorgan, KPMG, Lockheed Martin, MetLife, Nasdaq, Oracle, PepsiCo, PWC, Salesforce, Texas Instruments, UPS, VISA, Walmart, Xerox, 3M等の著名な企業を多く含む。ちなみに、ムーディーズ、スタンダード＆プアーズといった格付け会社の経営者も署名に含まれている。

規模の成長が見込めないとした場合、どのような会社を良い会社、社会にとって望ましい会社と見るかに関する考え方も、それに応じて変化すべきであろう。

日本においては、相対的に競争力の弱い企業であっても、外的なショックを吸収する役割を期待されることで、退場を迫られずに立場を維持できる事例がある。対して米国では、競争力の強い企業が、弱い企業の果たしていた役割を奪うことがある。あえてきわめて単純化した言い方をすれば、米国の経済界は弱肉強食の社会だと表現できるだろう[33]。

今後、経済規模の拡大が望めなくなるとした場合、弱肉強食を進めれば、社会における経済的格差の問題が拡大してしまい、それが社会体制の不安定化につながると予測することもできよう。実際に、先進国、発展途上国を問わず、経済的格差の拡大がすでに社会の大きな問題になりつつある国は多い。しかし、反対に、経済が低成長になったからこそ、各企業がそれぞれ高収益を求めないと社会活動全体が停滞し、産業の新陳代謝が進まず、定常状態すら覚束なくなってしまうと考えることもできる[34]だろう。

このような議論をする際に、格付けという共通の尺度があれば、さ

32　単純に考えれば、長期的に労働人口が減少していく社会が成長するためには、それ以上に労働生産性が向上し続ける必要があり、それは容易なことではないと考えられる。

33　ただし、米国の社会において事業が失敗した場合、その後の再起のための起業のハードルが低いことは、認識しておくのが公平だろう。他方、近年は起業の事例が増えてきたとはいえ、一般的に日本においては米国よりも起業がむずかしいとされている。

34　OECD諸国（先進国）のなかでも日本の生産性が低い理由として、本来であれば退場を余儀なくされていたはずの企業が温存されていることで、収益力の高い企業への労働力の移動が進んでいないことを指摘する論者もいる。

まざまな状況において「良い会社とはどのような会社か」を示すことができる。つまり、環境が変化した場合に、その変化は望ましいのか、その変化にはどのように対応するのが望ましいのかを、格付けの水準や見通しを示すことによって、各論者に提供することができる。

また、格付けの特徴として、単に符号によってその水準を示すだけではなく、格付けを発表するプレス・リリースや関連するレポート類、あるいは各種メディアからの取材に応えることで、格付けの背後にある「考え方」を説明することができる。このことで、「良い会社とは何か」という問いに関する格付け会社の考え方が示され、この問いに関する議論の活性化に貢献することができる。また、格付け会社が、社会全般の意見を踏まえた上で社内の議論を深めたいと考える際には、パブリック・コメントを募ることで、広く社外の考えを求めることもある。格付け会社の意見は、閉じた社内の少数のアナリストだけによって形成されているのではなく、資本市場関係者や識者との対話によってつくられているのである。

そして、このような格付けの特徴は、複数の企業を相対的に評価する他の指標、たとえば株式市場で形成される株価などには見られないものである。株価はさまざまな考えを持つ多くの投資家によって形成される一種の集合知ではあるが、その背景となる投資家の考え方は明示されることはなく、また、どの考えが株価の形成にどれだけ影響したかは解明されることはない。

時代の変遷とともに、経済社会のあり方は変化し、その担い手である企業の形態も変化ないしは進化を続けている。世界全体の経済活動の結びつきは強まっていくのが大きな傾向と見えるが、反対に、各地域ごとに独自の経済社会を形成する方向にシフトしていくのかもしれない[35]。そのどちらであっても、産業の発展には資金が必要であり、資金の出し手としては、投じた資金の回収を確実にし、できるだけ高いリターンを得るために、「良い会社（投資対象）」はどれかを見極める必要がある。世界のさまざまな地域において、異なる経済社会のシステムのもとで事業を展開する企業に資金を提供する際に、どの企業がどれだけ「良い会社」なのかを考えるための道具として、格付けがこれからも人々の思考のヒントとして発展を続けていくことを期待したい。

35　近年、政治的な思惑から、米国と中国が相互の経済的な依存を減少させる動きが見られるのが一例である。

おわりに

もともと文章を読み書きすることが好きで、法学部に進学してからも、文学部の講義にも好んで出席していた。就職先には銀行を選んだが、多岐にわたる銀行業務のなかで、結果的に企業分析業務に長年携わるようになったのは、おそらく偶然だったのだろう。ただし、入社前の面接で役員を前に「これから銀行間の競争が激化するなかで、戦略の差別化をするためには、各行の持つ調査・審査機能の優劣が勝負を分けると考えている」という趣旨の話をした記憶はある。このことが、後に審査部に配属される理由になったのかもしれない。ただし、学生だった当時は、銀行の調査業務（マクロ経済動向等のリサーチ）と審査業務（個別企業の信用力分析）の違いも知らずに、得意顔で語っていたのであるが。

日本興業銀行の審査部門には明治時代以来の知見の蓄積があり、それが外の世界でも通用するのかどうか、試してみたいという気持ちが高まってきた。また、日本の企業や政府の格付けを平気で下げてくる海外の格付け会社に対して、財務数値に現れない日本企業の強みをわからせてやりたいという意気込みもあって、ムーディーズに転職した。

経験と年齢を重ねてくると、得た知見をわずかずつでも発信して、世の中の人々がものを考える際の参考に供したいという気持ちが強くなる。格付け会社は格付け委員会で多数決により格付けを決定し、アナリスト個人の意見を世に問う機会はない。そのため独立し、現在に至っている。

格付け会社を離れると、在職時には直接話をすることができなかった他の格付け会社の方々や、格付けを学問として研究されている諸先生方とも親交ができ、格付けに関する理解をさらに広め、深めることができている。そして、これまで長く経験し、考え続けてきた格付けというものについて、まとまったものを書き残しておきたいという気持ちが強くなった。

このたび、一般社団法人金融財政事情研究会の花岡博氏のご尽力を得て、格付けに関する書籍を上梓することができたのは望外の喜びであり、これまでご指導くださった多くの方々に感謝したい。

最初に、日本興業銀行においてお世話になったすべての方々、特に審査関連の部署でご一緒した皆様に感謝する。惜しみなく部下や後輩を指導してくれる企業文化を持った銀行であった。途中で転職してしまったため、後輩の皆さんに充分な指導をする機会がなかった分は、この本が幾分かでも恩返しになればと考えている。

次に、ムーディーズでともに過ごしたすべての人々に感謝する。東京オフィスで日々直接お世話になった方々のみならず、海外のいくつもの拠点で働く同僚のアナリストたちからも、多くのことを学んだ。格付け対象企業や社債投資家、格付けアドバイザー、メディアといった社外の多くの方々からも、さまざまな貴重なご教示をいただいた。

また、三人の家族、妻と息子・娘にも深く感謝する。独立してからは家にいる時間が長くなり、自室に籠って何をしているのだろうと思うこともあったと思うが、常に応援してくれているお蔭で、この本が完成した。

最後に、昨年逝去した父の霊前に、深い感謝の気持ちとともに、この本を供えたいと思う。

2021年秋

筆　者

参考文献

・日本格付研究所［2014］『コーポレート等の信用格付方法』11月7日
・日本格付研究所［2012］『業種別格付方法「自動車・自動車部品」』3月26日
・格付投資情報センター［2018］「事業法人等の信用格付の基本的な考え方」5月31日
・格付投資情報センター［2019］『業種別格付手法「乗用車」』4月26日
・格付投資情報センター［2017］『親会社と子会社の格付の考え方』12月13日
・格付投資情報センター［2018］『格付評価において重要性増す環境要素』12月25日
・スタンダード＆プアーズ・レーティングズ・サービシズ［2013］『事業会社の格付け手法』12月20日
・スタンダード＆プアーズ・レーティングズ・サービシズ［2014］『産業リスクの評価手法』1月30日
・S&Pグローバル・レーティング［2014］『ソブリン格付けを上回る格付けの手法と想定：事業法人・金融法人・公的部門』4月28日
・ムーディーズ［2017］『自動車業界の格付手法』7月6日
・ムーディーズ［2021］『環境・社会・ガバナンスリスク評価の一般原則』1月7日
・ムーディーズ［2019］『ソブリンの信用力が他の格付に及ぼす影響の評価』6月21日
・Moody's Investors Service［2021］"Annual default study: Following a sharp rise in 2020, corporate defaults will drop in 2021" January 28
・Moody's Investor Service［2019］"General Principles for Assessing Environmental, Social and Governance Risks" January 9
・Moody's Investors Service［2017］"Notching Corporate Instrument Ratings Based on Differences in Security and Priority of Claim" October 26
・Moody's Investors Service［1991］"Global Credit Analysis" IFR Publishing
・証券取引等監視委員会事務局［2010、2015一部改正］『信用格付業者検査マニュアル』
・金融庁［2008］『格付会社に係る規制の枠組みについて』11月25日
・金融商品取引法研究会［2012］『金融商品取引法研究会記録第36号「格付会社への規制」』日本証券経済研究所
・寺西重郎［2018］『日本型資本主義』中央公論新社

・三谷太一郎［2017］『日本の近代とは何であったか』岩波書店
・三谷太一郎［2009］『ウォール・ストリートと極東　政治における国際金融資本』東京大学出版会
・宮本又郎・阿部武司・宇田川勝・沢井実・橘川武郎［2007］『日本経営史』有斐閣
・武田晴人（編著）［2007］『日本経済の戦後復興　未完の構造転換』有斐閣
・佐伯啓思［2017］『経済成長主義への訣別』新潮社
・井手英策［2015］『経済の時代の終焉』岩波書店
・野口悠紀雄［2015］『戦後経済史』東洋経済新報社
・小峰隆夫［2019］『平成の経済』日本経済新聞出版
・小林慶一郎（編著）［2018］『財政破綻後』日本経済新聞出版
・須藤時仁・野村容康［2014］『日本経済の構造変化』岩波書店
・翁邦雄［2015］『経済の大転換と日本銀行』岩波書店
・鈴木淑夫［2016］『試練と挑戦の戦後金融経済史』岩波書店
・早川英男［2016］『金融政策の「誤解」』慶應義塾大学出版会
・櫻川昌哉・宿輪純一［2015］『金融が支える日本経済』東洋経済新報社
・長沼伸一郎［2020］『現代経済学の直観的方法』講談社
・岩村充［2020］『国家・企業・通貨』新潮社
・諸富徹［2020］『資本主義の新しい形』岩波書店
・小熊英二［2019］『日本社会のしくみ』講談社
・熊倉正修［2019］『日本のマクロ経済政策』岩波書店
・梶谷懐［2016］『日本と中国経済』筑摩書房
・宇沢弘文［2017］『人間の経済』新潮社
・佐々木実［2019］『資本主義と闘った男　宇沢弘文と経済学の世界』講談社
・広井好典［2015］『ポスト資本主義』岩波書店
・西野智彦［2019］『平成金融史』中央公論新社
・榊原英資・水野和夫［2015］『資本主義の終焉、その先の世界』詩想社
・永野健二［2016］『バブル』新潮社
・橘川武郎［1995］『日本電力業の発展と松永安左ヱ門』名古屋大学出版会
・橘川武郎［2004］『日本電力業発展のダイナミズム』名古屋大学出版会
・橘川武郎［2012］『電力改革―エネルギー政策の歴史的大転換』講談社
・山内直樹・森田隆大［2010］『信用リスク分析―総論』金融財政事情研究会
・森田隆大［2010］『格付けの深層』日本経済新聞出版

・大村敬一・俊野雅司［2014］『証券論』有斐閣
・北川哲雄・加藤直樹・貝増眞［2013］『証券アナリストのための企業分析（第4版）』東洋経済新報社
・中尾茂夫編・黒沢義孝ほか［2001］『金融グローバリズム』東京大学出版会
・黒沢義孝［2007］『格付け講義』文眞堂
・黒沢義孝［2007］『格付会社の研究』東洋経済新報社
・田中英隆・石渡明［2016］『格付』日本経済新聞出版社
・葛西敬之［2007］『国鉄改革の真実』中央公論新社
・斎藤幸平［2020］『人新世の「資本論」』集英社
・日本公社債研究所社史編纂委員会編［1995］『わが国債券格付けの歩み』日本公社債研究所
・ハインゾーン、グナル（猪股和夫訳）［2008］『自爆する若者たち』新潮社
・ヘルマン、ウルリケ（猪股和夫訳）［2015］『資本の世界史』太田出版
・シュトレーク、ヴォルフガング（鈴木直訳）［2016］『時間かせぎの資本主義』みすず書房
・エモット、ビル（伏見威蕃訳）［2017］『「西洋」の終わり』日本経済新聞出版社
・コッカ、ユルゲン（山井敏章訳）［2018］『資本主義の歴史』人文書院
・ルシュヴァリエ、セバスチャン（新川敏光監訳）［2015］『日本資本主義の大転換』岩波書店
・寺山恵［2018］『「ESG投資の多様な成り立ちと投資手法について」証券アナリストジャーナル１月号』日本証券アナリスト協会
・江夏あかね［2020］『「世界的に見たグリーンボンド等SDGs債の発行状況と投資の意味合い」証券アナリストジャーナル２月号』日本証券アナリスト協会
・廣瀬和貞［2021］『「大手電力の格付け低下　脱炭素・原発で増える債務」週刊エコノミスト２月２日号』毎日新聞出版
・廣瀬和貞［2019］『「トップ企業で続く異例の格下げ　政府格付けを超えた会社に集中」週刊エコノミスト８月20日号』毎日新聞出版
・廣瀬和貞［2016］『「電力システム改革と一般担保付社債」日経エネルギーNext ４月号』日経BP
・廣瀬和貞［2016］『「社債市場から見た大手電力　電力システム改革で揺れる信用力」日経エネルギーNext ６月号』日経BP
・廣瀬和貞［2016］『「固定費回収が不確実な市場での生き方」日経エネルギー

Next 10月号』日経BP
・廣瀬和貞［2017］『「東電グループ、信用力回復の条件」日経エネルギーNext
1月号』日経BP

事項索引

【あ行】

【か行】

【さ行】

【た行】

【は行】

【ま行】

【や行】

【ら行】

【わ行】

【著者紹介】

廣瀬　和貞（ひろせ　かずさだ）

株式会社アジアエネルギー研究所代表
公益財団法人廣瀬資料館（大分県日田市）理事長
経済産業省総合資源エネルギー調査会委員
特定非営利活動法人フェア・レーティング理事
公益社団法人日本証券アナリスト協会検定会員

1965年生まれ。1988年、東京大学法学部卒業。
1998年、米デューク大学経営学修士。
日本興業銀行を経て、2001年ムーディーズ入社、
総合電機・精密機器、陸運・海運・空運、食品、
電力・ガス等の業界を担当。
2015年、現職（アジアエネルギー研究所代表）。

アートとしての信用格付け
――その技法と現実

2021年11月24日　第1刷発行

著　者　廣　瀬　和　貞
発行者　加　藤　一　浩

〒160-8520　東京都新宿区南元町19
発　行　所　一般社団法人 金融財政事情研究会
企画・制作・販売　株式会社 き ん ざ い
出 版 部　TEL 03(3355)2251　FAX 03(3357)7416
販売受付　TEL 03(3358)2891　FAX 03(3358)0037
URL https://www.kinzai.jp/

校正：株式会社友人社／印刷：株式会社日本制作センター

ISBN978-4-322-13994-5